中共山东省委党校（山东行政学院）创新工程科研支撑项目：
山东法治传播新动能研究（项目编号：2020cx137）

新时代
法治传播新动能研究

XINSHIDAI
FAZHI CHUANBO XINDONGNENG YANJIU

陈思明 / 著

中国法制出版社
CHINA LEGAL PUBLISHING HOUSE

目录

第二章 新时代普法新趋势分析

第一章

新时代普法在制度创新中的科学定位

第一节 ┃ 普法——制度创新的法治引擎

摘要：从意识基础、主体维度和内在潜力等方面透视新时代普法与制度创新的内在关系。在意识基础方面，普法为制度创新提供了动态规则意识、高质量发展意识、直面问题意识等多方面支持。在主体维度方面，普法增强了制度创新的主体能动性、扩大了制度创新的主体范围、提高了制度创新的主体效用。在内在潜力方面，普法增强了制度创新的理论基础、社会基础和发展潜力。

适应新时代法治发展需要，普法作为我国法治建设的长期性、基础性工程，在普法内容、普法主体、普法发展等多层面发生重要法治变革，为制度创新提供了必要意识基础、主体维度和内在潜力。普法的独特法治优势，使其成为制度创新的重要法治引擎。

一、从法律普及到法治普及——增强制度创新的意识基础

在我国法律体系建成以后，中国特色社会主义法治建设对新时代普法提出了新的法治要求和期待。以改革思路推进治理体系和治理能力现代化建设，需要以必要的制度创新作为保障。实现

制度创新离不开思维方式方法的更新，法治文化是法治思维和法治方式创新发展的重要内在根据。培育适应新时代法治建设的法治文化，需要拓展原有法律普及思路，深化对法治普及的多角度认识。

具体来讲，新时代法治普及不仅包括法律内容的普及，还应当包括法律运作情况的普及。从法治理论和法治实践角度界定新时代法治普及，应当是全面依法治国条件下有关法治传播的全面认识。兼顾法治理论和法治实践的多元法治文化发展，提供了更新新时代法治思维和法治方式的意识基础。新时代法治文化以动态规则意识、高质量发展意识和直面问题意识等丰富了制度创新的意识内容。

（一）普法为制度创新提供动态规则意识支持

传递规则内容的制度普及主要以规则意识传播见长，新时代改革视角下制度创新，应当在破与立的关系中理性对待规则意识动态发展问题。社会转型尚未完成和传统历史文化遗存，是导致现代规则意识缺失的现实文化情况。[①] 制度创新致力于推进新时代国家社会转型发展，适时丰富规则意识内容成为推进制度创新的必然要求。制度创新为丰富新时代规则意识提供了动态维度，即规则意识的动态发展趋势。不同于非规则的不确定性特征，动态规则意识呈现的不确定性是积极导向性的，是发挥法治引领作用的规则意识。动态规则意识克服了静态制度审视的弊端，为基于

① 黄晨熹：《哪些因素阻碍了规则意识培育》，《人民论坛》2018 年第 8 期，第 75 页。

立法目的的动态法律解释及运用提供了必要法治意识基础。确切地讲，动态规则意识既是对法律滞后性的有效弥补，也是对非规则运行的积极规避。

培育动态规则意识，需要针对规则意识在法治体系内和法治体系外运行中遇到的突出问题进行理性规划，普法成为应对法治体系内外突出问题的重要途径。一方面是法治体系内的角度，规则的制定、执行不良或不力是贬损规则意识内在品质的利器。普法融入立法、执法、司法等的发展路径，在传统自上而下的法治国家和法治政府维度之余，引入了自下而上的法治社会维度，对立法、执法和司法等产生了必要的法治舆论监督作用。普法成为动态规则意识产生的重要制度内途径。另一方面是法治体系外的角度，鉴于规则意识在法治实践中遇到的熟人社会、圈子文化等深层次问题，动态规则意识应当从制度创新的现实法治需求出发，将私人因素作用圈定在一定范围内，确保制度创新的公益实现。推动制度创新的动态规则意识，应当是以公共利益保护为动态诠释，不合理私人利益应被排除在动态规则意识之外。普法作为沟通法治体系与社会发展的重要法治形式，其法治社会视角成为公益保护制度创新的重要支撑。

更为重要的是，通过普法这种法治沟通行为培育动态规则意识，可以强化法治沟通的主体作用，克服法律工具论对规则意识培育的不良影响，以法治沟通形式诠释动态规则意识具有形式和实质两个层面的契合性。从法治体系内部角度讲，我国党政主导的普法模式意味着新时代全面法治传播，需要增强相关方面的主体意识，普法成为法治社会在立法、执法、司法等法治体系建设中提高主体意识的重要法治途径。从法治体系外部角度讲，普法的开阔社会视角，有效地规避了熟人社会、圈子文化的规则无用论，促使规则成为处理社会关系的重要准则。归根结底，执政党与社会的法治关系属于实质法治，执政党与国家的法治关系属于形式法治，[①] 普法作为执政党联系社会的法治渠道，成为实现实质法治的重要法治方式，为克服传统形式法治弊端的制度创新提供了实质法治支持。

（二）普法为制度创新提供高质量发展意识支持

随着经济从高速增长转向高质量发展，需要在后立法时代开展相应的高质量法治建设。高质量法治建设既需要在立法、执法、司法等领域内推进法治创新，也需要在法治理念层面进行必要提升，其中以人民法治理念统辖立法、执法和司法等领域的法治创新成为高质量法治运行的重要特点。发挥人民法治理念的高质量法治价值，需要借助新时代普法的有利渠道。

第一，作为社会主义核心价值观的重要传播形式，[②] 新时代普法的高端定位，为高质量法治运行提供了充分的法治基础。社会主义核心价值观具有国家、社会和个体的多维度价值，其融入立法、执法、司法等法治建设的过程，就是克服形式法治缺陷实现实质法治的重要过程。社会主义核心价值观以兼顾国家利益、社会利益和个人利益的科学内涵，将法治运用效果提高到多层面治

---

① 杨俊一主编、张森年副主编：《依法治国的理论与实践创新研究》，上海社会科学院出版社 2015 年版，第 10 页。

② 陈思明：《核心价值观视阈下的普法转型发展》，《长白学刊》2018 年第 4 期，第 79 页。

理高度，突破头痛医头脚痛医脚的形式化解决问题的限制，促进着眼全局、着眼发展的高质量法治推进。适应社会主义核心价值观发展需要的法治普及，不仅限于法治实践和法治理论的法治传播，更重要的是，其深化了法治的新时代内涵认识。社会主义核心价值观视角下的法治，具有与公平、正义、和谐等价值的内在契合性，是能够得到多方面广泛认同的法治。将社会主义核心价值观的广泛价值认同转化为对当代中国法治认同，需要发挥法治宣传教育的培育基础作用。[①]以培育法治认同为着力点的法治普及，从法治认知角度夯实了高质量法治的发展意识基础，促进从法治认知层面加强对制度创新的深层次领悟。

第二，人民法治理念的全方面解读，需要发挥新时代普法的多层面法治沟通作用。传统上人民多作为政治概念使用，人民法治是与新时代政法思维相适应的法治理念形式。在新时代政治体制改革深入推进的情况下，如何将政治体制改革的有益成果转化为新时代法治建设的有利支持，成为新时代政法工作践行人民法治理念的重要内容。新时代高质量法治，不仅仅是与经济高质量发展同步的高质量法治，更应当是与新时代政治体制改革需要相契合的高质量法治。我国普法采取党政主导模式，普法具有联系法治国家、法治政府和法治社会等多层面的法治沟通功能，融汇了政治维度、经济维度和社会维度等的法治解读。更为重要的是，普法的法治沟通属性关注了相关方的主体性，增强了人民法治话语的开放性，既注重从国家发展角度诠释人民法治深层价值，又

---

① 陈佑武、李步云：《当代中国法治认同的内涵、价值及其养成》，《广州大学学报》2017 年第 9 期，第 16 页。

注重从社会和个人发展角度强化人民法治现实功能。多方面沟通的高质量法治过程，为达成人民法治的高质量法治共识提供了重要保障。人民法治理念作为新时代高质量法治的集中体现，多层面的法治沟通交流有利于强化人民法治立场，进而深化制度创新共识。

（三）普法为制度创新提供直面问题意识支持

针对制度运行存在的滞后、脱节等问题，普法作为多维度的法治沟通行为，提供了汇集现实问题的法治路径，并以多方法治共识的舆论形式提供解决突出法治问题的现实出路。不同于立法、执法、司法等领域中的问题意识形式，普法的问题意识更具有代表性和事先性，从而为制度创新留下了巨大空间。

第一，普法问题意识的代表性，为制度创新提供了必要素材。多年来我国普法采取按照普法对象分类的形式进行，普法对象的突出群体法治问题较为明显，普法在一定程度上成为以法治方式反映问题、解决问题的重要法治渠道，普法主体的多元化为普法对象法治问题化解提供了有利条件。当普法对象群体突出法治问题通过专业化法治普及沟通等无法解决时，制度创新成为最后的法治选择。换言之，普法既具有盘活法治体系内纠纷解决形式的重要法治功能，也具有开启制度创新的专业化法治舆论支持。普法的重点难点领域也是制度创新的关键领域。普法问题意识的代表性，既来源于相关方的法治沟通直接互动性，也来源于普法呈现的直接社会舆论导向性。新时代实现制度创新，需要关注相关各方的法治需求，普法动向成为应对法治需求和法治供给的重要形式，为制度创新提供重要供给侧信息。由于普法直接面对有关利益群体或社会公众，其直面问题意识成为显著特征，制度运用信息和法治理论指点等融合发展的普及特征，促进以全方面视角应对现实问题，从而为相应的制度创新提供了必要的全面法治视角。

第二，普法问题意识的事先性，为制度创新提供了必要空间。不同于立法、执法、司法等纠纷应对的事后特征，普法具有预防纠纷的重要法治潜力，尤其是纳入依法治理视角下的普法行为，其为制度创新提供了充分的发展空间。与事后法治普及侧重于制度宣教不同，事前的法治普及更关注法治原则、法治原理宣讲。为避免事前法治普及的政治化倾向，应当以制度创新思路科学引导普法问题的事先性，跳出政治说教或道德说教的樊篱，加速普法的规范化和法治化进程，这同样是新时代制度创新的重要内容。

另外，我国多年的普法开展模式也为制度创新提供了必要发展空间。我国普法运作采取五年规划分级落实的形式，其与经济社会发展规划的形式具有一定同步性，与综合治理、文明实践中心创建等具有内容契合性。从一定程度上讲，普法为制度创新发展提供了开阔的社会发展和多方面社会实践视角，促使制度创新具有更为扎实的现实基础。规划科学性是其事先性的必要保障，规划科学性是融合法治国家、法治政府和法治社会多重视角的综合反映，这为制度创新提供了更为充实的理论保障。

二、从全民守法到全民普法——丰富制度创新的主体维度

党的十九大报告在全民守法的基础上提出全民普法的法治要求，在科学立法、严格执法、公正司法的公权力规范维度基础上，将全民由守法主体提升为普法主体，在传统法制基础上，强化了

权力制约和权利保护的全面法治目的。全面兼顾权力制约和权利保护是新时代制度创新的重要法治理念要求。从全民守法到全民普法，制度创新的法治理念内容日益丰富，主体维度成为诠释多种法治理念的重要切入点。

（一）普法增强制度创新的主体能动性

从老十六字方针中的“违法必究”到新十六字方针中的“全民守法”，实现从违法否定到守法肯定的转变，从法治建设高度初步承认了全民的法治能动性。在全民守法的结果法治基础上，全民普法呈现动态过程法治特征，全民的法治主体能动性得到有效提升。制度创新作为新时代政治体制改革、经济高质量发展的重要法治要求，需要多方面主体能动性有效发挥，普法提供发挥主体能动性的法治渠道。

第一，社会转型要求适宜的能动法治，普法能够增强多方主体能动性。不同于西方法治主张的法治消极被动定位，我国社会转型发展的现实需要能动的法治观。[①] 制度创新作为新时代能动法治的具体表现形式，是关注调动多方主体能动性的重要法治方式。普法以其柔性法治优势，能够科学协调立法、执法、司法等法治建设能动性，实现多种法治能动性的整体化提升。

更为重要的是，普法的沟通形式增强了法治的主体间性，为多主体法治能动性的科学协调提供了必要法治方式。传统法治以法律程序作为多主体协作的法治保障，消极被动的法治运行特点

---

① 邓学平：《社会转型期需要积极能动理性的法治观》，《检察日报》2014 年 1 月 28 日，第 3 版。

明显。实现制度创新不能严守法律程序的消极法治模式，积极的法治沟通成为重要法治需求。普法的积极法治沟通作用加速制度创新发展，普法传播新时代法治精神的过程是激发制度创新主体能动性的过程。深言之，社会转型中的普法，不再仅仅是法治实践中的副产品，而是开启法治创新的重要法治引擎。

第二，坚定新时代文化自信的法治路径，需要强化普法的主体能动性。文化是制度有效运行的基础，制度创新需要匹配必要的文化创新发展。法治文化是加强新时代文化自信的重要内容，应当通过法治渠道推进新时代法治文化建设。新时代法治普及是传播法治文化的重要形式，为制度创新提供了必要法治文化支撑。具体来讲，通过增强新时代法治文化自信，引导公众以法治文化革新现有非法治思维和非法治方式的文化根源，从而有效提高法治思维和法治方式的说服力和吸引力。

法治文化自信带来的法治思维和法治方式的现实应用，加速制度创新由理念创新、制度设计到具体实践的过程。法治文化和制度创新联系的重要纽带就是新时代普法。新时代普法通过将法律制度普及、法治实践普及和法治文化普及相结合，促使普法对象积极思考制度运行和实践发展中蕴含的法治文化深意，在法治文化感知与体悟中自觉增强普法受众的主体能动性。不同于适应社会转型的主体能动性的外在性，法治文化自信以内化形式有效增强了主体能动性。这既是社会转型条件下文化转型的必然反应，也是法治文化发挥治理潜能的重要体现。

（二）普法扩大制度创新的主体范围

在法治国家、法治政府和法治社会的三位一体法治建设中，制度创新多被限定在宏观主体语境下，微观法治视角下的个体创新被忽视。新时代人民法治理念指导下的制度创新，既应当从政治层面理解人民的法治底蕴，也应当注重从具体法治操作层面关注权利人的保护问题。从全民守法到全民普法，揭示了多元化的全民法治视角，其中既包括宏观法治问题也包括微观法治问题。毕竟新时代政法思维指引下的人民法治理念，是政治要求和法治诉求相结合的法治运行理念，需要兼顾宏观法治和微观法治两个层面。致力于提高制度创新法治效益，应当在宏观法治主体之余，丰富微观法治主体内容，其中个体维度制度创新价值和功能问题值得探究。

第一，个体维度制度创新的法治价值。从价值角度讲，在国家、政府、社会等宏观法治维度之余，探究个体维度制度创新的法治价值是社会主义核心价值观国家、社会、个人等多维度内容的体现。社会主义核心价值观视角下的法治发展呈现实质法治趋势，需要在国家形式法治之余，关注社会实质法治内容。个体维度法治则为社会实质法治发展提供了具体而有代表性的实质法治素材。同时，在法治社会发展中，关注个体维度的法治价值，是在自上而下制度创新路径之余，增添了自下而上的必要制度创新路径，在推进实质法治基础上丰富制度创新路径具有多重法治价值。个体维度制度创新不仅仅局限于制度提议方面，在制度初步探索完善等方面同样具有重要价值。因为不同于全民守法的被动性，全民普法的主观能动性是法治实践和法治传播的统一，不能忽视全民普法的法治实践价值。囿于我国没有经过类似西方的法治启蒙阶段，应当重视从全民守法到全民普法的法治启蒙价值，即全面普法是法治实践和法治传播相统一的积极法治创建行为。

第二，个体维度制度创新的法治功能。发挥个体维度制度创新的法治价值，应当将其法治实践有效融入社会治理、政府治理和国家治理中，实现个体维度制度创新的深层次法治功能。由于普法和依法治理是司法行政工作中的重要组成部分，不同于普法，依法治理倾向于宏观法治角度。新时代全民普法兼顾宏观法治和微观法治的独特视角，促使普法和依法治理实现有效整合。其中全民普法的微观视角与个体维度成为拓展新时代依法治理法治成效的重要方面。在确认个体维度制度创新法治价值基础上，将个体维度治理潜能融入社会治理、政府治理和国家治理中，成为个体维度制度创新发挥法治功能的路径，普法成为畅通此法治路径的重要法治方式。全民守法向全民普法推进，为普法发挥治理潜能提供了重要法治条件。

（三）普法提高制度创新的主体效用

在增强主体能动性、扩大主体范围之余，普法还具有提高制度创新主体效用的作用。一方面，普法将社会转型、法治文化自信、个体维度的法治价值予以传播，为制度创新营造必要的法治环境和法治氛围。另一方面，制度创新的成果应当通过普法渠道进行广泛传播，为制度创新推动实践创新创造必要法治条件。

第一，将普法与制度创新进行必要关联是提高制度创新主体效用的重要前提。无论是传播制度创新成果，还是传播社会转型、法治文化自信等制度创新条件，都是将普法的法治扩散效应与制度创新的发展效应进行有效整合的表现。之所以能够将两者进行有效关联和整合，在于它们均是立足法治社会发展现实的法治活动。制度创新的主体效用在于破除现有制度的不利限制，从发展全局进行必要制度重构，从而提高相关主体的法治建设积极性和创造性。原有普法多注重传播现有法律制度、增强公众遵纪守法意识等内容，对于制度发展趋势有所忽视。将普法和制度创新进行整合，不仅开阔了普法视野，将制度创新发展意识纳入法治普及范围，也促进从法治舆论角度为制度创新减少不利限制，激发相关主体制度创新意识。换言之，将普法和制度创新有效关联，实现了从双重维度提高主体效用。

第二，普法丰富制度创新主体效用。由于制度创新涉及立法、执法、司法等多领域问题，在价值层面涉及社会主义核心价值观中多种价值观的协调问题，普法运作模式能够为丰富制度创新主体效用提供必要支持。在法治体系内，普法呈现融入立法、执法和司法的发展趋势；在法治体系外，普法与文明实践、综合治理等呈现融合的态势。新时代普法模式呈现贯穿法治国家、法治政府和法治社会的法治线索特征，其具有发现整体性、系统化风险的独特优势。整体性法治风险防范应当成为制度创新的主要任务。借助传播的线索，厘清当前制度体系的关键风险，是普法对制度创新重要的主体效用价值。

第三，普法深化制度创新主体效用。在全面依法治国的新时代背景下，从全民守法到全民普法展现了新时代全面法治传播的以人为本的法治特征。深刻的以人为本的法治特征，是新时代制度创新的重要法治遵循。从全民角度探究普法，在于将人民法治立场与全面法治传播进行有效整合。同样，丰富新时代制度创新主体效用，应当坚定人民法治立场，对全面依法治国的创新需求进行必要转化。在借助法治传播途径发现当前制度体系风险的条件下，强化以人为本的创新目的具有重要法治价值，彰显了深化制度创新主体效用的客观作用。从实质上讲，普法深化制度创新主体效用，根源于两者在人民法治立场和以人为本法治理念上的高度契合。

三、从制度普及到全面普及——激发制度创新的内在潜力

普法不仅增强了制度创新的意识基础、丰富了制度创新的主体维度，普法还具有激发制度创新内在潜力的重要法治作用。具体来讲，普法内容、模式、趋势能够有力丰富完善制度创新的理论基础和社会基础、增强制度创新的发展潜力。

（一）普法丰富制度创新的理论基础

与各领域实践创新相比，制度创新具有更为基础的作用和价值，从中国特色社会主义制度创新的大局着眼，发挥制度创新对创新体系的科学作用，应当以理论创新引领制度创新发展。[①]致力于推进制度创新深入发展，应当以理论创新的视角丰富制度创新的理论基础。鉴于普法对制度创新的意识基础、主体维度的重大价值，普法理论内容可以在一定程度上丰富制度创新的理论基础。

第一，新时代普法的全面法治思路有利于丰富制度创新的理论基础。三十余年普法历程，从法律制度、法治实践到法治文化和法治理论，普法内容逐步丰富完善。致力于提高新时代全民普法力度，新时代普法的全面法治思路日益呈现。这既是全面依法

---

① 丁欢欢：《新时代中国特色社会主义制度创新的理论基础、逻辑结构与历史飞跃》，《山东社会科学》2018年第9期，第16页。

治国理论对新时代普法的时代法治要求，也是有效满足全民普法需求的客观法治趋势。法治普及的全面法治思路，促进以法治思路全面展现法治运行中的各种矛盾和纠纷，为制度创新提供必要法治前提。为更好地应对全面法治发展需要，制度创新既应当有全面法治视野，也应当有全面法治考量。确切地讲，新时代制度创新应当呈现全面制度创新特征。归根结底，制度运行是一个系统化工程，如果制度创新只限于局部，创新成果纳入运行体系必然遇到阻滞，从而影响制度创新良法善治目的的实现。实现全面化制度创新，首先需要对思维模式进行必要创新。新时代条件下，需要打破传统法治因果关系思维限制，借助大数据进行关联关系探究，实现制度创新的周延性。

第二，新时代普法的多元化普及路径有利于丰富制度创新的理论基础。多年来我国普法分为系统内普法和社会普法两大普法途径，"谁执法谁普法"成为新时代联系系统内普法和社会普法的重要方式。通过推进"谁执法谁普法"普法责任制，既整合了现有多元普及路径，也从法治政府和法治社会关系的角度深化了普法的法治深意，促进新时代法治传播的多维度治理潜能发挥。

我国制度创新属于创新体系中的基础部分，对各种实践创新具有制度引导作用。发挥制度创新对创新发展的整体指导作用，应当借鉴普法多元路径整合经验，从更为深刻的制度运行高度，对各领域实践创新进行必要关联，促进全面协调创新发展。这既是制度创新的目的，也是制度创新能够实现的必要过程保障。深言之，制度创新的引导作用应是全局化线索化引导，而不是就事论事的局限发展。

归根结底，全面法治思路、多元法治路径对于制度创新的理论价值，在于提供了开阔的法治视野，深化制度创新的制度全局深意。如同普法不能只限于制度普及，全面法治普及才是新时代法治传播的法治目标。新时代制度创新不能局限于具体制度层面，全面法治、系统法治才是制度创新的重要法治目标。

（二）普法充实制度创新的社会基础

普法不仅丰富了新时代制度创新的理论基础，同时也充实了制度创新的社会基础。制度创新以理论创新为先导，同样应当具备必要的可行性，社会基础是制度创新可行性的重要内容。随着普法由制度、实践等部分内容普及到全面法治普及的推进，社会法治素养呈现深入发展的样态，实现由法律认知到法治领悟的转变。这为从法治理念层面加速制度创新进行了必要准备。社会基础充实了主体维度扩张的实质内容，为制度创新相关主体的法治定位指明了合理方向。

第一，普法为全民有序参与制度创新提供了基础准备。普法从静态制度普及到动态法治普及，展现了公民参与的重要性。公民参与与公民意识的有机联系，[①] 成为自下而上开展制度创新的基础准备内容。制度创新作为新时代发展的重要制度支持方式，其成功推动改革发展的关键在于社会各界的广泛认同并付诸实施。适应全面依法治国发展需要，全面法治普及成为新时代普法发展的重要内容。与其相适应，随着公民参与度逐步增大，加大全民普法力度成为新时代重要法治要求。全民参与为制度创新提供了

---

① 蒋传光：《公民身份与公民参与：法治中国建设的关键要素——以社会组织培育为例》，《浙江社会科学》2014 年第 6 期，第 61 页。

更为开阔的法治视野，将制度发展现实阻碍等的发现置于全民视域之下，从而提高制度创新的现实效益。随着普法深入开展，法治视野下的全民不等同于政治视野下的全民，法治的程序理念等使得全民参与是一种公平有序的参与，不是政治运动式的参与。这从主体维度提供了制度创新可持续的重要法治保障。当然这种有序不仅仅是来自于政治要求或外部命令，而是人们在认同法治理念基础上的自觉自发有序行为，这是多年法治普及基础上制度创新的重要社会基础。

第二，普法为全面制度创新提供了主体维度分析。普法对于制度创新发挥的法治启蒙作用，不仅体现在外部参与有序方面，在内部组织有序方面同样具有重要作用。多年来我国普法采取分类进行的方式，法治普及传递了相关主体的合理法治定位，促使参与制度创新的全民实现了内部组织有序化。结合我国系统内普法和社会普法的发展情况，制度创新的主体维度内容应当进行如下探究。一方面，公职人员的制度创新定位。公职人员作为公权力的行使者，对于畅通制度运行阻滞具有专业洞察力，如何将其个人利益与公共利益有效隔离，激发公职人员干事创业成为时下制度创新的重要内容。这既需要对公职人员进行惩戒法治和激励法治等全面法治观的普及传播，也需要制度创新给予必要助力。另一方面，社会公众的制度创新定位。法治普及视角下公众的法治积极性逐步增强，制度创新为发挥其积极性指明了必要法治方向。换言之，社会公众不应当仅仅是守法主体，更应当是积极的法治创新主体，权力监督和权利保护成为公众参与制度创新的重要法治诉求。

（三）普法增强制度创新的发展潜力

从制度普及到全面法治普及，不仅在现实性层面具有重要法治功能，而且在发展维度方面具有重要法治潜力。一方面，对于未来法治理念普及，增强了制度创新的时间维度发展潜力。另一方面，对于风险防范意识普及，增强了制度创新的空间维度发展潜力。新时代普法从时空双重维度，为制度创新提供了重要发展潜力支持。

第一，新技术应用于普法，促进未来法治理念普及，引导制度创新与技术发展进一步融合。人工智能和大数据等的应用，对相关法治工作的流程等产生了重要影响，更为重要的是，新技术对法治思维和法治方式产生了深刻影响。与原有法治状态相比，未来法治是一个新概念，也是一个新命题，更代表了一种新思维，[①]成为新时代法治的重要特点。法治普及需要在原有法治理念普及基础上，进行必要未来法治观念的传播与普及，为突出现实法治问题解决提供更为多元的法治方式与方法。由于法治发展与技术发展的不同步等原因，制度发展完善的空间日益呈现扩大的趋势。这既是制度创新的重要契机，也对制度创新提出了现实要求。将合理的法外行为引入法治视野，尤其是将新技术法治诉求引入法治规制范围，是未来法治发展的制度创新体现。新时代普法促进未来法治理念的普及，为制度创新开启了新的时间维度，通过加速制度创新与新技术进一步融合，实现制度创新和实践创新的互

---

① 张文显：《“未来法治”当为长远发展谋》，《新华日报》2018年12月4日，第15版。

相促进。

第二，社会发展瞬息万变，普及风险防范的法治思维和法治方式，促使制度创新提高对非常规态势的应对能力。力避法治滞后的不足，法治普及应当对突发应急等问题保持必要关注，其中风险防范意识应当成为法治思维和法治方式传播的重要内容。这既是问题意识在法治普及问题上的反映，也是在常规化法治之余拓展非常规法治空间的必然要求。其中，适应应急态势发展的行权空间和特别牺牲的权利救济，[①]应是制度创新需要关注的重要问题。与应急法治普及侧重于事前防范不同，制度创新应当关注应急处置中的关键环节。合理协调法治普及的分工协作，同样是风险应对中制度创新的重要方面。理性对待法治普及与制度创新，既需要在处置阶段有所区分，也需要对具体内容分工有所明确，在此基础上以法治思路强化法治普及的法治化发展成为新时代制度创新的重要内容。

新技术条件与新风险防范，对新时代制度创新提出了新的机遇和挑战，促进在时间和空间双重维度增加法治普及的新内容和新定位。法治普及的发展完善，既是制度创新的重要法治条件，也是制度创新的重要契机。归根结底，在于法治普及与制度创新在意识基础和主体维度等多方面具有内在的契合性。处于新时代法治新发展中，法治普及的转型升级发挥了制度创新的法治引擎作用。

---

① 马怀德、汤磊：《总体国家安全观视角下的公共应急管理法治化》，《社会治理》2015 年第 3 期，第 38 页。

第二节 ┃ 新时代普法发展对制度创新的启示

摘要：全面推进依法治国和全面深化改革具有协同促进关系，新时代普法发展对制度创新具有多方面启示，具体从机制、方式、内容等多方面探究新时代普法对制度创新的重要启示。首先，提炼利于制度创新的普法融入机制有益经验，涉及主体结构化、行为集约化、责任多样化等方面内容，提示了制度创新融入新时代全面改革的必要性。其次，分别从制度创新体制、方式和内容方面进行论述。在制度创新体制方面，主体分类化、行为法治化、责任多样化成为重要关注点，融入程序和融入认同成为重要着力点。在制度创新方式方面，秉承法治国家、法治政府和法治社会三位一体法治发展需要，同步化制度创新方式具有重要价值。在制度创新内容方面，应当完善系列权利内容和权力全面行政法治监督内容。

在新时代推进深化改革过程中，制度创新成为实现高质量发展的关键环节。我国普法在发展模式、视角和方式等方面，对新时代制度创新具有一定启示。具体来讲，中国特色普法采取党政主导模式，实现加大全民普法力度的新时代法治要求，需要在传统自上而下视角之余采纳自下而上的科学视角。从新时代三位一体建设角度讲，新时代普法需要在法治国家视角之外，兼顾法治政府和法治社会建设效果。[①] 从动态实现机制角度讲，不同于立法、

---

① 赵天宝：《中国普法三十年（1986–2016）的困顿与超越》，《环球法律评论》2017 年第 4 期，第 60 页。

执法、司法等的刚性法治行为，普法以其柔性沟通方式具有拉近法治发展与改革需要的独特优势。适应新时代全面法治建设需要，应当吸收借鉴普法发展经验，进行制度创新体制、方式和内容等方面分析研究。

一、利于制度创新的新时代普法经验分析

立足提高普法实效，新时代普法采取融入立法、执法、司法等法治实践的科学方式。以法治思路审视新时代制度创新，实现重点领域关键环节制度创新，重点在于将法治体系发展融入创新发展实践。这是在提高法治体系整体效益基础上法治质量的再次提升，融入机制成为深化改革条件下质量法治发展的重要保障机制。在融入机制设计方面，普法融入法治实践的经验值得借鉴。

首先需要深刻认识普法融入机制的有益经验。我国三十余年普法发展，在制度普及和法治理念传播等方面取得一定成绩，但其形式化、运动化等问题也引起了广泛关注，[①] 集中表现为普法和用法两张皮现象。为克服普法形式主义弊端，加速普法融入法治实践成为重要途径，普法融入机制问题值得深入探究。总结多年普法经验，普法融入机制应当在主体、行为和责任等多层面进行必要完善。一是在主体层面，遵循新时代全面法治建设精神，立足普法实效设计普法主体制度至关重要。目前我国普法主体主要采取法治部门主导的议事协调机制，实践中各地区各层级普法议事协调机构的成员单位各不相同。以法治思路提高普法效果，首

---

① 付子堂、肖武:《普法的逻辑展开——基于30年普法活动的反思与展望》,《社会科学战线》2017年第6期，第204页。

先应当对普法议事协调机制进行必要科学化设置，结构优化成为提高多种普法主体普法实效的重要途径。结合全面法治发展需要，多种普法主体结构化是普法议事协调机构法治化发展的重要途径，从本质上讲，这是立足法治运用进行普法制度设计。二是在行为层面，适应新时代党政机构合并的协同高效需要，应当对多种普法主体的普法行为进行必要的整合提升。目前我国普法行为的具体形式较为丰富，尤其在多种媒体不断翻新的情况下，应当及时归并形式相近、内容相近的普法内容。这既是多个党政机构合并后对普法内容和形式的新要求，也是从普法受众角度提高普法效益的必然反应。当然，在机构合并之初，需要在内部机构设置上对普法工作给予必要重视，从而为普法的科学发展提供必要组织保障。三是在责任层面，适应新时代多种责任形式科学发展趋势，以多种责任并用的形式促使由被动普法向主动普法科学转化。原有普法组织多采取下派任务的形式，完成普法任务曾为普法活动开展的唯一动力。从普法自身价值角度讲，至关重要的法治政府与法治社会沟通功能，以及法治沟通的公共关系维护功能等没有得到有效发挥。这与普法行为无责任化存在重要内在关系，普法责任制发展为多元普法主体行为科学发展提供了重要责任启示。真正实现“谁执法谁普法”的客观效果，应当丰富责任的具体形式，由外在责任向内在责任转化成为由被动普法向主动普法转型的关键。另外，加大全民普法效果的法治沟通路径，为新时代制度创新提供重要法治舆论平台。

普法的融入机制对制度创新具有重要借鉴意义，为实现融入新时代改革的制度创新提供了多维度参考。新时代全面深化改革是新时代全面依法治国的重要法治运用场域，生动而深刻的改革实践是诠释法律制度和法治理念的重要途径。制度创新作为全面深化改革的重头戏，应当凝练并解决全面深化改革的突出制度问题，融入改革的程度与制度创新的问题意识具有重要内在联系。新时代普法融入法治实践的科学路径及其机制，对明确制度创新体制、方式和内容等重要问题提供了深刻启示。

二、新时代普法视角下制度创新体制分析

普法融入机制在主体、行为和责任等方面的特点，为新时代制度创新提供了必要法治思路。具体来讲，以法治思维指引制度创新，需要借鉴普法融入机制的有关经验，在主体结构化、行为效益化、责任内部化等方面进行必要更新，促进以创新意识提高制度创新的客观效果、丰富制度创新的有益成果。一是在主体层面，主体结构化实质上是以分类思路进行主体群体划分。关键领域制度创新涉及主体众多，以分类思路推进相关主体结构化，能够促进相关主体加强法治对话。分类思路对于规避既有法治运行中的利益部门化问题具有重要现实意义。从实质上讲，这是以跨行业跨领域的形式，促进发挥开放法治的现实法治功能。与封闭法治不同，开放法治有效地将政治、经济、文化等多种合理因素纳入法治视野，通过避免封闭法治的形式主义弊端，引导多种合理因素实现实质法治的良法善治目的。二是在行为层面，法治思路下的行为效益化为行为整合提升提供了客观标准。将机构改革的精简效益转化为法治效益，需要行为层面制度创新的有效跟进，以法治确定性、指引性为制度创新有效运行提供重要保障。在制度创新变革中，新时代法治精神成为提高法治效益的重要内在支撑。也就是说，行为层面制度创新不是漫无边际的制度设计，而是以

法治理念为指导的制度、流程等的再造。从法治发展趋势角度讲，强化权利保护和权力制约成为制度创新的核心内容，表现为负面清单和权力清单等具体举措。三是在责任层面，适应创新发展需要应当及时完善多种责任形式，以权利和义务相匹配的法治原理促进制度创新规范化科学化发展。在传统惩戒责任之余，应当适应创新的激励发展特征，将经济规律引入多种责任规制。多种责任设置的规制目的在于，引导创新相关主体从不愿创新向积极并规范创新转化。其中核心问题在于，克服静态责任制度设置的弊端，将权利义务设置置于全社会发展的大背景下，以兼顾近期规制效果和远期发展利益的方式，引导社会主体理性审慎地进行创新发展。换言之，以法治方式调动多数创新主体理性创新意识成为完善适应创新发展的多种责任形式的内在基础。

具体来讲，制度创新应当从融入程序和融入认同两个角度展开。在融入程序方面，主要体现在对现有工作流程的有效简化提升。由于我国没有形式上的行政程序法，内部程序法治化程度取决于对现实法治问题的发现和应对能力。融入程序的制度创新表现为，以程序法治视角审视现有法治问题，进而以动态法治方式解决发展中的法治问题，这对解决变革时代的法治问题尤为必要。更为重要的是，通过在制度创新中推行程序法治，促使以双边或多边沟通方式增进制度创新共识，同时以程序法治为制度创新提供可操作性，其中法治普及的沟通方式丰富了制度创新的沟通维度内容。在融入认同方面，践行制度创新需要以创新意识为支撑，营造创新文化成为推进制度创新的基础保障，理性法治文化是新时代创新文化的重要内容。归根结底，文化是制度运行的根基。制度创新不能脱离文化创新进行，否则制度创新的法治运行效益将大打折扣。制度创新融入文化认同，实质上是强化社会创新氛围，增强社会主体等的创新意识。在此方面，法治文化普及的经验值得借鉴。融入实践、融入细节等在法治文化普及方面具有重要作用，创新文化同样应当在实践、细节等多方面有所体现。也就是说，制度创新应当采取制度创建和文化培育并行的策略，从制度运行的多重可行性角度深化对制度创新认可程度，是立足实践推进创新的重要体现。

三、新时代普法视角下制度创新方式分析

将制度创新融入机制付诸实施需要匹配必要的方式方法。新时代普法以其兼顾系统内普法和社会普法的新方式，为制度创新的兼顾发展方式提供了必要启示。制度创新既要注重社会层面问题，也要关注政府层面问题，这是法治国家、法治政府和法治社会三位一体法治发展在制度创新上的必然反映。“谁执法谁普法”普法发展方式，有效地连接了系统内普法和社会普法，① 展现了全面法治实践路径下制度创新的方式特征，即应当采取同步推进的方式开展新时代制度创新。这既是制度建设与创新实践的同步化，也是制度建设主体与创新实践主体的一致化。从实质上讲，拉近创新运行和制度运行的距离，是增强创新主体法治建设意识的重要渠道，在创新主体与制度主体趋同的情况下，有利于减少制度滞后对创新发展产生的不良影响。另外，“谁执法谁普法”融合他制和自制的发展方式特征，启发着创新主体应当具有必要的自我

---

① 杨伟东:《落实“谁执法谁普法”，推动普法转型升级》，《人民论坛》2017年第17期，第109页。

规范意识。在创新发展领域，必要的自我规范意识尤为重要，其既是制度机制滞后的必然反映，也是创新科学发展的内在要求。创新实践和制度建设的同步化、外部规制和自我规范相统一，需要在法治体系下充分发挥党内法规的规制潜力，同时结合具体创新实践推进地方立法。[①]

一方面，在法治政府建设层面，鉴于领导者个人利益、利益集团、小圈子文化等影响创新的现实问题，应当将从严治党的新时代法治要求融入新时代行政法治建设，引导权力运用朝着有利于创新的方向发展。这既需要突破传统行政法律关系的片面化视角，也应当承认权力具体行使者的重要法治潜能。从新时代政法发展角度讲，人民法治立场是根治个人利益、集体利益的重要武器，风清气正的政治文化是去除小圈子文化的必然要求。新时代法治政府建设，应当充分挖掘人民法治立场、新时代政法文化的精髓，有效祛除影响实质法治政府建设的顽疾，从而为新时代创新发展提供必要法治保障。

另一方面，在法治社会建设层面，鉴于地方立法权有限，应当采取负面清单的形式鼓励地方创新发展。根据修订后的立法法相关规定，设区的市立法权限限于城乡建设与管理、环境保护、历史文化保护方面，为有效激发社会创新作为，应当对此外的其他事项实行负面清单式管理。着力于有效扶植创新行为，借助合宪性审查和合法性审查的途径，对不利于创新的体制机制问题进行有效破除，实现以法治思路有效推进创新发展，发挥新时代制

---

① 吴永辉：《论中国共产党新时代制度创新的逻辑体系》，《郑州轻工业学院学报》2018 年第 4 期，第 25 页。

度创新的最大效益。

四、新时代普法视角下制度创新内容分析

新时代法治体系下加大全民普法效果，应当切实从“全民”角度，针对突出法治问题进行法治运行解读。与新时代普法的“全民”视角类似，制度创新同样应当从法治社会角度入手，探寻新时代法治激励的内在密码。适应制度创新机制、方式等特征，制度创新内容主要包括以下两个方面。

一方面，应当完善制度创新的系列权利内容。新时代全面法治建设中的制度创新，应当避免静态化、孤立化制度视角，从制度运行整体诠释创新内容。致力于培育发展创新社会，应当强化对社会主体创新权利的保护，从法治运行实际角度讲，需要以系统化思维审视创新权利内容，促使纸面上的创新权利向现实运用中的创新权利转化。适应负面清单发展需要，应当对负面清单内容进行尽量明确规定，将提高规定现实可操作性和合理性置于同等地位。从实质上，制度创新系列权利内容是激活社会创新活力的重要制度保障，促使社会层面的权利主体意识觉醒成为完善制度创新的关键。负面清单通过标明权利禁区，向权利主体提示了权利行使范围，从而为系列权利展现提供了重要平台。

另一方面，应当完善行政法治内容，实现兼顾权力控制和权力行使者控制，促进破解权力崇拜魔咒。传统行政法治的法律关系视角，将行政控权窄化为权力控制，忽视了权力行使者规制问题。加强权力行使者控制的法治内容，主要体现在形成以做事为导向的行政法治氛围，避免将权力等同于实现权力行使者个人利益的工具。相应地，不同于行政行为规范化，行政法治内容应当

丰富行政过程规范化内容，其中应当增加对权力行使者的法治因素考量。具体来讲，在行政合法框架内，权力行使者如何成为促进创新发展的积极因素而不是阻碍因素，怎样将权力行使者利己因素通过法治渠道引向做事发展的良好方向，是行政法治内容完善的主要方面。

从总体上讲，新时代制度创新内容融合了权利行使者和权力行使者两个重要维度，充分考虑了制度创新中人的因素，这是三位一体法治建设中真正的“全民”视角。从制度运行中人的角度进行必要法治考量，是创新实践和制度建设的同步化，是外部规制和自我规范相统一的重要法治保障。新时代普法的融入机制设计、普法路径完善、普法内容健全等提供了诠释中国特色法治体系和法治实践的法治传播视角，展现新时代全面依法治国的良好图景。同理，制度创新的融入机制、方式、内容等提供了诠释中国特色变革发展的制度创新视角，展现了新时代全面深化改革的良好图景。全面推进依法治国和全面深化改革具有内在协同促进关系，以新时代普法视角探究制度创新具有重要实践和理论价值。

第三节　制度创新视角下普法发展定位研究

摘要：新时代政治、经济、文化发展变革带来的机遇与挑战，对于道路创新、理论创新、文化创新方面的有益成果和可能风险，需要从制度创新角度予以保护和有效应对，从而实现新时代可持续良性发展。成功实现制度创新需要兼顾思维方式、运作条件、外部环境等多方面内容。在全面依法治国和全面从严治党的新时代条件下，普法具有多重制度创新潜能。在传播法治思维基础上传播法理思维，全面化法治传播的系统化制度创新路径、立体化法治传播的多元化制度创新路径，充分揭示了制度创新视角下新时代普法在内容、作用和功能等方面的优势。以法理思维定位新时代普法内容，以法治体系协调运作定位新时代普法作用，以发展变革的法治交流定位新时代普法功能，展现了深刻的法治发展内涵和开阔的法治发展视野。

适应新时代伟大发展变革，走向大国的中国法治需要必要制度创新作为支持。治理现代化既是制度创新的法治目标，也为制度创新提出了客观要求，制度创新成为法治现代化的重要议题。为实现法治现代化的治理目的，应当以变革发展的眼光审视制度创新。

全面依法治国和全面从严治党是新时代法治变革发展的重要主题。全面从严治党为刚性法治创新提供了必要法治思路，与此相适应的柔性法治问题值得深思。普法作为新时代柔性法治方式，需要发挥弥补刚性法治缺陷的关键作用。在法治变革基础上实现法治发展，是新时代柔性法治的重要法治价值所在。

具体来讲，在新时代一体化法治建设中，监察体制改革是具有中国特色的制度创新内容，党政主导的普法同样是制度创新的重要方面。不同于监察体制改革针对权力行使者进行刚性制约，普法应当着力完善权力运行过程。不同于监察体制改革的权力制约权力的体制内路径，普法实际上采取了权利制约权力的社会化路径。监察体制改革采取自上而下的制度创新路径，普法的制度创新优势在于自下而上的法治启蒙价值。尤其在我国缺乏必要法治启蒙的情况下，普法的制度创新关键在于发挥法治启蒙的制度创建优势。为发挥制度创新的多重法治优势，应对普法发展定位给予必要关注，涉及普法与制度创新的法治思维、法治运作和法治环境等多方面内容。

一、制度创新的思维方式支持：普法是法理思维有效传播的法治途径

形式意义上制度创新发端于政策推进，实质意义上制度创新是国家经济社会发展的客观要求。适应经济社会发展整体需要，制度创新的前提是对法治规则形成科学认识。法治视野下的规则体系不应当等同于制度体系，而是应当包括行为规则体系和规则运用的思维规则体系两部分内容。以政策推进形式实现制度体系变革相对较容易，但是增强制度创新运行的效益可持续性绝非易事，尤其需要与制度创新发展相匹配的思维规则变革。法理思维是在法律思维、法治思维基础上思维方式现代化的重要变革。法理思维不仅具有法律思维的形式正义内涵，而且体现法治思维的实质公平要求。作为兼顾法律思维和法治思维的科学思维形式，法理思维成为适应新时代制度创新的重要思维支持。推动制度创新的新时代普法，应当助推法理思维有效传播。

从实质上讲，有效传播法理思维是发挥新时代普法促进制度建设和思想建设协同发展的关键法治作用。我国普法采取党政主导的形式，普法发展定位应当从新时代党的多维度建设角度入手。制度建设的根本目的是提高人的积极性和主动性，从而以制度形式发挥其思想建设作用。普法发展以其特有的法治传播形式，强

化了新时代制度建设和思想建设的有效联系。制度建设与思想建设协同推进是新时代制度创新的关键着力点，与新时代监察体制改革的刚性法治模式相适应，新时代普法的柔性法治模式以法治传播形式践行了制度创新的科学路径。

具体来讲，传播法理思维的新时代普法，在制度现状信息传递基础上，明确了新时代法治思维的法治逻辑，以法治原理传播的形式为突破现有法律桎梏提供必要的智力支持。从法治传播受众角度讲，传播法理思维的新时代普法，实现了从法律知识灌输向法治原理解疑释惑转型，对培育法治传播对象的法治认知和法治运用能力大有裨益。从法治传播理论角度讲，这是通过提高法治传播内容质量，提高新时代法治主体的法治行为能力，激发新时代普法的治理价值。在提高现代化法治行为能力基础上，实现法治权利能力有效扩容，这是以法治传播路径实现新时代制度创新实质化发展的重要方面。

传播法理思维的新时代普法通过提高制度创新的社会主体法治素养和法治能力，激发广大受众积极参与新时代制度创新建设。与之前政治动员的群众参与模式不同，制度创新的群众积极参与建立在法治逻辑推理基础上的法治认同。不同于法律思维、法治思维内容，新时代法理思维传播的价值在于提高法治主体的法治反思和批判能力。从宏观角度讲，以法治反思和法治批判推动新时代法治社会建设，是自下而上法治启蒙发展的重要体现。新时代普法通过传播法理思维，既向制度创新提供法理思维支持，也夯实了新时代制度创新的法治社会基础，为推进新时代法治国家、法治政府、法治社会一体化建设提供必要思维方式支持。深言之，新时代普法传播的法理思维，具有联通法治国家、法治政府和法治社会建设的重要法治价值。从微观角度讲，建立在法治主体法治反思和法治批判能力基础上的法治社会，以提高法治主体的主观能动性为前提，增强法治主体性成为应有之义。以法治主体性为基础，促使法治传播客体向法治传播主体转化，是实现全民守法向全民普法科学转换的内在法治条件。伴随法治主体性增强，实现新时代全民普法要求，是培育社会具有法治批判能力和法治思考能力的过程，是培育具有制度创新能力的法治社会过程，是切实推进新时代法治社会、法治政府和法治国家法治良好互动的法治过程。

（一）普法通过增进法治思维与法治理论整合，促进法理思维有效传播

法治是治理现代化的基本方式，致力推动新时代一体化法治建设，应当在制度规范创新之余，关注思维方式方法创新。这既是动态化法治建设实效的客观要求，也是制度创新与文化创新协同推进的必然反应。随着我国法制宣传向法治宣传转型推进，法律思维和法治思维的普法价值得以广泛认同。面对新时代重要发展变革，如何发挥新时代普法的法治创建价值成为关注热点。

普法的教育功能在新时代新形势下发生了新变化，主要表现为由原来的法律知识传播、法治理念强化向法治完善构建发展，法治素质教育趋势逐渐明显。将法律知识、法治理念运用于法治实践，需要必要的法治理论指导。法理思维适应了法治理论融入法治实践的现实需要。法理思维在法律思维、法治思维基础上，以法治运行原理的形式丰富了法治逻辑的科学内容，增强了法治的释理说法的科学成分，发挥了法治理论的法治传播潜能。法理

思维凸显法治逻辑的释法说理特征，增强了法治思维的理论支撑，为发挥新时代普法的法治创建价值提供了内在法治保障。

发挥新时代普法的法治创建价值，需要以法理思维有效传播为基础。在法律思维、法治思维基础上，传播法理思维应当注意以下问题。第一，注重发挥法治理论的法治体系建设作用。以法治理论视角诠释法治体系发展现状，提高普法对象对法治建设的科学认知。以法理之理破除传统庸俗辩证法的认识误区和方法论缺陷，克服政治、经济、文化思维对法治思维的变相否定，具有提高普法对象法治认同的基本法治认知价值。第二，注重发挥法治理论的引导探究功能。与法律规定、法治要求不同，法治理论具有一定的开放性，具备引导普法对象进行法治思考的属性支持。新时代普法以法治方式培育新时代公民。不同于原有的主张权利保护、权力限制的维权公民，发挥法治创建作用是新时代公民的重要法治特征，其中法治创建以法治批判和法治思考能力为基础。随着司法审查法治事后模式向公共治理法治事前事中模式转换，新时代公民的法治创建能力尤为必要。与事前事中治理模式相适应的新时代公民，不仅仅是守法主体，更应通过法治批判和法治思考进行必要法治创建，从而以法治方式体现新时代普法的培育作用。

（二）普法通过法理思维与法治实践有效对接，为制度创新提供必要思维方式支持

融合法治思维和法治理论的法理思维，不仅为制度创新提供了认识指导，而且丰富了制度创新的方法论内容。普法通过法理思维与法治实践有效对接，进一步激发了法理思维的法治方法治

理潜能，为制度创新有效提供了具有法治方法内容的思维方式支持。

严密的逻辑推理是法理思维的重要方法论内容，为法理思维与法治实践对接提供了法治方式支持。演绎推理和归纳推理不仅是英美法系和大陆法系法治思维方式的重要区别，也是新时代法治中国建设的重要法治方式内容。一方面，成文法传统和指导性案例制度健全完善，使得适应中国特色法治体系发展的法治推理方式不应当是唯一的。另一方面，随着大数据、人工智能运用于法治实践，大数据运用体现的关联关系思维对传统因果关系思维产生一定影响，多种法治思维方式纵横交织的情况促进了多种法治方式协调应用。

在全面依法治国条件下，法理思维支持的推理方式多元化是强化严密法治逻辑推理的客观表现。制度创新的随意性因法治逻辑严密化得以有效克服，新时代普法通过将法理思维融入法治实践，指引广大普法受众以法治逻辑思考法治建设重大问题，促进以制度创新思路弥补政治决断论、经济决定论的法治逻辑缺陷。

新时代普法以法治认同和法治舆论等多种渠道为制度创新提供必要思维方式支持。一方面，传播法理思维的新时代普法，以法治逻辑推理形式提高了法治主体的参与度和认可度，避免了法律思维的法律人身份、法治思维的政治人身份限制，有效拓展了法治理性的启蒙受众，以法理思维特有方式充实了制度创新的社会基础。另一方面，传播法理思维的新时代普法，避免了营造法治舆论氛围的形式化路径缺陷，以融入法治实践的法治理性提示制度创新的必要性和可行性，以实质法治的务实法治舆论形式加速制度创新发展，为制度创新提供了必要的实质法治思维支持。

二、制度创新的运作体系支持：普法是法治体系整体运作的必要法治方式

制度创新不仅需要法理思维支持，也需要相应的运作体系发展完善。一方面，法治体系协调运作是产生真实制度创新需求的客观条件。合宪性审查与合法性审查为提高我国法治体系整体协调性提供了有益帮助，促使法治理念和法治精神在法治体系内得到一体贯彻。法治体系内部不协调之处应当是需要制度创新之处。由制度运行局部产生的制度创新需求，由于缺乏整体法治意识，在制度创新必要性和可行性方面存在隐患。另一方面，法治体系协调运作是实现制度创新目的的客观要求。制度创新付诸实践，离不开现有制度体系，其中制度配套和制度协同是实现制度创新效果的重要规范支持。法治体系协调运作，是制度配套和制度协同等有效运行的必要法治条件。定位于法治变革的制度创新，不同于一概否定的制度革命，应当注重与现有制度的有效衔接。

实现法治体系协调运作，既需要各个组成部分内部的制度衔接协调，也需要各部分之间的运作机制衔接协调。法治体系整体协调运作，既是高质量法治的应有之义，也是制度创新的重要法治条件。实现法治体系高质量运作，离不开必要的法治沟通。随着法治主体性不断增强，法治普及的沟通单维度弊端逐步呈现，法治沟通的互动性成为新时代高质量普法的内在法治需求。随着新时代法理思维的广泛认同，法治普及应当逐步向法治沟通转型，实现以法治主体价值提高法治规制价值，从而促进高质量普法转型发展。新时代法治体系协调运作，契合了高质量普法转型发展趋势。新时代普法为促进法治体系整体协调运作提供了必要法治

方式，为制度创新提供了高质量运作体系支持。

（一）制度创新的实质法治目的

结合新时代创新发展现实需要，制度创新应当致力于提高法治体系整体运作效益，克服制度运行效率的法治形式主义弊端，提高实质法治对制度整体运行的内在支持。实现制度创新的实质法治目的，应当结合立法、执法、司法等情况进行必要法治变革。

在立法方面，适应新时代变革发展需要，结合地方立法权扩大的法治发展形势，如何处理好政策与立法，尤其是政策与地方立法的关系成为制度创新的重要问题。立法中不仅涉及法律问题，也涉及政策问题。在后立法时代，提供高质量立法需要合理对待法律问题和政策问题的关系。以法理思维审视政策呈现的制度理性，成为理性对待法律问题和政策问题的关键，高质量立法需要必要的法理思维支持。

在执法方面，以行政执法三项制度为代表的执法制度创新，体现了强化公权力约束的严格规范公正文明执法的法治要求。行政执法公示、执法全过程记录、重大执法决定法制审核制度，将行政公开意识、行政证据意识、行政法治意识等全面融入执法实践。从依法行政到法治政府建设，全面依法治国条件下行政法治不仅具有不违反、不抵触的消极法治行为意义，更应当具有积极合法作为的法治思维意义。

在司法方面，党的十八届四中全会以来各项司法体制改革创新举措纷至沓来，司法制度创新的真正难点在于非单一的制度设计之间潜在冲突的平衡，既需要必要法治理论支持，也有赖于实践理性匡正。支持司法制度创新的价值权衡原则，既是为突破法律思维桎梏寻找法治原理根据，也是为克服法治思维逻辑缺陷提供基本法治遵循。确切地讲，司法制度创新应当采纳法理思维，作为突破法律思维和法治思维局限的重要思维形式。

新时代立法、执法、司法变革均呈现强法治理性需求，突破现有行为规则限制，急需更新现有思维规则。这既是立法、执法、司法各部门的需要，也是立法、执法、司法整体协调运作的内在法治需求。法理思维作为贯穿法治体系各组成的理性思维形式，成为提高新时代整体实质法治效益的内在支持。制度创新为法理思维普及提供了客观法治需求，传播法理思维的新时代普法是实现制度创新实质法治目的的必要法治方式。

（二）全面普法的系统化制度创新路径

满足立法、执法、司法等法治实践对法理思维需要，致力于从立法、执法、司法等角度为制度创新提供高质量运作支持，应当发挥新时代普法的法治沟通作用，促进立法、执法、司法等领域法理思维对接兼容，从而为法治体系整体运作提供必要法治基础。

新时代普法融入立法、执法、司法等法治实践过程，提供了制度创新发展的有利契机。在全民普法的法治启蒙价值基础上，融入法治实践的法治普及作用在于权力有效制约。兼顾权利保护和权力制约的双重法治作用，适应全面依法治国和全面从严治党的法治沟通需求，新时代普法呈现全面法治沟通特征。结合新时代法治体系系统化运作需要，致力于提高制度创新的整体运作效益，新时代全面法治沟通应当融入立法、执法、司法等系统化制度创新路径。

第一，立法领域制度创新的内在法治传播特征。

立法领域是为制度创新提供高质量运作支持的顶层设计环节。制度创新过程从实践探索、初步形成到立法推动，展示了法治创新逐步发展完善的过程。在诸多政策博弈下，立法领域制度创新具有法治引领改革的重要法治作用。实现法治引领改革的良法善治目的，关键在于促进法治国家、法治政府和法治社会之间的必要法治协同。全面法治沟通成为三位一体法治协同的内在要求。结合立法领域制度创新的统领地位，制度创新的内在法治传播诉求呈现全程化法治特征。

立法领域全程法治沟通特征，既表现在法律立、改、废等多种立法活动的法治沟通方面，也表现在国家立法和地方立法协调推进的法治沟通方面。更为重要的是，新时代法治沟通的内容彰显了开放法治特点，既关注传统法治沟通内容，也对涉及新产业、新材料等新动能政策给予必要关注。将政策宣传纳入普法范围，既是新时代制度创新视角下全面法治沟通要求，也是制度创建全程法治沟通的客观反映。政策宣教和法治宣教的有效整合，展示了新时代全面普法的系统化制度创新路径。

第二，执法领域制度创新的内在法治传播特征。

执法领域属于为制度创新提供高质量运作支持的重要实践探索环节。发挥执法环节制度创新作用的关键，在于提高执法人员的法治工作积极性。随着主要行政程序环节法治进程不断推进，行政权力法治约束程度不断提高，制约方式存在外部监督和行政自制等多种形式。以政府治理视角观之，片面强调权力制约同样存在失当问题。激励干部担当作为成为提高执法人员工作积极性的重要方面。也就是说，政府治理角度的制度创新不仅在宏观层面，在微观层面同样存在制度创新空间。

具体来讲，应当在行政裁量权法治层面，以激励法治形式激发执法人员的制度创新潜力。“谁执法谁普法”通过激活外部监督的形式，为执法人员行政裁量权制度创新探索提供必要制度支持。更为重要的是，“谁执法谁普法”通过连接执法和普法，促进系统内法治普及与社会化法治普及形成有效互动。这既是行政法治整体运作效果的集中呈现，也为行政法治制度创新提供了有利法治契机。行政执法领域制度创新的多种内在法治传播需求，体现了新时代法治沟通的整体化特征。

第三，司法领域制度创新的内在法治传播特征。

司法领域属于为制度创新提供高质量运作支持的重要价值平衡环节。司法的社会公信力，形式上通过每一个案件公平合理处理呈现，实际上重要价值合理平衡更为根本。在司法领域推进制度创新，应当立足提高司法在社会变革发展中的社会公信力。通过法治运作专业化方式培育法治信仰，是司法领域制度创新的内在法治传播要求。

形成司法领域的高质量运作支持，主要在于挖掘司法领域法治传播的制度创新潜力，其中以公平正义的专业精神引导社会舆论是关键环节。这既是强化司法公信力的根本途径，也是科学引导社会法治舆论的重要形式。从法治运作角度讲，重要价值平衡有赖于专业化法治解释运用。人民法治观为丰富新时代立法目的解释方法提供了有力保障。

毕竟司法是社会公正的最后防线，司法事后特征对制度创新实践探索价值有限，但是司法运作呈现的法治理念指引了相关公权力进行制度创新发展。同时，既有实践探索的司法认定结果，也对进一步的制度创新实践和理论发展产生重要影响。司法领域制度创新的内在法治传播要求，体现了新时代法治沟通的专业化特征。

三、制度创新的外部环境支持：普法是新时代发展变革的法治沟通渠道

制度创新不仅需要思维支持和法治体系内部高质量运作支持，也需要与外部环境达成协调一致，从而发挥新时代制度创新的整体优势。在内部系统支持基础上，挖掘制度创新整体维度的法治治理价值和功能，需要将制度创新置于新时代政治、经济和文化环境下进行分析，其中制度创新与外部政治、经济和文化因素对接渠道值得探究。新时代全面依法治国背景下，强化法治对政治、经济和文化等全面发展的诠释与引导，离不开整体维度视角下法治沟通，普法成为促进法治与政治、经济、文化对话的重要法治形式，普法是新时代发展变革的法治沟通渠道。从实质上讲，这是在传统的人与人沟通基础上，结合法治体系内部协调运作需要进行的法治体系外沟通交流，是新时代法治沟通全面化的重要组成部分。

（一）制度创新的外在法治要求

以实质法治思路审视新时代制度创新，不仅需要明确制度创新的实质法治目的，也需要明确制度创新的具体法治要求。为提高法治体系整体法治运行效益，既需要协调立法、执法和司法等法治活动之间的关系，也需要对制度创新的外部环境支持进行分析研究。其中制度创新与政治体制改革、经济体制改革、文化发

展之间的关系尤其需要明确。

第一，制度创新是主动化政治体制改革方式，新时代普法有利于发挥制度创新的法治能动性。改革开放以来，我国政治体制改革不仅是适应经济基础的被动发展过程，也是主动改造上层建筑促进经济发展的过程。新时代全面依法治国条件下，制度创新成为发挥法治能动性开展主动化政治体制改革的法治途径。普法作为新时代法治沟通方式，是沟通政治体制改革需求与制度建设的重要法治渠道。具体来讲，激发全面从严治党的政治体制改革最新成果的法治潜力，成为新时代政治层面制度创新的根本着力点。与监察体制改革的惩戒法治运行模式不同，新时代普法具有激励法治的潜能，应是刚柔并济治理路径的重要组成部分。新时代普法在惩戒法治之余，以激励法治形式提高了法治主体的法治能动性，促进主动化政治体制改革深入发展。

第二，制度创新是经济高质量发展转型的关键环节，新时代普法有利于发挥制度创新的发展引导作用。由高速增长转向高质量发展，是中国经济进入新时代的基本特征和发展思路。为有效克服原有效率路径依赖，应当强化高质量发展思维，形成以高质量发展为目标的激励约束机制。制度创新成为效率模式向效益模式转变的重要制度路径。相比于原有制度作用，制度创新呈现更为明显的高质量发展导向。制度创新以政策、法律等多种制度形式呈现，与立法、执法、司法等传统法治运行规律略有不同，新时代普法以其受众导向发展特征，在法理思维引导下兼容政策、法律等多重内容的法治沟通，契合了制度创新发展引导需要。法治传播规律与法治发展趋势的叠加效果，促使新时代普法成为促进制度创新的重要法治方式。

第三，制度创新是增强新时代文化自信的基础环节，新时代普法有利于发挥制度创新的文化支持作用。社会主义核心价值观是我国文化自信的核心。随着社会主义核心价值观逐步融入法治建设，法治文化自信在全面依法治国中的地位逐步强化。以法治创新思路推进政治体制改革、经济体制改革，需要必要的法治文化创新作为支持，法治文化自信是新时代法治文化创新的基础。归根结底，制度良好运作需要与其相适应的文化环境支持。新时代政治、经济层面的变革发展，需要相应的文化变革支撑。制度创新以社会主义核心价值观为指导，新时代法治理念的变革作用凸显，促进以法治文化自信加速文化创新发展变革。新时代普法是传播社会主义法治文化的基本法治途径，对新时代文化变革条件下的制度创新提供了必要支持。

（二）立体化普法的多元化制度创新路径

将法治体系外的创新要求反映到法治体系建设中，需要在法治体系内系统化法治传播基础上，结合新时代政治、经济和文化发展情况，进行立体化法治传播，发展立体化法治沟通的多元化制度创新路径。致力于治理现代化的整体法治效果，立法化法治沟通应当在法理思维基础上，兼采大数据思维合理内容，以理论创新和科技创新促进新时代制度创新科学发展。由于普法贯穿于法治国家、法治政府和法治社会互动之中，立体化普法适宜从以上三个维度进行探究。

第一，立体化普法的源头——以法治国家视角推进制度创新。

将制度创新外部法治要求与立法领域法治传播特征相结合，科学协调新形势下政策与法律的关系，适宜从法治国家角度对制度创新进行必要诠释。从法治体系运作角度讲，需要明确党内法规和法律对制度创新的科学定位。不同于国家法律，党内法规以其调整幅度宽见长，其对制度创新涉及问题关切更为深入。同时，不同于国家法律的底线行为规制路径，党内法规的道德成分更为浓厚，为制度创新提供了更为充分的主体维度支持。兼顾党内法规和国家法律规制特征，以法治国家视角推进制度创新，在主体约束和行为规制等多层面具有更为明显的优势。

由于我国普法采取党政主导模式，从普法规划出台到党内法规普法内容扩充，充分彰显了普法的法治国家治理价值。通过普法渠道将法治体系外部要求与立法领域法治传播需要相结合，既是党领导立法和普法工作的科学体现，也是普法融入立法的法治实践路径体现。相比于以法治政府、法治社会视角推进制度创新，以多元化法治沟通推进法治国家视角下制度创新，发挥了立体化普法源头作用。

第二，立体化普法的关键——以法治政府视角推进制度创新。

如上文所述，新时代行政执法领域制度创新关键在于激发行政执法人员的法治积极性，政治、经济、文化层面制度创新要求提供了深化行政执法领域制度创新的现实依据。法治上层建筑积极服务于经济基础，为经济高质量发展营造法治化营商环境，以行政创新引导社会创新既是新时代行政执法领域制度创新的重要原因，也是行政执法领域制度创新的必要方向指引。从实质上讲，合理诠释政治、经济、文化等层面的制度创新要求，是将行政执法问题上升为法治政府建设问题，从而实现以法治政府视角助推新时代制度创新。

我国“谁执法谁普法”普法责任制是法治政府建设重要内容，

新时代普法发展以兼容外部监督和行政自制的科学内涵，通过责任制的形式为法治政府制度创新提供了必要法治思路。更为重要的是，系统化法治传播基础上的立体化法治传播，促进以法治政府整体观审视普法分散化问题。行政执法领域的制度创新隐患问题，在多元化、整体化法治沟通中得以有效化解，实现通过立体化法治传播发挥法治政府整体制度创新优势。

第三，立体化普法的基础——以法治社会视角推进制度创新。

如上文所述，新时代司法领域制度创新核心在于提高司法权的社会公信力，司法领域的法治传播诉求表现为以公平正义的法治精神科学引导社会舆论。不论是司法政策还是司法个案，社会反响是其制度创新成败的重要标尺。致力于提高新时代社会治理社会化、法治化、智能化、专业化水平，需要发挥司法的专业法治优势。尤其随着社会治理智能化水平不断提高，适应大数据思维的数据文化发展需要，法治精确化、定量化传播成为发展趋势，司法的案件处理模式有利于实现社会治理的法治精确化、定量化目标。

实现立体化法治沟通目标，与法治国家、法治政府以自上而下方式推进制度创新不同，从法治社会角度促进制度创新应当采用自下而上的方式，这是系统化法治传播向整体化法治传播转型的重要内容。司法以其专业化、精细化法治传播方式，有利于广大受众在价值认同基础上提高法治现实可操作性，从而实现新时代法治传播与法治实践有效融合的科学目标。更为重要的是，不同于其他形式制度创新，立足法治实践的制度创新降低了制度创新成本、减少了制度空转的可能性，利于实现制度创新的实质法治目的。

制度创新的法治思维、法治运作和法治环境，均离不开新时代普法发展的必要帮助。第一，法理思维传播为制度创新提供思维方式支持，促使以法理认同为制度创新提供必要认知基础。第二，制度创新与现有立法、执法、司法等法治运作情况密切相关，法治体系的系统化法治传播需求为制度创新提供了必要运作条件。第三，制度创新与新时代政治、经济、文化发展变革情况密切相关，法治国家、法治政府和法治社会的立体化法治传播形态为制度创新提供了多元化路径。总之，制度创新为定位新时代普法提供了重要法治语境，以法理思维定位新时代普法内容，以法治体系协调运作定位新时代普法作用，以发展变革的法治交流定位新时代普法功能，展现了深刻的法治发展内涵和开阔的法治发展视野。

第二章 新时代普法新趋势分析

第一节 | 智慧时代普法转型发展的三维度认识

摘要：智慧时代为新时代法治发展提供了更多必要性和可能性。作为新时代法治体系发展中的重要法治线索，普法面临着转型发展的重要命题。法治是新时代治国理政的基本方式，充分发挥普法的现代治理功能和作用，应当从新时代发展大背景下探寻普法转型的根据和出路。结合新时代政治、经济、文化等方面的变革需要，切实推进智慧时代普法转型，适宜选取政治维度、经济维度和文化维度进行深入分析。

随着技术条件发展，新时代普法不仅应当着眼于法治体系发展需要，更应当从社会发展变革大背景的现实需要出发，进行必要的积极普法转型变革。归根结底，社会发展是法治发展的最终依归。大数据、人工智能等广泛应用为传统普法转型提供了重要时代契机。一方面，普法融入立法、执法、司法和守法等的过程，与大数据、人工智能等运用于法治实践具有一定的同步性。因为智慧立法、司法等形式既是辅助法治实践、减轻实践工作负担的科学途径，也是在现有法治实践基础上适时提炼法治经验的重要形式，从而为更新法治普及内容提供了有效助力。另一方面，大数据、人工智能等现代技术形式运用于法治实践的过程中，数据思维逐渐对传统法治理念和做法产生一定的影响，既要关注传统法治思维下因果关系推理的法治效果，还要关注现代技术条件下关联关系的社会效果，丰富了新时代普法的思维形式内容。适应大数据、人工智能发展的客观趋势，智慧时代普法转型发展应当关注以下三个维度的内容。

一、政治维度的普法转型发展——从法律工具主义到人民法治观普及

新时代全面法治建设的重要特点集中表现为全面从严治党和全面依法治国。适应新时代政法形势发展需要，传统法治思维运用应当适时强化形式法治内容和实质法治内容的科学协同，摆脱法律工具论的不良影响，突出人民在法治实践中的主体地位，从而切实增进法治运用的法治效果和社会效果。与其相适应，智慧时代政治维度的普法转型发展，需要结合大数据运用的现状，从人民法治观角度探究增强全民普法实效。

（一）大数据支持的普法转型

传统普法中作为普法对象的大众多为被动的信息接收者，随着现代自媒体技术的广泛应用，普法受众在一定程度上发挥了法治信息传播者的作用。大数据环境下，普法对象的主体性得以增强。[①] 从法治传播角度讲，传播手段的现代化助力了大众的法治主

① 魏志荣、李先涛：《大数据环境下网络普法模式创新研究——基于需求与供给的视角》，《电子政务》2018 年第 8 期，第 121 页。

体性科学发展。适应全面法治建设需要的法治传播，应当是法治体系与社会政治、经济和文化生活对接的重要窗口。法政治学视角适应了政治维度普法转型的现实需要，促进科学发挥新时代法治传播主体性增强的积极作用。具体来讲，人民的法治主体地位是新时代法治传播主体性的根本依据，大数据支持的现代普法转型发展契合了新时代人民法治发展需要。

大数据支持的普法转型体现了中国法治建设的内在逻辑，即认同人民是良法的本质、人民认同是善治的核心。[①]大数据在主体意识和内容说服力两个方面有效地增进了人民认同。大数据应用采取了来源于人民并为人民提供说理客观依据的科学形式，将大数据的人民属性展现得淋漓尽致。从一定程度上讲，大数据以其现代技术形式激活了法治的本质特征。法治内在蕴含了人民主体性的特点，其通过限制权力实现保障民主和人权。[②]大数据支持的普法转型，通过增强普法受众的主体性，提高人民在法治实践中的主体意识和主体地位，加速人民认同的善治和认同人民的良法的良性互动，大大降低了法治异化的风险，促进法律工具论向人民法治观的良性转化。

我国法律工具主义与人民政法传统存在一定的内在关系，尤其与我国人民政法传统中法律和阶级斗争关系的论断有着密切关

---

① 王东：《人民认同与法治教育：中国法治建设的逻辑与进路》，《社会科学研究》2017年第2期，第70页。

② 欧阳曙：《人民主体性复归：预防法治异化的根本》，《湖州师范学院学报》2016年第5期，第49页。

系，马克思主义经典作家认为法律是阶级斗争的工具。[①]在复杂的政治斗争环境下，这种观点具有一定的合理性。在新时代国家治理层面，发扬人民政法传统需要对法律工具主义保持一定的警惕。因为法律工具主义在某种程度上是人治传统下对法律轻视的延续。新时代国家治理体系和治理能力现代化进程中，法治作为治国理政的基本形式，展现了不同于法律工具主义的治理主义法律观，治理主义法律观重视在治理空间内法治的落实策略及其对法治精神的尊崇。[②]彰显新时代法治精神离不开必要的普法转型，大数据支持的普法转型以客观数据的理性说理形式，克服意识形态灌输式说理弊端，提高了新时代法治精神传播的客观说服性。从实质上讲，治理主义法律观以治理实效的形式发挥着潜在的法治精神普及功能，大数据融入新时代治理实践的过程也是其支持的普法转型体现。

大数据支持的普法转型，是对治理主义法律观的有效支持，是对法律工具主义观念的有利抵制。大数据支持的普法转型为吸收借鉴优良人民政法传统中人民主体地位有益成分，为抵制不良人民政法传统的法律工具主义有害之处提供了有利契机。

（二）全民普法实效倒逼的普法转型

党的十九大报告指出了新时代加大全民普法力度的法治要求，

① 安秀伟:《人民政法传统的历史生成与法治转型》,《河南社会科学》2016年第2期，第71页。

② 刘建军:《从“工具主义法律观”到“治理主义法律观”：全面推进依法治国进程中的观念革命》,《湖北社会科学》2017年第2期，第32页。

以系统化思维提高全民普法实效需要关注普法转型的重要问题。与治理主义法律观相契合，全民普法实效兼顾治理过程和治理结果，从而以全面法治化路径促进提升全民普法实效。与国家治理、政府治理、社会治理的宏观视角略有不同，全民普法实效侧重于提示法律适用的微观视角。如何将人民法治观转化为致力于全民视角下的治理主义法治实效，达成智慧时代全民守法目标成为全民普法转型的重要关注问题。

从法治意识培育角度讲，全民普法实效是新时代普法转型的重要内在依据。全民守法以广泛法治认同为重要内在支持，法律工具主义不能为法治认同提供有效理性基础，人民法治观以新时代政法形象容易深入人心。较以往不同，智慧时代更加突出便利于人、服务于人的以人为本的现代理念。这与人民法治观具有深度契合性，为激发现代法治主体意识提供了重要技术条件。智慧时代法治建设中，将现代技术理念和法治理念有效整合，是强化法治意识培育的有效路径。尤其在我国法治建设路径和西方法治建设路径截然不同的情况下，智慧时代普法转型需要关注全民普法的法治意识培育问题。西方法治观念根植于西方法治社会发展过程，经历了以百年法治实践为基础的法治启蒙运动。与之不同，我国历来缺乏法治观念根基，历时三十余年的现代普法成为培育人民法治观念的重要渠道。政法意图明确的我国现代法治传播，关键在于克服权力崇拜的臣民意识，培育现代公民意识成为必然选择。公民意识为人民法治观指导法治实践提供了重要接口，通过公民与人民角色的法治对接，实现新时代政法思维对法治实践的科学指引。

从法治社会发展角度讲，全民普法实效是新时代普法转型的重要外在要求。智慧时代普法转型不仅具有个体化的公民意识培育功能，在法治社会建设方面同样价值凸显。智慧时代的大数据、人工智能广泛适用，是新时代社会治理的重要特点。社会治理的法治需求是新时代普法的重要内容，现代治理体系下的法治社会科学发展成为普法的重要治理目的。从全面法治建设角度讲，与国家治理、政府治理相比，社会治理不足较为明显。提高智慧时代社会治理的法治功能，需要在传统自上而下路径之余探究智慧时代的自下而上路径，现代科学技术成为这一路径的重要实现方式。智慧时代将法治社会的治理需要有效转化为数据形式，以定量形式弥补定性规制的弊端。社会治理法治需要定量化，为有效开展相应的法治普及提供了必要信息，为切实提高普法实效提供了基础数据。所以，致力于实现社会治理的全民普法实效，需要切实推进智慧时代的普法转型发展。

（三）人民法治普及的智慧路径

智慧时代的人民法治普及既应当注重大数据、人工智能等智慧方式的采用，也应当注重以智慧路径适时更新普法内容，通过弥补法律工具主义思路下法治普及缺陷，发挥人民法治普及的独特内容，展现新时代智慧路径下法治普及新特色。

具体来讲，人民法治普及的智慧路径特点在于，在现有法律制度普及、法治体系普及基础上，以人民关注点为着眼点，开展与法治相关的政策普及。从实质上讲，这是在制度普及基础上，将体制机制等重要内容纳入法治普及视野。一方面，制度作为体制机制的下位概念，理解制度普及的深意需要对相关体制机制问题进行诠释，从而切实收到全民普法实效。另一方面，体制机制多以政策形式存在，政策与立法等制度形式存在重要内在联系，整合法治普及和政策普及有利于对制度产生、发展等过程有更清晰的认识。

在现有“谁执法谁普法”普法模式基础上，有效开展政策普及是将政策制定者、执行者等主体纳入了普法主体范围，从而以法治普及的方式实现了政务公开的治理目的。整合法治普及和政策普及，是将法治视角引入政策制定和实施，具有引导社会公众理性看待政策举措的重要意义，是打破将法治仅视为打官司的狭隘法治观点束缚，促进以法治常态化观点对待国家治理诸种行为。进一步讲，这丰富了新时代普法的政法维度内容，为人民法治观普及提供了必要客观条件。

在政策普及过程中，人民法治理念得以彰显和普及，智慧时代通过科技手段展现了新时代为人民服务的科学理性，实现人民法治观在合理性、可行性与实践性方面的多维度融合。当然，与法治普及的智慧路径不同，政策普及的智慧路径更为多样，其以融合多行业多领域知识的形式展现现代法治含义，促使以新时代全面法治视角审视人民法治观。全面法治视角下综合合理性、可行性和实践性的人民法治观，呈现立体化发展态势，契合了智慧路径与法治体系融合发展的多维度特征。也就是说，新时代信息处理的智慧方式，既为有效传递法治信息和政策信息等提供了必要技术条件，也为增强多种信息效用提供了必要认识基础，从而更好地提高人民法治收益。

二、经济维度的普法转型发展——从低质量制度普及到高质量法治普及

智慧时代的法治普及既要关注政治维度下普法转型问题，也

要关注经济维度下普法转型问题。与政治维度人民法治立场相契合，经济维度普法应当结合新时代新发展需要进行必要转型。实现经济维度普法转型，既有适应智慧时代未来法治需要的必要性，也有新时代新动能发展的迫切性。与高质量发展相适应，经济维度的普法转型应当呈现高质量法治普及特征。

（一）未来法治支持的普法转型

智能社会、共享社会、风险社会是未来社会的三大特征。[①] 智能时代普法发展需要在传统法治视角之余，深化对未来法治的科学认识。未来法治不仅以破解当下问题为重点，更应当着眼于未来发展趋势进行必要理性变革，通过理性发展的科学形式增强法治在多重时空的吸引力。

未来法治理念为智慧时代普法转型提供了必要理念支持。未来法治理念通过未来法治思维得以集中体现。不同于传统法治思维，以大数据为基础的未来法治思维在因果关系之余增加了相关关系维度，以大量相关事实为依据进行量化分析研究。与传统因果关系定性思维模式不同，相关关系定量思维模式展现了横向维度的客观理性。也就是说，不同于传统法治运行展现的纵向维度的主观理性，智慧时代法治运行需要必要的横向维度客观考量。从实质上讲，这是克服就法律说法律的简单推理，从社会发展的全方位角度深化法治理性。新时代发展中，在制度普及基础上进行法治理念普及成为必然选择，适应未来法治发展需要，应当对

---

① 张文显：《“未来法治”当为长远发展谋》，《新华日报》2018 年 12 月 4 日，第 15 版。

原有的法治理念普及进行必要完善，从而实现未来法治理念普及的应有之义。从未来法治理念普及的具体内容角度讲，需要以发展角度整合现代多种法治理念，将孤立的法治理念概念置于未来发展的宽广视野下。提供致力于长远发展的法治理念，借助大数据和人工智能形式推进成为未来法治普及的重要特征。在大数据和人工智能已然融入法治实践的情况下，未来法治理念普及将成为重要普法需求。

未来法治方式为智慧时代普法转型提供了必要方式途径。法治方式作为法治思维的具体表现形式，主要存在政治社会学意义上的法治方式和教义学意义上的法治方式两种，[①]分别从宏观层面和微观层面诠释了法治方式的具体形式。未来法治在此基础上，从发展维度提出了法治方式的具体形式问题。未来法治方式应当将未来法治理念作为法治方式发展的重要指引，将大数据、人工智能等多种形式有效融入政治社会学意义上的法治方式和教义学意义上的法治方式之中，并以技术理性的形式对两者进行有效协调。在多种法治方式互相作用的情况下，智慧时代普法作为传播法治思维和法治方式的重要形式，为科学协调以上两种意义上的法治方式运用提供了必要法治途径。也就是说，与未来法治理念相契合，未来法治方式成为智慧时代普法转型的重要内容。

通过未来法治理念和未来法治方式的双重作用，智慧时代普法实现了从现有维度的法治普及转型为兼顾现实和发展双重维度的法治沟通，通过增强普法行为的多层面说理性，有效增强了广

---

① 陈金钊、杨铜铜:《“法治方式”的定位及塑造》,《北京联合大学学报》2017 年第 2 期，第 85 页。

大受众的主体法治能力，发挥了智慧时代普法的多方位法治作用。

（二）法治新动能倒逼的普法转型

适应新时代发展要求，新动能成为促进智慧时代经济高质量发展的重要动力。着眼于发展全局，新动能具有多角度价值，与社会经济发展新动能相适应的应当是法治新动能。法治新动能从主体、行为等多方面对智慧时代普法转型提供了重要支持。

承认个体维度的法治新动能，为智慧时代普法转型提供了必要主体依据。原有法治建设主体多限于国家、政府和社会层面，个体维度的法治主体功能缺乏应有的关注。推进全面法治建设，需要凝聚国家、政府和社会等多个层面法治力量，前提是承认多种主体的法治主体资格。从责权利一致的角度讲，承认个体的主体资格是激发其法治建设潜力的重要法治保障，为法治个体与法治社会、法治政府与法治国家等的协同推进奠定必要的法治基础。同理，承认个体维度的法治新动能，是激励多种积极法治资源普及的重要途径，比如各领域大 V 等的法治传播资源优势。

承认行为维度的法治新动能，为智慧时代普法转型提供了必要行为标准。原有法治建设行为多关注自上而下的法治创新模式，对自下而上的法治创新缺乏应当的关注。这与我国政府主导的改革推进路径有关，但与创新发展模式存在一定的冲突。因为从经济发展规律角度讲，创新发展的主体应当是企业，原有的法治社会维度对企业创新内容缺乏规制。为企业创新营造必要法治空间，需要在行为维度上确认并鼓励企业创新的重要行为方式。将企业创新行为纳入法治视野，并通过法治普及的形式予以传播，成为发挥行为维度法治新动能的重要普法途径。也就是说，承认行为维度的必要法治新动能形式，既丰富了普法内容，也通过发挥创新法治传播优势，为智慧时代普法转型提供了必要行为标准，促进将智慧方式的创新法治价值融入法治建设中。

承认责任维度的法治新动能，为智慧时代普法转型提供了必要责任支持。与传统法治惩戒特点相对，激励法治成为法治新动能的重要方面。这在法治刚性之余，在自由裁量幅度内增加了法治运用可能性。激励法治在公法主体和私法主体方面均具有重要应用价值，激励公务人员通过积极作为发挥服务政府潜能，激励私法主体借助市场机制有效运作。适应新时代新发展需要，两个层面的激励模式应当有所区别，其中的界限尤其需要对“权力”与“权利”进行必要法治界定。此种法治视野下的有所为和有所不为，与普法的社会普法和系统内普法分类具有责任划分的一致性。承认公务人员法治激励潜能，为通过智慧渠道进行新时代两大普法系统整合，从而为普法由被动形式向主动形式转变提供了转型支持。

承认主体、行为和责任维度的法治新动能，既为新时代普法转型提供了重要理论支持，也为新时代普法转型提供了制度创新的现实动力和发展空间，所以智慧时代法治新动能有力地推动了新时代普法转型发展。

（三）高质量法治的智慧普及路径

在未来法治理念指导下，适应新旧动能转化发展的客观要求，高质量发展的目标价值得以凸显。相应地，高质量法治成为新时代法治建设的重要面向，高质量法治普及成为法治建设的重要内在需求。结合人民法治普及的发展情况，高质量法治应当采用以下智慧普及路径。

第一，以人民法治理念为指引，提炼促进新动能发展的法律和政策热点问题，实现以大数据为支撑的法治理念传播。通过将人民法治立场和大数据理性说理方式相结合，整合新动能发展的法律视角和政策视角，丰富高质量普法的多维度认知。确切地讲，这是切实地从法治实践需要出发，以制度运行为着眼点进行法治理念传播的客观考虑，弥补自上而下制度创新的不足。尤其重要的是，人民法治立场是高质量法治普及的重要指引，促使法治普及不仅是国家维度的政策推进，也不仅是社会维度的法治氛围营造，而是致力于变革发展的法治运用。在有效法治运用中，个体维度的新动能积极因素得以发挥，人民立场不仅是抽象意义上的政治概念，也成为法治实践中具体主体行为的有力支撑，在抵制官本位、形式主义等不良影响的过程中，大数据技术应用的广泛社会基础，强化了人民法治立场的操作维度价值，深化了人民法治立场的法治意义，实现高质量法治普及的智慧效益。

第二，以人民法治理念为指引，突出高质量法治程序的交互性，实现人工智能为支撑的高效法治传播。将人民法治立场与人工智能发展相结合，通过人机交流促进社会对话，以加速法治国家、法治政府和法治社会多层面互动的形式，将人民法治理念有效融入动态化法治建设。高质量法治不仅是实体意义上的热点法治问题，更是程序应用上的高质量法治运行问题。人工智能以大数据为基础，其通过提高多方互动的质量，为避免程序空转，提高程序效益提供了必要技术思路保障。更为重要的是，高质量法治程序的交互性为多种责任形式发展提供了必要法治空间。因为多种法治资源的加速流动，法治传播相关主体不再仅仅是被动的接受方，技术条件促使其提高法治传播主体性，激励法治为增强法治传播主体性提供了必要内在动力支持。

新时代法治普及通过大数据、人工智能的智慧路径实现了内容和程序等多层面质量效益提高。高质量法治普及需要智慧路径辅助，同时智慧路径的科学理念也进一步促成了法治的高质量发展。从具体内容和形式角度讲，高质量法治普及的过程，是新时代发展视角下多种法治理念提炼升华的过程，是融汇法政治学和教义学法治方式的未来法治方式展示过程。所以，高质量法治普及是致力于未来法治发展的新动能法治重要形式。

三、文化维度的普法转型发展——从多种媒体分散普及到全媒体全面普及

与政治维度、经济维度的普法转型相适应，实现人民法治、高质量法治普及的法治效果，不应当忽视文化维度的普法转型发展。一方面，“谁执法谁普法”的分散化普法路径需要在普法形式上进行必要整合，实现普法内容全覆盖的客观效果。另一方面，全程、全息、全员、全效的全媒体特征，与全面法治建设具有深层次契合性，能够有力地助推智慧时代普法转型发展需要。

（一）媒体融合支持的普法转型

媒体融合成为新时代媒体发展的重要特点，从媒体相加到媒体相容的过程，既是人民法治深入发展传播的过程，也是适应经济发展需要的高质量法治传播的过程。借助各种媒体的法治传播优势，促进媒体从技术融合深化为理念融合，这是智慧时代普法转型的重要特点。

一方面，智慧时代多种媒体内部实现融合有助于普法转型。新兴媒体与传统媒体在法治普及方面的优势各不相同，需要通过智慧途径进行必要协调。传统媒体以权威性、稳定性著称，凸显政治文化传播优势。借助传统媒体普法，应该从政法文化角度入手，发挥人民法治观政治认同的法治潜能。新兴媒体以快速传播、精准传播著称。借助新兴媒体普法，应该从发展效益角度入手，发挥法治新动能贴近现实的法治潜能。新兴媒体和传统媒体融合，体现了政治维度普法转型和经济维度普法转型的有效整合，大数据和人工智能等智慧方式成为沟通普法转型政治维度和经济维度的重要途径。通过注解政治维度和经济维度的科学性和合理性，促进提高法治普及的现实应用性，发挥媒体融合对普法转型的现实作用。也就是说，让受众获得高质量的法治信息内容，是智慧时代媒体融合发展的重要效果评价维度，[①] 这与新时代增强普法实效具有内在契合性。

另一方面，智慧时代全媒体实践与全面依法治国理念之间的融合，为普法转型提供了重要内在支持。智慧时代全媒体在全程、全员、全效等多方面的全面性，为法治理念的全面融入提供了重要外部条件。其中，既有立法、执法、司法等方面的宏观法治实践，也有个体守法等微观法治需求，智慧方式为宏观与微观的有效兼容提供了必要路径，促进实现全局与个体、整体与部分的有效结合。普法作为多方面法治信息互动的重要形式，借助全媒体的多种形式展现了法治国家、法治政府和法治社会的全方位法治需求，

① 童清艳：《智媒时代我国媒体融合创新发展研究》，《人民论坛·学术前沿》2019 年第 3 期，第 60 页。

从而为普法的供给侧改革提供必要依据。

深言之，传统媒体和新兴媒体在技术层面的融合，为多维度普法转型提供了契机。智慧方式不仅将这种契机转换为普法受众视角，而且实现了宏观与微观等多层面视角的有效兼容。智慧时代普法转型与媒体融合的同步性，既是传播路径的变革，也是传播理念的变革，是与全面法治理念传播相适应的全面媒体形式。普法作为全面依法治国的重要方面，适应媒体融合发展需要，普法理念也应当有所变化，其中与全面法治理念相适应的兼容法治普及方式值得关注。兼容法治普及通过兼顾政治维度和经济维度普法转型内容，促进多种形式的全媒体实践与全面依法治国相适应，从而有效发挥全媒体实践促进普法转型的重要功能。

（二）文化创新倒逼的普法转型

立足新时代高质量发展需要的法治，不仅应当关注制度、体制和机制问题，更应当对制度有效运行的文化基础进行必要关照。政治层面新时代人民法治观的创新发展，经济层面新时代高质量发展的创新需求，迫切需要相应的文化创新同步发展。归根结底，文化创新是人们思维方式和思维方法发生变革的根本原因。在全面依法治国的新时代背景下，法治文化建设在我国经济转型发展中发挥基础性、保障性的重要功能，[①]法治文化创新成为新时代新文化发展的重要内容。

文化创新丰富了新时代普法内容。与智慧时代发展相适应，

① 李传华：《对创新法治文化建设的思考——以培育新旧动能转换“动力源”为视角》，《中国司法》2018 年第 3 期，第 34 页。

数据文化是新时代新文化的重要内容。数据文化是尊重事实、推崇理性、强调精确的文化，[①]适应了注重法治实施效果的新时代法治文化发展需要。有效的创新是问题意识的体现。官僚主义和形式主义是新时代高质量发展的重要瓶颈。破除官僚主义不以事实为依据的思路制约，克服形式主义不以治理效果为依归的短视缺陷，应当丰富法治文化的新时代内容。大数据作为新时代重要治理手段，成为新时代克服官僚主义的重要智慧方式，也为客观考察治理效果提供了智慧支持。发挥大数据、人工智能的治理潜能，应当将数据文化融入新时代法治文化发展中。作为传播法治文化的重要形式，新时代普法应当进行必要内容更新，即需要在未来法治理念基础上进行数据文化的传播。未来法治理念为数据文化提供了必要方向指引，即以未来法治理念为指导的数据文化，是致力于未来高质量发展的法治文化。

文化创新丰富了新时代普法形式。与智慧时代发展相适应，多种媒体的形式更加丰富多样，如何高效整合多种媒体普法形式，实现普法效益和普法效果的最大化，是新时代普法形式面临的重要问题。普法实践工作以议事协调机构为重要工作组织形式，致力于弥补行政协助制度的不足，其中以行政思维推进普法工作是普法法治化的重要特点。智慧时代多种媒体融合发展为相关主体实现普法内容互补提供了重要技术条件。统一普法平台应当既是社会化普法的统一窗口，也是协调普法工作的重要平台支持。与智慧时代普法集约化发展相适应，适时更新传统普法工作行政思维，以集约化普法提高普法受众的信息接收成效。集约化普法形

① 涂子沛:《大数据》，广西师范大学出版社2015年版，第345页。

式使得人民法治观在普法行为中得以体现，切实提高了高质量法治传播效益。从一定程度上讲，智慧时代文化载体形式创新促进了普法形式科学发展。

（三）全媒体普法的智慧路径

全媒体时代条件下人类的信息需求更加突出，受众对信息内容及传播手段的不同需求成为人类传播活动的真正起点。[①] 这与法治建设中人民法治需求的逻辑起点价值具有内在的一致性。在新时代全面法治建设中开展普法活动，应当注重立法、执法、司法、守法等多环节的有机联系，普法融入法治实践的过程，就是促进法治建设多领域法治传播有效衔接的过程。全媒体时代普法，促进法治实践多环节实现以人民法治需求为智慧路径的逻辑起点。

第一，全媒体普法的全面智慧路径。以全媒体视角诠释立法、执法、司法、守法等多环节的普法行为，展示了法治视角下普法全面化发展态势。大数据特有的智慧路径，将人们活动的全面情况予以数据化呈现，提供了社会视角下的全面法治需求现状。全媒体普法采用大数据智慧路径，在一定程度上，就是将法治视角下的普法全面化与社会视角下的法治需求现状进行有效整合，从而真正实现新时代法治全面普及的法治效果和社会效果。具体来讲，应当从全面法治效果和全面社会效果路径方面入手。

一方面，全面法治效果需要智慧路径与法治运作体系的有效

---

① 姚君喜、刘春娟：《“全媒体”概念辨析》，《当代传播》2010 年第 6 期，第 16 页。

融合。立法、执法、司法、守法等数据形式实现有效兼容，应以体系化思路整合多种法治实践中的有传播价值的法治信息。通过多维度增强普法数据有效供给和使用，破除法治运用和法治传播融合的技术障碍，实现以法治运用为基础的新时代普法转型。另一方面，全面社会效果需要智慧路径与人们现实需求和人民根本需求的有效整合。以大数据形式展现微观具体和宏观深刻的法治需求，为以整体化思路分析法治需求的供给侧改革问题提供了普法转型思路。

第二，全媒体普法的及时智慧路径。以全媒体视角审视普法活动，既需要关注精准问题，也需要关注效率问题。采用人工智能形式开展普法，为全媒体普法提供了及时便捷的有效路径。但由于目前受人工智能技术发展阶段所限，以及各种法治信息传递方式不同，人工智能运用于普法的现实效果不可高估，全媒体可以在一定程度上弥补现有人工智能普法的不足。一方面，全媒体的普法内容维度更为全面，全程、全息、全员等传播特征为人工智能运用提供了适宜的外部环境。全媒体视角下全面法治建设的客观效果，既与时点化法治信息提供有关，也与全程化法治信息提供有关，人工智能普法的交互性可以在时点化和全程化之间进行有效衔接。另一方面，全媒体的普法效果维度更为全面，目前人工智能运用于普法主要还限于就事说法的程度，全媒体可以通过情理法等说理内容多角度强化普法效果。全媒体采取的情理法兼顾的释理说法形式，可以在人工智能普法方面实现形式法治和实质法治的双重兼顾。从一定程度上讲，全媒体普法转型的人工智能路径是全面普法转型的体现。

第二节　多角度破解新时代普法问题研究

摘要：党的十九大报告指出加大全民普法力度的法治要求，切实增强普法实效，应当从破解普法问题入手。普法主体、普法目的和普法标准是透视普法问题的重要角度，提示了新时代普法主体法治化、普法目的全面化、普法标准健全化的科学发展方向。

新时代有效加大全民普法力度，应当对现有普法主体、普法目的和普法标准进行科学审视，以解决普法问题为突破口切实激发新时代普法的法治价值和法治潜力。具体来讲，普法主体法治化运作、普法目的全面化发展和普法标准健全化是破解新时代普法问题的重要内容。

一、克服普法推动权力化弊端，以普法主体法治化运作增强普法说服力

不同于西方自下而上法治启蒙形式，中国特色普法采取党政主导模式，呈现鲜明的自上而下的权力推动特征。适应政府推动改革开放发展趋势，党政主导的普法模式具有一定优势，经济发展为增强普法说服力提供了重要外部注脚。适应新时代政治体制改革需要，党政权力法治化运作是增强新时代普法说服力的重要内在支撑。

（一）党内法规纳入普法范围，将政治体制改革成果不断融入法治传播内容，增强普法主体法治化运作的内在支持

第七个五年普法规划首次将党内法规纳入普法范围，这既是法治体系视角下新时代普法内容拓展的体现，也对普法主体提出了明确的法治化发展要求。因为我国普法属于党委宣传工作的重要内容，中国特色社会主义发展建设中，党政行为的法治传播说服力要强于单纯法治说教。将党内法规纳入普法范围，较之传统思想政治教育形式而言，更为强调党内法规的法治运作特质。遵循法治规律的党内法规建设，以具体行为指引为核心内容。强化权力监督是新时代政治体制改革内容主要特征，党内法规在权力他律基础上突出了权力自律内容。从权力自律形式角度讲，知行合一是党内法规纳入普法范围的集中法治价值体现。知行合一与“言传不如身教”的传播规律具有内在契合性。党内法规纳入普法范围，在权力监督之余，通过激发大众传播的法治认同潜能，深化党政权力规范化运作内涵，增强普法主体法治化运作的内在支持。

具体来讲，普法主体法治化运作需要从选定、运作和规制等多角度进行综合推进。鉴于现有普法主体运作存在的缺陷，顺应法治实践发展需要，应当进行普法主体运作方式转型。一方面，需要科学协调多种普法主体的内在关系，不能单纯为了完成宣传任务而将普法主体选定简单化，而应当在法治实践需要和党的宣传工作方针之间进行理性平衡。法治实践的工具理性和党委宣传的价值理性，应当在普法主体选定中进行合理厘定。另一方面，需要在普法主体的普法任务和本职任务之间进行科学协调，不能单纯为了完成普法任务而将普法主体选定随意化，而应当增进普

法工作与本职工作的科学联系。普法工作既应当列入工作考核内容，更应当成为提高本职工作效率效果的重要法治方式。确切地讲，普法可以成为本职工作流程再造的重要切入点，以普法的行政法治传播路径提高本职工作的内部法治效益，以普法的社会法治传播路径和效果激发本职工作内部运作的外部效果，从而实现普法的法治政府和法治社会建设双重叠加效应。

实现以上普法主体在选定、运作等多层面合理规制，不是仅以普法论普法，而是将普法置于整体党政工作中进行深刻认识。这既是适应新时代全面法治、整体法治发展趋势的必然反应，也是激发普法法治传播潜能的现实选择。党内法规纳入普法范围，为兼容合法与合理、程序与结果等多维度内容提供了审视权力运行的全方位视角，成为科学诠释新时代政治体制改革法治深意的重要法治渠道，促进新时代政法理念实现理性传播。一方面，党内法规传播在传统法治传播基础上，突出了权力约束的合理维度内容，以实质法治传播内容弥补了形式法治传播的缺陷。传统法治传播以法律适用为核心内容，延续司法实践的就法律说法律的法治叙事模式。由于法律与政策相对独立运行，传统法治传播存在一定的形式化风险。与之不同，党内法规法治传播在法律维度之余，更加侧重从实际政策运行角度、从权力行使现实规制角度进行法治传播升级改造。这既是新时代法治传播新发展，也是以实质法治传播克服形式法治传播缺陷的重要体现。另一方面，党内法规在传统法治传播基础上，从权力行使者角度突出了结果法治的重要内容，切实提高了程序法治传播的说服力。传统法治传播对于权力行使者而言，侧重从惩戒贪腐角度进行个体廉政法治教育，对于权力行使者机构责任缺乏有效法治关注。党内法规法治传播，采纳了新时代政治体制改革的系统化视角，对于权力行使的各层面法治问题进行有效兼顾。将政治体制改革的整体化效果，尤其是针对权力行使者多种结果法治责任的兼顾，展现了新时代程序法治理念的现实法治成效，有力地提高法治传播价值说服力。

（二）探究新时代党政机构改革的法治发展契机，增强普法主体法治化运作的外部支持

我国普法主体采取议事协调机制形式，新时代党政机构改革为议事协调机制发展完善提供了重要契机。议事协调机构借助权威影响和常设机构的发展逻辑，[①] 在新时代党政机构改革背景下获得了强有力支持。在新时代全面从严治党和全面依法治国的条件下，党政机构合并从机构保障层面有效强化了党政权威，增强了议事协调机制的现实权威基础。具体来讲，党政机构改革的高效协同内在要求，契合了议事协调机构对重要事项跨部门协调的宗旨目的要求。更为重要的是，全面从严治党和全面依法治国，丰富了新时代党政权威的法治内涵，促使以权力规制和权利保护法治理念指引议事协调机制变革。普法作为传播权力规制和权利保护理念的重要方式形式，对于新时代党政机构改革和议事协调机制完善具有重要法治潜力。与此同时，由于普法运作即采用议事协调形式，新时代党政机构改革对于议事协调机制的深远影响在普法主体法治化运作方面具有多重法治效应。

---

① 周望：《借力与自立：议事协调机构运行的双重逻辑》，《河南师范大学学报》2017 年第 5 期，第 7 页。

其一，新时代党政机构改革展现的人民本位理念，为议事协调机制法治化提供了人民法治思路，深化了普法主体法治化运作的外部运行理念。新时代我国社会主要矛盾已经转化为人民日益增长的美好生活需要和不平衡不充分的发展之间的矛盾。在物质需求之余，人民群众对于公平、正义等价值的内在需要逐步增强。新时代党政机构改革不是因人设事的简单翻版，而是从人民实际需要出发对相关党政组织机构形式进行再造。适应新时代党政机构改革发展趋势，推进议事协调机制法治化进程，同样应当秉承人民本位理念，通过具体的人民法治方式发挥议事协调机制科学作用。其中明确行政权威的人民法治定位，是提高新时代议事协调机制法治化水平的根本保障。全面从严治党和全面依法治国形势下，党政机构合并为强化行政权威的人民法治本色提供了重要契机。随着议事协调机制人民法治定位得以强化，普法主体法治化运作具备了重要的外部条件。我国普法主体采取议事协调机制形式，人民法治为科学确定普法主体范围提供了重要指引。

其二，新时代党政机构改革展现的协同高效要求，为议事协调机制法治化提供了法治沟通目标，明确了普法主体法治化运作的外部运行路径。新时代党政机构改革旨在打造协调高效的党政运行模式，对于克服传统行政法治形式化问题具有重要作用。既有的行政法理论主张从形式标准入手，强调党政融合机构对外行使职权使用行政机关名义，但这仅解决了行政救济问题，并不能回应有关组织结构和权力运行中的新问题。[①] 契合党政机构改革的

① 林鸿潮：《党政机构融合与行政法的回应》，《当代法学》2019 年第 4 期，第 50 页。

发展需要，促使行政法治由司法导向向行政导向转化。行政组织、行政过程等重要问题，成为新时代行政法治发展的关键。议事协调机构作为我国应对重要问题的组织形式，其法治化走向具有重要法治建设价值。鉴于我国行政主体理论等现状，应当从行政过程视角诠释议事协调机构法治化问题，其中法治沟通成为破解议事协调机构法治化的重要法治维度。普法具有实现科学法治沟通的法治潜能，采取议事协调形式的普法主体具有双重法治沟通效能，有效增强了普法主体法治化运作的现实性。

另外，新时代党政机构改革在推进方式、制度建设等多方面取得了重要成果，为议事协调机制法治化提供了必要法治方向。比如随着党政机构编制、干部考核等党内法规制度完善，中央层面议事协调机构制度化水平不断提高，这为议事协调机制法治化发展提供了必要法治方向。这既是人民法治理念、协同高效目的的重要制度保障，也是议事协调机制持续发挥制度效力的重要法治保障。在理念、目的、制度等多维度建构中，普法主体法治化具备了必要现实基础。在新时代党政机构改革条件下，通过激发议事协调机制的法治潜能丰富了普法主体法治化运作的外部运行机制。

二、克服普法目的简单化弊端，以普法目的全面化增强普法运行科学性

历时三十余年的中国特色普法以注重民事、刑事法律普及为特点，普法的法制工具理性价值突出。随着宪法宣传教育被提高到重要地位，以及伴随我国政治体制改革推进的行政诉讼、行政复议等制度修订不断推进，法治价值理性内容传播成为新时代普

法的重要内容。从普法目的角度讲，新时代普法的法治社会培养功能应当进一步深化。从法治国家、法治政府和法治社会一体化建设角度讲，强化法治社会培养功能离不开必要的法治国家建设水平和法治政府建设能力支持。实现新时代普法目的全面化，应当挖掘新时代普法的法治国家、法治政府和法治社会建设的全面法治建设价值。具体来讲，应当以新时代行政法治传播激发新时代普法全面法治化的法治潜能。

（一）以法治督察为突破口，合理定位新时代行政法治传播的政府治理价值，增强新时代行政法治传播的科学性

在党政主导推动改革发展进程中，在法治一体化建设过程中实现普法目的全面化发展，应当以政府法治建设为重要着力点。尤其在法治政府基本建成的冲刺阶段，促进普法目的全面发展，行政法治传播应当是普法发展的关键领域。结合近期法治政府建设情况，新时代行政法治传播不应当仅仅是强化行政行为规制的法治渠道，更应当是加强行政整体过程法治化的重要法治方式。以行政涉诉案件为重要传播内容的传统行政传播模式，正在向以行政领域整治为重要传播内容的新时代行政传播模式转型。其中，法治督察成为由微观行政案件法治传播向宏观行政领域法治传播转型的重要突破口。

其一，以法治督察为突破口提升新时代普法的政府治理价值，具有主体推进层面的科学性，促进提高新时代行政法治传播协同理性。

与我国普法推进模式类似，法治督察也采用议事协调机制方式。以法治督察为突破口提升普法的政府治理价值，具有主体同

构的内在推进优势。新时代党政机构改革中，法治督察和普法的常设机构都设置在新组建的司法部。议事协调机制和常设机构等多层面的趋同性，增强了法治督察与新时代普法在主体推进层面的协作理性。更为重要的是，新时代党政机构改革的多重成果对议事协调机制产生重要影响，为更新新时代普法与法治督察发展路径提供了重要法治启示。具体来讲，响应全面依法治国要求，为了避免多重议事协调机构林立的弊端，应当对普法议事协调机构和法治督察议事协调机构进行必要整合革新，为提高新时代行政法治传播协同理性提供必要组织保障。

其二，以法治督察为突破口明确新时代普法的政府治理价值，具有行为规制层面的科学性，促进提高新时代行政法治传播整体理性。

受到行政法治司法导向影响，原有行政法治传播多局限于微观行政行为规制层面，对于行业规制、领域整治的立法、执法、司法等宏观问题缺乏应有关注。这在一定程度上加重了行政法治传播的法制工具导向。致力于实现治理体系和治理能力现代化，明确新时代普法的政府治理价值，应当在微观行为规制之余强化宏观行政法治价值传播。法治督察作为克服行政行为法治传播缺陷的重要突破口，其专注行政过程中存在的深层次立法、执法、司法等关键法治问题。法治督察启发下的行政法治传播，克服传统行政法治传播零星分散弊端，以针对法治政府症结的科学形式，通过破解行政法治问题产生、发生、发展的系统化、体制化问题，以彻底解决法治政府突出问题的科学力度，深化公众对行政法治价值认识，切实提高新时代行政法治传播的整体理性。

其三，以法治督察为突破口深化新时代普法的政府治理价值，具有行为责任层面的科学性，促进提高新时代行政法治传播反思理性。

根据实践做法和相关规定，在行业化、专业化问题督察之外，法治政府建设督察成为重要内容，其中涉及政府责任、部门责任和工作人员责任等内容。这在一定程度上丰富了行政法治传播的责任维度。原有行政法治传播受到行政主体理论影响，多以机关责任认定为主。在党政机构合并的新时代背景下，顺应党内法规纳入普法范围的现实法治传播需要，以法治督察深化新时代普法政府治理价值，在增强机构责任制约基础上，具有强化部门责任和人员责任的重要作用。从某种程度上讲，以法治督察为突破口进行新时代普法革新发展，是以多元责任形式引导普法摆脱传统行政法治单维度责任缺陷，通过激发多重主体的法治理性，有效开展行政法治传播，在法制工具理性和法治价值理性之余，促进提升新时代行政法治传播反思理性价值。

（二）以矛盾化解为着力点，合理定位新时代行政法治传播的社会治理功能，增强新时代行政法治传播的合理性

与法治督察从深层次解决突出问题相对应，新时代行政法治传播不能仅限于政府治理层面，更应当以矛盾化解为着力点探究新时代行政法治传播的社会治理功能。不同于政府治理的行政合法要求，社会治理提出了新时代行政法治传播的合理维度诉求。矛盾化解从法治目的角度揭示了行政法治传播的合理维度内容。这既与行政复议、行政诉讼等的法治目的相契合，也是传统司法导向行政法治传播向社会治理导向行政法治传播转型的重要标志。

因为此处矛盾化解不仅包括行政复议、行政诉讼等传统纠纷解决形式，还包括适应社会治理需要的行政调解、行政裁决等其他纠纷解决途径。在政府治理价值基础上，矛盾化解的社会治理功能，以其法治结果丰富了行政法治传播的合理维度内容。

其一，以矛盾化解为着力点，丰富普法的工具理性和价值理性内容，明确新时代社会治理的法治价值导向。

随着法制宣传向法治宣传转型，法治传播工具理性逐步向价值理性转型，矛盾化解成为制度知悉和实践运用的重要动力机制。一方面，矛盾化解拓展了普法的工具理性内容，即普法不再仅仅是政治意图的法治传播形式，更是社会发展过程中不可或缺的治理工具。全面依法治国新形势下，实现治理体系和治理能力现代化，普法应当在自上而下法治传播路径之余拓展自下而上法治传播形式，矛盾化解成为普法实现自下而上治理的重要突破口。另一方面，矛盾化解深化了普法的价值理性内容，即普法不再仅仅是抽象法治理念传播，也是蕴含矛盾化解实践理性的重要法治方式。普法通过融入法治实践，及时提炼法治实践中的实践理性内容并进行有效传播，在实践理性科学传播中法治价值理性得以深化发展。通过丰富普法的工具理性和价值理性内容，矛盾化解成为新时代社会治理价值导向重要方面。适应矛盾化解的社会价值导向内在需求，行政法治传播合理性需要相应提高。

其二，以矛盾化解为着力点，揭示了普法融入法治实践的关键环节，明确新时代社会治理的法治传播形式。

以矛盾化解为着力点，既需要法制宣传向法治宣传转型升级，也需要普法有效融入法治实践。选择矛盾化解为着力点，既是实现新时代社会治理目的的法治需要，也是激发法治实践社会治理潜能的内在要求。法治作为与自治、德治等相关的社会治理方式，其突出治理优势在于矛盾化解的高效性。尽管自治、德治对于避免和化解纠纷也具有独特优势，但由于其缺乏必要刚性约束，其矛盾化解效率难以得到保障。但高效率化解矛盾不等于高质量化解纠纷，自治、法治和德治有效兼容的综合治理方式，才是高质量化解矛盾的首选。不同于立法、执法和司法实践的刚性法治运行特点，普法具有促进自治、法治和德治有效融合的柔性法治优势。因为普法是法治国家、法治政府和法治社会的重要连接形式，其不仅传播法治思维和法治方式，更应当以社会可接受的方式传递法治信息，德治的道德教化作用、自治的自律管理优势等成为法治获得社会认可的重要润滑剂，普法以融合自治、德治和法治的科学形式，科学实现社会治理的法治目的。

以矛盾化解为着力点，通过更新行政法治传播导向和方式，多角度激发了普法的社会治理功能。由于行政权力具有化解纠纷的行业专业性和效率优势，行政法治传播具有丰富合理性发展空间。这既是拓展新时代普法工具理性和价值理性的重要途径，也是以行业自律和职业伦理激发自治和德治的法治传播潜能的重要形式。尤其在与司法权相比之中，行政权的纠纷解决效率较为明显，相应地，对行政法治传播的合理性要求更高。行业知识、惯例、政策等成为行政法治传播合理维度的重要组成部分。以矛盾化解为着力点，需要将社会治理所需的行业知识纳入法治传播语境，以增强事实认定的可理解性；同时需要将社会治理所需的政策内容等纳入法治传播语境，以增强法治适用的可接受性。

三、克服普法标准宽松软弊端，以普法标准健全化增强普法运行合理化

多年普法实践采取多样化的普法形式，但对于统领普法形式的内在普法标准缺乏关注。突出强调融入法治实践的普法，促进从政治语言传播向言行一致法治化传播转型，有效纠正普法标准虚无和不协调问题，将法治实践标准融入普法标准，借助立法、执法和司法的法治化进程推进普法标准健全化。从法治价值角度讲，普法融入立法、执法和司法呈现弘扬民主、强化监督和权利保护特征。普法融入法治实践展现了民主和法治的重要内容，应当在立法、执法、司法等关键之处明确普法标准。

（一）融入立法的普法，应在立法目的和部门利益等关键之处强化普法标准

普法融入立法，主要从程序和实体两个层面进行分析。在程序方面，立法前、立法中和立法后的公众参与成为重要普法形式，[①]实现程序意义上普法目的，应当对普法融入立法的重要实质问题进行考量。按照亚里士多德的观点，良法和守法是法治的核心内容。与法治实践相对应，立法和普法成为法治发展的关键环节。致力于实现良法善治的法治目的，立法目的把握和立法过程中利益权衡成为立法中有效开展普法的重点。

其一，法治督察应当成为新时代立法目的普及的重要切入点。

---

① 李婵：《以公众参与立法落实普法责任制》，《黑龙江社会科学》2018 年第 2 期，第 43 页。

随着新时代普法选取法治督察作为提升政府治理价值的突破口，立法、执法、司法等体制机制问题被纳入法治传播视野。普法融入立法，既需要对具体制度规定进行立法前、立法中和立法后普及，更需要对新时代立法目的进行有效阐释。这既是法制宣传工具理性向法治宣传价值理性转型的必然选择，也是新时代变革条件下引导公众进行法治反思的重要形式。法治督察由于较诉讼监督等法治途径的法治视野更为宽阔，法治督察中发现的立法层面存在的问题成为立法中普法的重中之重。以立法方式有针对性地解决有关行业和领域问题，首先需要明确立法目的，新时代人民法治思路为法治督察提供了重要法治指引。透析法治督察中反映的立法问题，既与党领导立法工作具有内在契合性，也是立法、普法、督察整体化、系统化开展的重要表现。具体来讲，法治督察的问题意识应当成为立法中普法的重要标准，即不是从旧制度谈制度，而是发现制度运行背后存在的体制机制障碍，在此基础上运用立法方式破解相应体制机制难题。以法治督察指引立法中普法发展，是新时代普法从形式法治向实质法治转型的重要体现。

其二，立法辩论制度应当成为新时代避免部门利益的重要普法形式。

立法公开是引导公众参与立法的重要机制，但如何激活立法公开潜在价值，促使立法避免地方利益、部门利益等的不良干扰，是实现立法中普法的重要目的。从法治传播过程角度讲，单纯的立法公开只是实现了自上而下法治传播，对于自下而上法治传播并没有相应体制机制保障。立法辩论制度作为立法过程中多方主体交流互动的社会化法治化过程，具有重要法治传播价值。立法辩论是国外议会法案审议的一项重要机制和必经程序。人大立法辩论制度不仅在我国当前法律文本中几乎处于缺失状态，而且在当代立法实践中也存在定位上的偏差。[①]通过立法辩论能够充分利用公开立法制度优势，将法治相关利害关系人引入法治语境，促使从法治源头进行利益调整，从而发挥以法治方式预防纠纷的目的。从某种程度上讲，由立法辩论实现普法目的，在由法治普及向法治交流转型中，普法标准实现由单方意定向多方协商转变。

（二）融入执法的普法，应在执法三项制度执行中强化普法标准

随着"谁执法谁普法"普法责任制广泛适用，融入执法成为普法发展的重要趋势。在执法三项制度推行适用的情况下，如何将普法融入执法三项制度中成为有效开展执法中普法的重要内容。其中，科学传播执法三项制度的核心制度理念成为执法中普法的重要标准。

其一，行政执法公示制度是执法中普法的重要制度载体，公示行为标准即为执法中普法的重要标准。执法公示分为事前公示、事中公示和事后公示三种。与此相适应的普法内容也不尽相同，执法前普法侧重于组织、人员、事项等制度普及，执法中普法则侧重于具体执法依据、权利义务等法治普及，执法后普法更侧重于社会监督的法治运行机制普及。贯穿执法公示制度的普法行为，主要围绕保障的行政相对人和社会公众知情权、参与权、表达权、

① 李店标：《论我国人大立法辩论制度的建构》，《广西社会科学》2016 年第 8 期，第 79 页。

监督权进行必要普及。其中，普法的重要标准就是传播执法者权力合理约束理念。尤其是其中“主动告知”行为依据的公示行为，明确了“谁执法谁普法”的主动开启模式，促进以服务行政理念合理诠释普法标准。

其二，执法全过程记录制度是执法中普法的重要保障制度，记录制度为普法形式和内容发展提供了重要法治启示。执法过程中综合运用各种记录手段，目的在于以全面客观形式促进权力合法规范运行，其中各种形式综合运用的内在标准在于依法履职和执法监督的证据作用。与法律运行的硬件证据相比，与法治思维密切相关的普法呈现法治运行的软件特性。① 文字、音像等多种记录形式，揭示了普法的口头形式、文字形式等多种样态。与执法证据作用相对，普法标准在于对行政相对人和公众实现良好法治沟通，发挥各种证据形式的法治传播价值。执法记录和执法中普法相结合，融汇了权力监督和权利保护的双重法治视角，促进以法治理念审视普法的内在标准，在与证据配合使用中科学实现执法目的。

其三，重大执法决定法制审核制度是执法中普法的关键制度，为明确专业化普法标准提供了法制支持。重大执法决定审查事项丰富了重点普法内容，比如行政执法主体是否合法、行政执法人员是否具备执法资格、行政执法程序是否合法、执法是否超越执法机关法定权限等。重大执法决定审查范围明确了重点普法对象，比如涉及重大公共利益、可能造成重大社会影响或引发社会风险的行政相对人等应当成为重点普法对象。与以往面向公众的普法

---

① 周叶中:《领导干部必须牢固树立法治思维》,《红旗文稿》2019 年第 16 期。

不同，重大执法决定多数关涉专业化普法内容，需要合理利用法律职业共同体专业优势开展精准普法。从执法公示、执法全过程记录到重大执法决定法制审核，在行政执法的源头、过程、结果等关键环节，行政法治传播预防纠纷的法治强化不断提高，普法的专业化程度不断提高，相应地，普法标准不断细化。

（三）融入司法的普法，应从最新司法政策和司法制度变化方面强化普法标准

在普法融入立法、执法基础上，普法融入司法呈现更为深刻的法治含义。这既需要更新传统厌讼文化心理，也需要对司法政策和制度发展的普法需求进行深入挖掘。鉴于司法体制改革深入推进的现状，科学传播最新司法政策对于引导法治文化变革具有重要影响。同时，适应新时代政治体制改革发展，我国行政诉讼、行政复议等司法制度发生了重要变化，科学传播行政司法制度变化对于巩固政治体制改革成果具有重要法治价值和法治意义。

其一，司法政策形成中的社会认可标准，是融入司法的重要普法标准。司法政策获得正当性是立法缺位与司法能动的必然结果，其需要得到政治与社会的双重认同。[①] 普法作为联系政治与社会的重要形式，是提高司法政策社会认可的重要法治形式。作为国家政策的重要组成部分，司法政策突出了司法服务经济社会发展的重要面向。从法治价值角度讲，司法的核心价值是公正。司法能够获得社会认可，归根结底在于其彰显了公正价值。司法政府发挥指导作用的机理在于，其以公平价值作为效率、民主、自

---

① 李大勇：《论司法政策的正当性》，《法律科学》2017 年第 1 期，第 19 页。

由等多重价值的权衡标准，突出对社会主体间性的法治实践引导作用。将司法实践的主体间性价值向政府领域和社会领域传导，需要以普法融入司法为重要条件，从而实现法治国家、法治政府和法治社会一体化建设目标。具体来讲，在公正价值与其他价值协调中，法社会学的社会关系制约论具有较强说服力，①以兼顾法律关系和社会关系的形式阐释法治观点是司法政策有效传播的重要保障，也是融入司法的重要普法标准内容。

其二，司法制度的重大变化是政治体制改革的集中法制形式，政治体制改革的法治诉求成为融入司法的实质普法标准。现有诉讼制度中，行政诉讼制度变化集中展现了新时代政治体制改革的法治诉求。比如，在权力监督方面，行政负责人出庭应诉制度、跨区域管辖制度、行政公益诉讼制度等，充分展示了行政诉讼法修改后权力规制法治走向，契合了新时代政治体制改革的强化权力制约的法治诉求。与此相适应的普法，应当在民事刑事基础上加大行政诉讼法治宣传，通过传播行政法治价值，强化动态宪法理念传播，革新官本位文化运行的社会认同基础。致力于形成适应政治体制改革需要的体系化普法标准，应以诉讼倒推行政程序说理加强，这既是行政合法性与行政合理性的整合提升，也是提高关键少数的法治思维和法治方式能力的重要形式。具体来讲，应当加强行政诉讼制度对法治政府建设的制度与政策引导，实现以适应行政运行规律的方式开展行政法治传播。比如，近期法治政府建设示范区建设的法治倡导方式。从内在角度讲，这是遵法守

① ［奥］尤根·埃利希：《法律社会学基本原理》，中国社会科学出版社2009年版，第45页。

法学法用法的体系化运作体现；从外在角度讲，这是营造优质营商环境的法治路径选择。因为优化营商环境的核心是法治政府建设，关键是政府诚信。法治营商环境是法治传播交流的外部表现。通过传播破除地方保护的法治思维，促进运用降低官僚主义和形式主义危害的法治方式，法治传播成效通过优质营商环境得以表现。

第三节 | 新时代行政法治传播趋势研究

摘要：新时代行政法治传播是新时代推进全面依法治国的重要组成部分。适应新时代党政机构改革的现实需要，应当着力研究行政法治传播重要问题。行政法治理论变革和实践发展，对行政法治传播产生重要影响。结合新时代改革法治和发展法治的现实情况，探究新时代行政法治传播趋势不无裨益。

适应新时代全面深化改革和全面依法治国需要，将改革、发展等的现实法治需求向法治建设领域进行理性传导，以法治现实主义路径促进法治体系不断发展完善，成为以法治思维和法治方式科学推进新时代发展的重要法治途径。鉴于我国改革发展采取党政主导模式，如何将党政一元化的法治优势转化为现代化治理体系和治理能力的法治潜能，成为新时代中国特色社会主义法治实践深入推进的关键问题。有效地挖掘新时代法治体系的治理潜力，需要采纳整体和部分兼容的方式，既需要关注法治建设中的突出问题，又应当关注贯穿法治体系建设的重要法治线索。

中国特色普法或曰法治传播，以其“体”“道”结合的形式，[①]成为贯穿中国特色社会主义法治体系和法治实践的重要法治线索。亚里士多德认为，法治的重要环节在于立法和守法，普法作为立法和守法的中间环节具有重要法治价值。普法融入立法、执法、司法、守法等法治建设的过程，充分发挥了法治传播对多种法治行为的法治建设功能。不同于立法、执法、司法等刚性法治行为，普法以其柔性法治传播优势，增进了诸种法治行为的联系和交流，成为法治建设全面推进不可或缺的重要黏合剂。致力于提高法治体系的综合法治效益，应当聚焦中国特色普法在法治体系建设中的突出法治线索作用。与全面法治建设相适应，整体法治理念传播需要立足新时代发展全局，同时对其中核心问题予以有效关注。这既能克服就法律谈法律的形式主义弊端，也是提高法治运行效益的根本保证。由于我国改革采取党政主导模式，行政法治传播成为将新时代党政法治理念有效转换为治理效益的关键法治传播领域，其中行政法治传播发展趋势值得研究。

一、从改革法治的动态视角分析行政法治传播理念变革

随着新时代政治体制改革的深入推进，适时变革公权力运行规制模式成为当务之急。新时代机构改革致力于协同高效的现代化治理目的，协同化权力运行模式对传统公权力规制模式提出了重要挑战，尤其是党政机构合并后面临的党政关系变化、机构之

---

① 付子堂、肖武：《普法的逻辑展开——基于30年普法活动的反思与展望》，《社会科学战线》2017年第6期，第204页。

间关系变化等问题急需解决。[①] 着眼于新时代发展全局，行政法治变革需要将最新的党政法治化趋势转化为指导社会法治发展的现实效果。在党政法制化不健全的情况下，与行政过程相伴的行政法治理念传播成为重要法治关切点。具体来讲，应当将时下推进改革的法治思维和法治方式进行广泛传播，突出党和法这一新时代中国法治核心问题。通过展现重大举措中的党政法治理念，促进公权力法治化运行的核心法治理念得以有效传播，其中行政法治传播理念变革成为重要内容。

（一）从传统行政法治理念传播到新时代人民法治理念传播

传统行政法治路径采取以行政权力规制为核心的模式，行政主体、行政行为、行政救济等行政法律体系主要围绕行政权力线索展开。从限制权力和保护权力的宪法理念角度讲，行政法治采取这种路径具有一定的合理性。适应新时代发展变革的行政法治，不仅需要理论层面自圆其说，更需要满足实践层面法治实施需求。新时代机构改革采取致力于提高人民改革获得感的协同高效路径，党政机构合并的现实情况，需要从人民法治角度诠释新时代行政法治发展趋势。具体来讲，新时代行政法治发展不能仅关注传统行政法律关系中的一方，还应当对传统行政法律关系的其他主体给予有效关注。

行政法治传播是兼顾行政法治多方主体的重要形式。适应新时代政治体制改革，实现从传统行政法治理念传播到新时代人民

---

① 秦前红：《党政机构合署合并改革的若干问题研究》，《华东政法大学学报》2018 年第 4 期，第 78 页。

法治理念传播，是重要行政法治变革内容。具体来讲，应当采纳必要的人民法治理念更新行政法治传播路径，从广义人民和狭义人民多角度兼顾直接法治受益者和间接法治受益者，科学妥善处理行政法律关系双方当事人的关系。其中，尤其应当对传统行政法治中的依法行政原则采取人民法治立场进行科学解读和传播。

依法行政原则展现的法治优先、法治保留等重要法治精神，原来多从法律体系的协调性入手进行阐释，缺乏对法治运行实效的关注。为提高行政法治普及实效，不能将依法行政的传播深意限制于法律规定不能抵触、法律原则不能违反等释理说法层面，应当阐明依法行政之所以成立的法理依据。结合新时代政法形势发展需要，依法行政的法理依据应当从人民法治观入手进行分析阐释，因为人民利益是法治层面各种利益协调的根本立足点。归根结底，法治运行是调整现实利益的重要形式。新时代加大全民普法实效，应当破除就法律谈法律的普法形式主义，以人民法治立场阐释行政法治利益调整功能成为普法实质化的重要保障。

具体来讲，以人民法治立场诠释行政法治利益调整问题，应当从人民立场下的行政法律关系解读入手，这可以有力地克服行政关系中行政主体和行政相对人不对等的现实问题，以法治传播力量助力突破行政法治运行中的关键法治问题。从实质上讲，通过激活人民法治立场行政法治解释的方式，有利于打破行政主体和行政相对人在双方关系中的不对等，为行政法治合理运行创造必要的法治氛围。这种法治氛围不仅是舆论导向作用，更是增进法律规定适用的立法目的解释问题。通过法治传播途径强化行政法治适用的科学导向，促使人民法治理念由柔性法治原则融入刚性行政法治实践，进而在有效解决行政纠纷中不断强化人民法治理念传播效果。这既是融入法治实践的新时代法治普及方式，也是人民法治理念法治传播的独特形式。确切地讲，这是发挥人民法治理念的问题意识，通过有效解决行政法律关系的突出问题，将行政法治实践作为法治传播的重要载体，实现由传统行政法治理念传播向新时代人民法治理念传播转型升级。

（二）由传统行政法律关系传播到新时代行政治理过程传播

在法治普及内容方面，不同于刑事、民事法治传播，行政法律知识和理念传播相对欠缺。基于相关性传播效果考量，行政法律关系处理成为行政法治传播的重要内容。这对及时化解行政纠纷具有一定价值。但是行政纠纷发生在一定的行政过程中，法律关系片段化的处理方式，对于彻底解决纠纷存在一定的限制。从根本上解决纠纷，需要适时突破法律关系限制，着眼于整个行政行为过程进行问题分析研判。[①] 从某种程度上讲，这既是从根本上解决纠纷的必要选择，也是有效预防纠纷的重要行政法治路径。

适应新时代行政过程法治需求，完善行政法治传播内容，应当注重行政过程法治化传播。不同于传统行政法律关系传播的片段化，行政法治过程传播更注重整体传播效果，治理是行政过程整体传播效果的重要尺度。改革法治的动态视角，需要与其相匹配的新时代行政治理过程传播，治理是改革法治动态效果的重要标尺。从传统行政法律关系传播到新时代行政治理过程传播，既需要突出传统行政法律关系中的重要法治问题，也需要对行政法

---

① 江利红：《行政过程的阶段性法律构造分析——从行政过程论的视角出发》，《政治与法律》2013 年第 1 期，第 140 页。

治传播整体效果给予必要关注。挖掘重要行政法治问题的深层法治原因，以法治思维和法治方式解决行政法治深层问题，成为提高行政过程治理效果的重要法治途径。所以，从传统行政法律关系传播到新时代行政治理过程传播，从实质上讲，是从形式上解决纠纷到实质上解决纠纷的必要转型，也是从行政治理角度增进行政法治适用的重要表现。

具体来讲，行政治理过程传播需要在原有行政法律关系传播基础上，增进行政法治理念和原则的领悟，将事实认定和法律适用的法治思维进行必要拓展。一方面，对于非类型化行政行为需要给予必要关注，促进多种行政行为法治化解读。这与我国行政立法模式有着密切关系，即目前行政立法多集中于行政处罚、行政许可、行政强制等类型化或模式化行政行为领域。行政行为模式具有法治沟通的价值，[①] 非模式化行政行为的法治普及，更多需要借助于行政过程法治化治理理念。新时代行政治理过程传播，能够弥补行政行为刚性法治缺失，从柔性法治角度提升多种行政行为的治理效果。另一方面，需要强化类型化行政行为之间的法治关联解读。行政实践中，多部门多种行政行为之间法治沟通成为提高行政法治效率的重要保证。从行政相对人角度讲，多部门行政行为法治沟通是提高行政法治效益的表现，多部门法治沟通有利于打破传统孤立的行政法律关系限制，促进行政过程整体法治化效益。厘清行政过程中多主体的法律关系，应当坚定必要的人民法治立场，使得行政治理效果得以通过法治形式展现。从行政法治普及导向角度讲，无论是非类型化行政行为解读，还是类型

① 叶必丰:《行政行为原理》，商务印书馆2014年版，第58页。

化行为之间法治沟通，均需要对行政法治理念的深层次把握。所以，伴随传统行政法律关系传播向新时代行政治理过程传播转型，行政法治理念培育应当强化，人民法治立场为解读新时代行政法治理念提供了必要助力。

二、从发展法治的全面视角分析行政法治传播内容变革

新时代政治体制改革对行政法治传播的影响深远，人民法治理念传播、行政过程法治化传播将新时代改革法治的精神向法治实践层面传递。如何将行政法治传播理念变革转化为行政法治传播内容变革，需要在改革法治精神指引下，以发展法治视角全面审视新时代行政法治传播内容。以发展法治维度丰富行政法治传播的主体维度和行为维度，成为行政法治传播内容变革的重要方面。

（一）由传统行政主体观念传播到新时代公务主体观念传播

面对新时代发展变革，行政法治理论呈现新的发展契机和挑战。其中，党政机构合并后，行政主体理论面临重构的现实问题。鉴于党政机构合并，既不同于党政一体，也不同于党政分离，[①]其行政法治定位尤其重要。在这种情况下，公务主体界定比传统的行政主体定位显得更为合适。为提高法治发展效益，应当突出公务主体观念的行政法治传播优势。

第一，公务主体观念具有丰富行政法治话语权的行政法治传播价值。相较行政主体，公务主体的范围更广。不同于行政主体

---

① 金国坤:《党政机构统筹改革与行政法理论的发展》,《行政法学研究》2018 年第 5 期，第 4 页。

以行政权力运用为核心进行主体身份确定，公务主体呈现更多的以事务处理为主的色彩。由于原有行政主体被界定为行政机关和法律、法规和规章授权的组织，行政主体观念的传播多采取法律思维的模式传播，即主要从法律、法规和规章的规定入手进行行政主体观念的认识。囿于行政法律法规规章体系内容庞杂，行政法治的社会普及效果差强人意，行政主体观念的法治传播效果多限于行政法治专业人士。这与法治普及群众路线的良好初衷不相符合。[①]普通民众视角下行政法治社会普及效果，应当通过具体行政事务的有效处置得以展现。行政公务主体理论传播适应了行政法治普及群众路线的需要，通过行政公务处置拓展了实际享有行政法治话语权的主体范围，为行政相对人提供了“以事定人”的客观化行政法治视角。从实质上讲，这是通过破除行政法治传播职业化倾向，以行政法治现实主义维度拉近了行政相对人与行政法治的关系。进一步讲，行政公务主体观念的传播，有效地平衡了行政法治领域的话语权，促进以法治传播力量扭转行政程序中传统行政主体和行政相对人不对等的情况。在行政法治传播力量支持下，传统行政主体不能再依仗权力独占行政程序力量失衡的不当利益，公务处理情况不再仅仅是行政权力单方话语界定的内容，行政相对人作为公务处理的利害关系人具有当然的话语权，从而发挥行政法治理念群众路线普及的法治价值。

第二，公务主体观念具有激励公职人员担当作为的行政法治传播价值。公务主体观念既在法治传播领域引入群众路线，也在一定程度上激活了公职人员的法治工作热情。随着“谁执法谁普

---

① 凌斌:《普法、法盲与法治》,《法制与社会发展》2004年第2期，第126页。

法”普法责任制的推广，公职人员的法治普及供体地位值得关注。原来的行政主体理论中，公职人员一般不具有行政主体资格，其只是行政主体行为的具体执行者。但是，行政自由裁量权的刚性法治制约、执法中普法的法治传播效果考量等，均需要关注具体行使权力的公务人员的法律规制问题。尤其在全面从严治党和全面依法治国协调推进的过程中，党员身份和公职人员身份的大幅度重合，揭示了全面从严治党的权力规制应当采纳行政法治路径。这既有利于弥补传统行政法治仅注重行政权力形式规制的弊端，从权力行使者的实质规制角度强化公权力规制效果，也有利于以法治思维和法治方式扩展公职人员的法治角色，为激励公职人员担当作为提供必要指引。行政公务观念的开放性，赋予公务处理中的实际人员以必要法治身份，为其发挥自身法治潜能提供了必要法治空间。因为新时代行政公务处理不应当仅仅遵循惩戒法治的老路，激励法治的治理潜力同样值得关注。我国公务员法修订中增加的激励制度为公职人员发挥法治积极性和创造性提供了制度支持。归根结底，行政公务观念为传统的权力观念注入了事务处理的理性因素，相应地，为具体从事公务处理的公职人员提供了担当作为的法治契机。

（二）由传统行为规制视角传播到新时代行为发展视角传播

传统行政法治以权力控制为典型特征，实体法和程序法的双重控制路径致力于将行政权力运行限定在依法行政的法治理性范围内。由于我国采取党政主导的普法模式，权力控制的法治传播往往被解读为政治要求，其法治深意多被忽视。由于缺乏权力控制的法治维度，传统行政行为规制视角的法治传播效果与法治实践效果有一定距离。其中重要原因是，传统行政规制传播视角忽视了行政相对人的现实考量，没有挖掘行政权力控制对外部法治环境的潜在影响。

在新时代发展变革中，行政法治理论面临重大挑战，根源于外部环境已经对传统单维度的行政行为规制提出了质疑。实现新时代高质量发展，需要高质量法治及时跟进，在政府主导改革和法治政府建设的情况下，高质量行政法治成为新时代的客观需求。这需要及时革新行政行为规制的封闭发展模式，从新时代外部环境中汲取行政法治理论发展的有益成分。具体来讲，以法治思路审视新时代行政法治发展，需要从行政相对人角度深化行政行为规制的合理定位。这既是人民法治理论在行政行为规制方面的必要反应，也是新时代创新发展的客观要求。结合新时代个体维度创新发展需要，新时代行政行为规制应当定位为营造有利法治环境的发展式行政行为规制模式。比如，优化营商环境成为新时代经济高质量发展的重要条件，行政法治是优化营商环境的重要要求和保障。①

优化法治环境的重要法治举措，需要行政行为相关当事人等知晓和配合，行政行为发展视角的法治传播不可或缺，更为重要的是，通过法治普及营造法治氛围是优化法治环境的重要方面。

一方面，法治氛围是优化营商环境的重要内容，行政行为的发展目标提供了营造法治氛围的外在条件。优化营商环境的行政法治普及，需要在传统行政行为规制普及模式之余，强化行政行

---

① 李洪雷：《营商环境优化的行政法治保障》，《重庆社会科学》2019 年第 2 期，第 17 页。

为的发展目标。从传播规律角度讲，这是将行政行为规制置于法治政府建设的过程中进行审视，不仅仅是提供行政行为合法的说理依据，还要结合新时代发展要求明确行政行为规制的发展深意。不同于传统行政规制的说理方式，行政行为发展目标对行政相对人的现实法治价值，不仅仅具有不侵犯行政相对人权益的个体化消极法治功能，还具有促进广大行政相对人发展的积极法治功能。从实质上讲，这是以行政行为的高质量发展为基础，促进广大市场主体、社会主体实现高质量发展。其中，法治氛围成为法治全局视角下行政行为发展目标传播的外在标准。

另一方面，法治文化是优化营商环境的基础保证。实现由传统行为规制视角传播到新时代行为发展视角传播，既需要法治氛围作为传播外在标准，也需要法治文化作为行政行为发展的内在动力。法治文化为行政制度的有效运行提供必要的法治思维和法治方式支持，成为有效避免法治建设中形式主义和官僚主义的重要基础。广大行政相对人能够持续地获得高质量发展的法治空间，法治文化成为持续法治氛围的重要保障。行政权力是我国公权力中最常见的形式，在党政机构合并后，党政权力毋庸置疑更是我国最为重要的公权力。摆脱狭隘的行为规制视角，采纳行为发展视角的必要性更为突出。相应地，新时代行政法治传播应当呈现更为全面的法治文化培育功能，这与党政权力的传播示范效力具有内在的契合性。

三、行政法治传播变革趋势分析

随着传统行政法治理念传播向人民法治理念传播转型，变革法治要求行政行为法治化传播向行政过程法治化传播转变。随着传统行政主体传播向行政公务主体传播转型，发展法治要求行政行为规制传播向行政行为发展传播转变。透视行政法治传播理念和内容的变化发展，其实质上是行政法治传播适应新时代变革法治和发展法治要求，呈现的开放式行政法治传播形态。归纳起来，新时代行政法治传播的开放式趋势具有以下特点。

第一，政治层面新时代行政法治传播互动式特征。

新时代行政法治传播呈现与党政机构改革同步发展的趋势，将机构改革体现的人民法治立场通过行政法治传播形式呈现。以法治传播的形式展现了新时代改革与法治的互动关系，人民法治观是两者良性互动的根本遵循。具体来讲，新时代改革为行政法治变革发展提出了新命题，行政法治理论和实践需要进行适时更新。同时，新时代行政法治发展，比如行政编制法治发展，为新时代改革提供了重要法治保障。两者的法治互动关系，是新时代行政法治传播应当着力突出的重点内容。

第二，经济层面新时代行政法治传播同步式特征。

市场经济是法治经济，市场经济高质量发展需要高质量法治发展支持。全面法治视角下的高质量法治不仅仅包括民商法、经济法，更应当包括高质量的行政法治内容。这是我国政府主导改革在法治发展层面的必然反应。与经济发展相适应的高质量行政法治，需要以行政公务主体革新行政主体、以行政过程法治革新行政行为法治。相应地，新时代行政法治传播应当对公务主体、过程法治等的法治精神和理念进行同步传播，将适应新时代经济高质量发展的高质量行政法治内容进行有效传播。

第三，文化层面新时代行政法治传播包容式特征。

新时代突出强调文化建设，全面依法治国条件下，法治文化成为新时代文化自信的重要内容。媒体融合为新时代行政法治文化传播提供了外部条件，加大新时代全民普法实效为行政法治文化传播提出了内在要求。兼顾传统媒体和新兴媒体的双重优势，将变革法治和发展法治在行政法治理论和实践中的热点难点进行有效法治传播，需要对传统法治文化、智慧时代法治文化等多种文化形式采取兼容并蓄的态度，通过开放的文化姿态为新时代行政法治传播提供必要的舆论场。

第四节 ┃ 新时代普法发展新动向研究

摘要：新时代全面依法治国新形势下，有效应对多种普法内容和普法形式变化要求，应当探究新时代普法发展新动向，为发挥新时代普法潜能提供必要支持。以时代背景诠释多方面普法内容，以系统视角审视多种普法形式，以理性观点科学分析新时代普法效果，强化了加大全民普法力度的时代深意。

随着新时代我国社会矛盾转化，法治发展不平衡、不充分问题引起关注。[①] 普法作为新时代法治国家、法治政府和法治社会的重要互动形式，在普法融入立法、执法、司法等法治实践过程中，法治内部关系发展不平衡问题较为突出。同时，法治发展与政治、

---

① 陈金钊：《用法治方式满足公民对美好生活的向往——关于法治发展不平衡、不充分的断思》，《河北法学》2018 年第 4 期，第 3 页。

经济、文化存在的发展不平衡问题对普法实效具有重要影响。新时代加大全民普法力度，全面理顺法治发展内外关系，伴随全面法治建设推进，应关注多层面普法发展新动向。

一、新时代普法内容新动向

党的十九大以来，我国法治体系建设步伐不断加快，适应新时代党政机构改革需要的法制变化尤为明显，其中宪法修订、组织法发展、诸多法律修订成为新时代法律制度变化的重要方面。从法治宣传教育角度讲，这既涉及实定法普及的重点，也有理论法普及的热点，同时展现了实定法和理论法相结合的普法需求。深化新时代法治普及的整体启蒙作用，适应新时代法律制度的整体变动特征，应当不断深化对新时代普法内容的认识。

第一，宪法成为新时代普法的重要内容，新时代宪法普及应当集中展现统摄性变革的法治内容。[①]宪法处于我国法治体系的顶端，兼顾宪法的政治性和法律性特征，宪法普及呈现的法治变革应当是全局化、指导性的统摄性变革。近期我国现行宪法进行了第五次修订，规定内容发生重大变化，共涉及 21 个条文修改，包括 11 个方面内容。[②]其中突出中国共产党领导和新时代监察体制改革需要成为新时代宪法修订的重要方面。从整体法治发展形势角度讲，政治体制改革传递的法治变革需要引起关注。在制度体系发展变

---

① 欧阳景根:《作为制度变革的法治建设模式：一种统摄性法治理论的建构》,《政治学研究》2015 年第 4 期，第 62 页。

② 《关于〈中华人民共和国宪法修正案（草案）〉的说明》, http://www.npc.gov.cn/npc/xinwen/2018-03/20/content_2052202.htm，全国人大官网。

化方面，法治体系的重要法治变革同样值得关注，比如在新时代法治体系中党内法规成为重要组成部分。适应新时代整体改革环境变化，结合新时代法治体系内容发展需要，应当丰富新时代宪法普及的变革法治内涵。鉴于宪法规范的原则性和法治统领地位，新时代宪法普及的法治变革内容集中表现为新时代法治理念革新。具体来讲，新时代宪法理念普及应当在原有法治理念基础上，将新时代政治理念融入其中，促进适应新时代政法形势需要的政法理念普及发展。

与传统政法模式的法治理念不同，新时代政法理念的变革性体现在以下两个方面：一方面，兼顾宏观人民立场和微观人民立场。在家国一体的传统政法传统下，人民的政治属性导致微观视角的人民内涵被忽视。与之不同，新时代法治思路下的人民法治，应当尊重人民立场的微观视角。在宪法普及方面关注微观受教育者的法治接受情况，能够促使受教育者从作为法治源头的宪法中寻找法治精神的顶层依据，形成新时代政法理念体系化普及的法治传播导向。另一方面，兼顾新时代变革的法治维度和社会维度。新时代宪法修改提供了审视新时代社会发展变革的法治路径，新时代宪法宣传提示了法治发展的社会接受维度。传播新时代政治体制和经济体制改革的法治成果，应当有效整合新时代自上而下的变革维度和自下而上的审视视角。新时代宪法宣传提供了实现法治一体化建设的重要路径，促进以新时代宪法宣传的开阔法治视野兼顾新时代政治发展需求和法治发展理性。

结合政法理念的变革性特征，新时代宪法宣传应当通过诠释改革与法治的深层次关系，统辖微观与宏观的人民法治立场，将改革多维度内容引入法治视野，从而多角度增强新时代法治理性。

这既是以法治思维和法治方式引领新时代变革的重要表现，也是以变革理性增强新时代法治说服力的重要形式。政法理念传播凝聚了统辖性变革的法治精神，通过融入新时代宪法宣传内容，展现了新时代宪法宣传的新动向。

第二，组织法成为新时代普法的重要内容，新时代组织法治普及应当集中展现发展的行政法治内容。致力于协同高效的党政机构合并，对我国行政组织法发展提出了新要求。比如传统行政法治将行政主体限定为行政机关和法律、法规和规章授权的组织，党政机构合并后行政主体理论急需发展变革，由此将带来行政法治体系的整体革新。基于法治工具主义的实用考虑，以往的法治宣传教育更加关注民事领域，对于行政法治问题有所忽视。全面依法治国新形势下，以法治思路推进新时代机构改革，为丰富新时代普法内容提供了重要契机。将行政法治变革纳入新时代普法范围，以发展中的行政法治内容引导普法受众深刻认识新时代权力制约现实路径的法治深意。通过培育适应机构改革的法治社会基础，将法治思路贯穿于新时代机构改革实践，减少法治外部关系发展不平衡问题，促进以法治引领改革的科学发展。

新时代行政法治发展以多重控权方式丰富行政法治思维普及内容。传统行政法治思维以外部监督为主，行政自制的控权价值没有得到普遍认同。新时代党政机构合并为丰富行政自制思路提供了重要外部环境。一方面，这是新时代政法理念指引下法治思维的发展完善。人民本位的政法理念从宏观和微观两个层面突出了权力规制的法治深意。与其相适应，新时代权力规制路径应当发展完善，确切地说，应当在由外而内的传统他制基础上强化由内而外的行政自制。另一方面，这是行政程序法治向行政过程法治发展的必然反应。由于没有行政程序法顶层设计，行政程序规制力量更多取决于行政法律关系双方力量对比关系。全面法治发展中，需要以全局视野审视片段化行政程序弊端，在行政相对人付之阙如的行政过程中，行政自制具有重大发展潜力。不同于传统他制的法律关系框架，行政自制从实质上盘活了道德、伦理等因素的规制价值。不同于外部制约模式，新时代行政自制呈现权力自律特征。[①]谁执法谁普法的普法路径，以法律程序的形式强化了权力自制功能。

更为重要的是，新时代组织法治普及应当适应新时代宪法宣传的法治变革要求。新时代宪法普及的统摄性变革，需要行政法治整体变革予以支撑。从发展角度讲，机构改革引起的组织法治变革将导致传统行政行为法、行政救济法等的重要变革，以往行政法治领域较为关注行政行为和行政救济方面。以传播力量促进行政法治全面发展，组织法治的行政法治传播价值值得深入挖掘。组织法成为新时代普法的重要内容，这是新时代体系思维下权力制约系统化发展的重要内容，以多种法治思维丰富了新时代行政法治普及的核心内容。

第三，多种立法活动应当成为新时代普法的重要内容，新时代法治实践普及应当集中体现全面法治特征。新时代法治建设以法治全面性、整体协调性为重要特征。原有普法较为青睐对新制定的法律制度进行宣传，对于法律修改、废止等其他立法活动缺乏应有关注。这种片段化法治宣传教育模式，对切实加大全民普法的现实力度作用有限。适应新时代全面法治建设要求，应当采

① 任剑涛:《驾驭权力与现代国家建构》,《探索》2015 年第 2 期，第 96 页。

取全面法治普及视角，对整体立法过程的法治普及问题给予关注，合宪性审查为助推全面普法提供了制度保障。多种立法行为普及展现的全面法治过程，传递了新时代全面权力制约理念，即权力制约不仅限于行政、司法领域，立法权规制同样值得关注。从整体法治角度讲，法治体系建设是包括立法、行政、司法等多环节的体系化工程，每一重要环节均不可缺失，立法作为整体法治建设的源头是全面法治理念普及的重要领域。

从本质上讲，全面法治理念普及应当以高质量法治为保障，针对突出现实问题进行精准有效立法活动成为质量法治的关键步骤，提高立法质量是中国法治实践问题导向的必然要求。[①] 推进多种立法活动的法治普及，既是引导公众关注立法质量的重要方式，也是以外部问题意识有效强化立法权规制的重要途径。在宪法理念普及基础上，结合新时代行政法治控权思维特征，以法治普及的方式切实推动立法权规制具有深刻法治建设意义。这是以体系化思维审慎对待全面权力规制问题，从而为探究中国法治实践的真问题提供必要助益。具体来讲，关注具体领域的立、改、废等多种立法活动，以对具体领域法治实践的持续关注，持续发挥法治社会对法治政府的监督制约作用，促使在法治国家、法治政府和法治社会一体化建设中有效提高立法质量。

新时代开展全面法治普及，应当注意协调变革法治内容、发展法治内容和质量法治内容的内在关系。新时代质量法治发展是变革法治和发展法治的内在要求。新时代政法理念的人民立场、多

---

① 钱弘道：《法治质量和中国法治实践学派》，《宏观质量研究》2016 年第 2 期，第 93 页。

种行政控权路径发展，均需要高质量立法作为实践突破口。在集团利益、部门利益等多种利益博弈中，人民立场的法治精神、权力控制的法治要求，需要强化法治国家、法治政府和法治社会的多层面互动，与其相适应的法治沟通应当是多层面常态化的形式。从实质上讲，这需要科学界定普法的内涵和作用。新时代普法不仅仅是普及法律知识，更是增进法治交流的重要形式，其不仅仅是法治实践结果的简单呈现，更是多元法治主体沟通的重要形式。由数量法治向质量法治转化升级，成为发挥普法对系列法治实践反哺作用的重要机遇。新时代法治普及促进将变革法治和发展法治的法治需要与质量法治的法治供给进行有效对接，充分展现了全面法治普及的时代深意。

二、新时代普法形式新动向

致力于加大全民普法力度，新时代普法内容需要匹配适当的法治宣传教育形式。适应新时代宪法宣传、组织理论法治宣教、多种立法活动宣传需要，应当完善体系化、智能化和竞争化法治宣传教育形式。

第一，发展新时代体系化法治宣传教育形式。与此前相比，新时代普法内容更为丰富，系统化匹配多种普法形式，成为增强新时代普法效果的必然要求。尤其在全媒体时代发展中，合理协调多种普法内容和多种普法形式具有重要法治传播价值。一方面，应当结合新时代变革法治和发展法治的法治特点，挖掘反映新时代改革情况的有效形式。探索面对新时代变革的重要法治形式，涉及立法、执法、司法等多层面问题，普法融入法治实践的过程，提供了诠释新时代改革的重要法治方式。通过系统化呈现改革成果，将新时代政法理念发挥作用的过程、行政控权思维制约功能的形式等进行有效普及。另一方面，有效传播中国特色法治体系内容，需要发展相应的体系化普法形式。不同于法律体系，我国法治体系呈现多系统规范动态发展的特征，法治体系通过聚焦中国问题意识展现了法治现实主义立场。深刻阐释现实问题的法治思路，需要以体系化法治传播形式为载体进行有效说理。

新时代发展体系化法治宣传教育形式，应当注意以下问题。第一，应当科学界定法治宣传教育形式的范围。丰富法治宣传教育形式，不等于法治宣传教育形式庞杂无序。尤其在媒体形式不断翻新的情况下，应当突出以法治宣传教育效果作为采纳法治宣传教育形式的客观标准，不应当仅仅为追逐形式多样而将法治宣传教育形式庸俗化。第二，注重法治宣传教育形式与法治宣传教育内容的呼应性。与法治宣传教育内容分门别类类似，法治宣传教育形式也应当进行区分，比如政治性的普法宣教，适宜权威部门采取边际成本为零的法治宣传教育形式，专业化的普法宣传，适宜由专业人员采取市场化运作的方式进行法治宣传教育。另外，法治宣传教育对象不同，采用的法治宣传教育形式也应当有所区别，这既是有效宣教效果的保障，也是不同受众群体不同宣教内容对法治宣传教育形式的不同要求体现。第三，应当以体系化视角整合现有法治宣传教育形式。在系统内普法和社会普法方面，现有法治宣传教育形式各有不同。为了提高整体法治普及效益，应当以体系化思维整合现有法治宣传教育形式。“谁执法谁普法”提供了整合现有普法渠道的重要普法路径。从实质上讲，谁执法谁普法通过突出执法者的法治沟通作用，促进执法者由法治传播“受者”向法治传播“受者”和“传者”兼顾转化，搭建了法治传播形式体系化发展的重要平台。从实践操作角度讲，执法者作为具体法治实践从业人员，能够结合法治体系整体现实运行情况，巧妙地实现他制和自制的有效结合，实现全面传播权力制约和权利保护法治理念的新时代法治传播目的。

第二，发展新时代智能化法治宣传教育形式。随着大数据发展，人工智能技术已经被用于法治宣传教育中，并取得一些普法成效。但在弱人工智能条件下，人工智能法治宣传教育的作用不应当被夸大，尤其是涉及情理法兼容的法治宣传教育情况，运用人工智能形式开展法治宣传教育的情形更加值得研究。所以，发展新时代智能化法治宣传教育形式，应当明确智能化对于普法效果的切实作用，从而立足普法效果进行普法形式设计。相对于其他普法形式，智能化法治宣传教育形式的特点在于普法及时性、精准性和信息提供数量丰富，对于提高法治宣传教育的便捷性、应用性具有重要价值。从受众角度讲，智能化法治宣传教育对于实用性法治知识普及具有一定的优势。实用性、便捷性法治普及内容，传递了普法形式发展的受众导向。深言之，人工智能技术支持下的新时代普法，应当在体系化普法形式中准确进行自身定位，促进新时代普法视角由“传者”视角向“受者”视角转化。从实质上讲，智能化法治宣传教育形式加速了新时代普法形式转型。从微观角度讲，这是具体“传者”和“受者”地位关系的转换。从宏观角度讲，这是及时化社会舆论引导机制的重要变化，展现了新时代全面法治思路下社会法治沟通的重要特点。

适应全面依法治国形势需要，发展新时代智能化法治宣传教育形式应当注意以下问题。第一，智能化普法形式的工具理性与价值理性关系问题。由于工具理性的效用性及功利性，科学技术及其运用从一开始就将人的理性限制在解决技术问题的层面上，忽视了在科学技术活动的运用中人的本质发展以及人的存在感。[①]智能化法治宣传教育应当摆正法治传播相关主体的法治地位，即智能化法治宣传教育是法治信息传播的智能化，实现普法教育目的应当避免以法治信息可操作性规避人的法治理性培育。立足新时代法治实践的法治传播，应当以培育公民法治主体意识为重要维度。换言之，不能夸大智能化法治宣传教育的工具理性，致力于有效培养公民法治理性，应当将智能化法治宣传教育定位为法治自主学习的重要辅助，不能完全替代大众的自主法治学习。第二，智能化普法形式的长远发展问题。人工智能虽然现阶段存在一定技术和应用层面问题，但其以技术理性搭建了现代法治理性的沟通桥梁。随着普法融入立法、执法、司法等法治实践活动中，科学采纳智能化法治宣传教育形式，应当从法治建设智能化全局出发，吸收借鉴立法、执法、司法等智能化法治建设的优秀经验，更新全媒体时代普法信息传播规律，[②]培育与智能化法治建设相适应的法治思维和法治方式，从而提升新技术条件下法治宣传教育的效益。

第三，发展新时代竞争化法治宣传教育形式。体系化法治宣传教育形式和智能化法治宣传教育形式，揭示了法治宣传教育方式之间以及法治宣传教育主体和法治宣传教育方式之间的关系。

---

① 陈昌凤、石泽:《技术与价值的理性交往：人工智能时代信息传播——算法推荐中工具理性与价值理性的思考》,《新闻战线》2017 年第 17 期，第 73 页。

② 林凌、高雅雯:《新媒体环境下普法信息传播优化策略》,《编辑学刊》2017 年第 3 期，第 45 页。

对于法治宣传教育主体之间的关系，需要通过发展竞争化普法形式予以解决。鉴于原有法治宣传教育存在的形式化、运动化等方面问题，应当对法治宣传教育模式进行必要革新，其中激发法治宣传教育主体的积极性成为关键内容。具体来讲，应当在原有的行政化运作方式之余，引入竞争化普法方式。

相较于“有法可依、有法必依、执法必严、违法必究”的老十六字方针，“科学立法、严格执法、公正司法、全民守法”的法治建设新十六字方针突出了对公权力监督强度和新时代法治社会建设的现实意义。与其相适应，新时代普法应当强化权力制约和权利保护维度，选取全民视角和社会参与维度进行普法研究十分必要。借鉴多年经济体制改革成功经验，竞争模式法治宣传教育应成为有效激发普法社会参与度的重要方式，比如政府购买法治宣传教育服务。从实质上讲，这是借助经济活动规律有效调动多元参与的积极性并保障法治宣传效果有效性。相比传统法治宣传教育形式，竞争模式法治宣传教育通过调动社会多方参与积极性，在参与普法的过程中，在普法对象向普法主体的转换过程中，实现由被动学习向主动学习转化，从而将法治理念普及贯穿普法过程始终。在法治宣传教育开展全程中，随着法治宣传教育对象参与程度提高，法治理论与法治实践等多层面问题引起关注，政治层面的法治正当性、经济层面的法治可行性等不断融入法治宣传视野，以法治传播形式加速形式法治向实质法治转化升级。归根结底，立足法治宣传效果引导多元参与法治宣传教育，是以政治、经济、法律等综合化手段更新单一的法治宣传教育模式，统一法治实践中法治人、政治人和经济人视角，从而保证法治普及的效用性。

发展竞争化法治宣传教育形式，应当注意以下问题。第一，应当明确竞争化法治宣传教育与其他形式法治宣传教育的边界。基于发挥竞争化法治宣传教育优势，应当针对现有法治宣传教育形式存在的突出问题进行着力破解。比如现有法治宣传教育的多部门协调配合问题，竞争化法治宣传教育形式有利于改变被动配合普法的情况。竞争化法治宣传教育通过将激励引入法治宣传教育形式中，促使相关普法主体积极开展有效的法治宣传教育，有利于促使法治普及由外生动力向内生动力转化。第二，应当加强对竞争化法治宣传教育形式的法律规制。近年来我国有关政府购买服务的相关规定相继出台，规定形式主要为部门规定。随着政府购买服务行为规制逐渐成熟，应当推动相关立法逐步完善，这既是政府购买服务顶层设计问题，也是竞争化法治宣传教育开展的重要法治保障。

三、新时代普法效果新动向

宪法宣传、组织理论法治宣教、多种立法活动宣传等将法治普及内容置于新时代背景下，相应地，应当以系统化视角认识体系化、智能化和竞争化法治宣传教育形式。适应普法内容和普法形式新动向发展需求，应当兼顾新时代多种普法效果。

第一，强化新时代法治宣传教育的融入效果。新时代法治宣传内容的重要变化，主要体现了新时代政治体制改革的法治成果。提高新时代法治普及效果，主要应当增强法治对政治体制改革的说理性，其重要前提是实现将法治融入改革进程中，从法治传播角度提高法治与改革的融入效果是其中重要内容。也就是说，在新时代深化改革过程中，应当准确把握改革与法治的辩证关系，法治传播应当成为理性协调改革和法治关系的重要途径。全面依法治国新形势下，需要以新时代政法思维引领政治体制改革方向，以法治理性精神增强政治体制改革的稳定性和可操作性。尤其在法律滞后于改革的情况下，法治精神和法治理念的科学传播对改革方向具有潜在重要指引作用。作为传播法治精神和法治理念的法治活动，应当强化法治宣传教育服务和引领改革的融入效果。不同于以往之处在于，此种融入效果不仅将法治建设的成果进行广泛传播，而且对改革中出现的问题以及改革方向提出法治指引，其融入国家建设的意义呈现更为积极主动的特点。

法治宣传教育融入效果需要必要的融入方式作为保障，关键是以法治思维和法治方式推进改革。开放的法治视角是实现有效融入的基础保障，社会主义核心价值观融入法治建设方式提供了开放法治发展的有效思路。适合中国土壤的“法的精神”孕育出对社会主义核心价值观和法治的信仰，[①] 成为社会主义核心价值观入法的切入点。将中国“法的精神”融入重大改革问题化解中，成为开启以法治思维和法治方式推进改革的重要突破口。从法治传播角度讲，这是以舆论热点传播规律强化法治与改革的内在联系，通过重大法治实践培育全民法治素养，实现新时代加大全民普法力度的法治目的。

具体来讲，实现新时代法治宣传教育融入效果，应当注意以下问题。第一，应当注重法治宣传教育主体适当扩展。从法治传播角度讲，合理协调改革和法治的科学关系，首先应当拓展法治宣传教育主体范围，将重要改革参与者引入法治宣传者行列，启

---

① 赵蓉、黄明理：《社会主义核心价值观融入法治建设的逻辑理路》，《理论探讨》2018 年第 5 期，第 71 页。

迪将改革法治的现实主义法治立场引入法治普及，从多角度增强新时代法治宣传教育的说理性，有效发挥新时代法治宣传教育的融合宣教效果。第二，应当注重对重要改革举措的普法说理。我国改革与中国特色普法具有一定的共同特点，即都属于党政主导的自上而下推进型。“言传不如身教”的教育规律揭示了中国特色普法的关键在于政府守法。我国改革过程既是政府大刀阔斧兴利除弊的过程，也应当是体现政府法治精神的重要法治过程，政府改革举措的合法性阐释成为新时代普法融入效果的重要体现。

第二，强化新时代法治宣传教育的应用效果。法治宣传教育属于我国法治建设的长期基础性工程，应当从兼顾国家主义和个人主义的双重视角进行普法效果权衡。也就是说，新时代普法既要从宏观层面关注普法融入立法、执法、司法等法治实践活动，也要从微观层面关注个体视角下普法教育的应用效果。尤其在大数据技术获得广泛运用的情况下，个体生活情况在很大程度上可以通过大数据得以反映，这为强化新时代法治宣传教育的应用效果提供了客观便利。运用大数据技术辅助新时代法治宣传教育，成为强化新时代法治宣传教育应用效果的重要技术条件。一方面，大数据分析能够提供更为精准的法治需要情况，从而为法治供需有效对接提供基础资料。另一方面，大数据分析能够更为充分体现法治行为发展规律，从而为预测普法发展需求提供客观保障。

从某种程度上讲，新时代普法的应用效果表现为普法在法治体系中的价值和作用。一方面，普法是联系立法、执法和司法活动的重要法治沟通纽带，增强普法的应用价值体现在发挥普法对立法—执法—司法活动的系统化提升方面。普法不是法治实践的副产品，而应当成为法治实践的重要润滑剂。普法作为法治沟通的重要形式，通过增进立法、执法、司法的横向法治沟通，以普法全面嵌入的形式提高法治体系整体的法治精神契合度。另一方面，普法是法治国家、法治政府和法治社会的重要法治沟通渠道，增强普法的应用价值体现在发挥普法对法治一体化建设的系统化提升作用。普法不是简单的有关法治的宣传，而是多元法治主体进行的必要法治沟通。通过整合系统内普法和社会普法形式，增进法治政府和法治社会的有效联系，切实发挥新时代普法的应用效果。

强化新时代法治宣传教育的应用效果，主要应当注意以下问题。第一，新时代法治宣传教育应用效果应当是理论性和实践性的有机统一。换言之，法治应用效果应当是多面向的，既有受众理论认知的提高，也有受众法治实践能力的提高，不能将法治宣传教育应用效果仅仅等同于实务操作能力，毕竟法治理论水平是实务操作能力的重要基础支撑。第二，新时代法治宣传教育应用效果应当是多领域法律运用能力的综合体现。原有法治宣传教育对民事领域、刑事领域的法律运用较为关注，基于多种原因对于行政法治运用问题缺乏关注。随着社会生活复杂程度增加，法律事件中经常包含多种类型法律关系，这需要法治普及朝着法律综合运用能力方面发展。只有对法治体系进行全面均衡的法治普及，法治应用效果才能得到最大限度呈现。

第三，强化新时代法治宣传教育的认同效果。新时代法治宣传教育效果不仅有外在融入效果和应用效果，更应当有广泛内在的认同效果。真正法治效果应当是建立在广泛法治认同基础上，并通过增强法治认同形成法治秩序。新时代法治宣传教育认同效果是融入效果和应用效果的强化版。如果说融入效果展现了法治发展趋势，应用效果体现了法治现实需要，那么认同效果则是发展视角和现实视角的重要内在保障。归根结底，法治认同是法治信仰形成的基础，是贯穿法治发展和法治现实的重要法治线索。融入效果和应用效果分别从法治体系外部和法治体系内部角度探究了新时代法治宣传教育实效问题。实现新时代全民普法的法治目的，应当在融入效果和应用效果基础上强化法治认同效果，从而实现以全面法治观指导新时代普法发展的预期目标。

实现新时代法治宣传教育认同效果，关键在于拓展法治主体范围，在法治国家、法治政府和法治社会之外承认个体的法治主体地位。在行为方式方面，在传统惩戒法治之外，发挥激励法治的正向引导作用。静态法制普及向动态法治普及转化，需要在扩大主体范围基础上增强主体参与度。因为由静态激励模式向动态激励模式转化，是法律激励功能完成“人的主观性参与”的过程。[①]从法治传播角度讲，这是将不敢违法层面的法治普及向前有效推进。通过激励广大受众参与法治过程，深切体会不能违法的深层原因，继而实现不愿违法的良好法治普及目的。从实质上讲，新时代法治宣传教育认同效果，是立足有效破解违法内在动因进行过程化法治普及，不是传统令行禁止式法制普及。借鉴经济体制改革的有益经验，扩大法治过程的参与度，从个体由内而外角度切实增进法治吸引力，在观念认同向行为认同传递的基础上，通过行为认同进一步强化观念认同，这是激励法治在法治传播方面的真正优势。

---

① 付子堂、崔燕：《民生法治视野下的法律激励功能探析》，《法学论坛》2012年第6期，第5页。

新时代强化法治宣传教育的认同效果，主要应当注意以下问题。第一，法治宣传教育认同效果适宜采取隐性宣传的形式。[①] 根据心理学认识规律，从法治情感到法治理念培育，应当注重尊重受众对象主体意识因素。隐性宣传可以避免显性宣教的外在灌输性，留给受众更多法治思考空间。也就是说，从要求受众对象提高法治意识到引导受众对象提高法治意识，从注重法治意识宣传过程到关注法治意识教育效果，应当完善法治宣传教育的过程性和可接受性。第二，法治宣传教育认同效果适宜通过法治理论分析的形式进行。通过对规范内容的法治内涵分析阐释，让受众从法治背景、法治资料等中归纳总结出规范的必要性和合理性，这是形成法治宣传教育认同效果的有效形式。从深层次讲，这涉及法治宣传教育内容和过程的同步调整等多方面问题。

作为应对法治发展不平衡内外关系的重要法治途径，新时代法治普及在内容、形式和效果等多方面存在诸种新动向。不同于立法、执法、司法等刚性法律行为，普法呈现柔性法治特征，其以多主体多行为方式的沟通形式，能够有效弥补刚性法治的滞后性，从而降低法治发展与政治、经济、文化等发展的疏离感。通过在普法内容、形式和效果等多方面新发展，能够有效激发新时代全面法治普及的新动力，促进有效化解新时代法治发展突出问题。

---

① 王国川：《融媒体时代的隐性宣传》，《中国广播电视学刊》2015 年第 6 期，第 106 页。

第三章 新时代法治传播新动能研究

第一节 ┃ 新时代法治新动能研究

摘要：致力于提高新时代法治的治理效能，响应新时代法治建设的新要求，从法治新动能角度审视法治主体、法治行为和法律规制等层面重要问题。在新时代法治主体方面，在既有国家维度、社会维度之外，突出新时代法治主体的多元性和协同化。在新时代法治行为方面，强化从人民法治立场、共建共治共享理念角度审视法治行为的现实变革和未来发展需求。在新时代法律规制方面，主张从法治体系协调发展角度，丰富激励法治规制和创新法治规制体系。

新时代全面依法治国新形势下，适应新时代经济新动能改革需要，应当以法治思路拓展新时代新动能发展空间，形成与新时代新发展增长相协调的法治新动能。发挥新时代法治新动能的治理潜能，既需要运用法治思维分析社会主要矛盾转化的法治需求，又需要运用法治方式化解不平衡不充分的发展矛盾，首先应当寻找到新时代法治体系的新动力源。探寻和培育新时代法治新动力源，应当遵循法治中国建设的客观规律，适宜选取主体—行为—规制的理性线索，以法治深层次问题为突破口，以新时代问题意识促进法治新动能科学发展。

一、丰富新时代法治新动能的主体维度

寻找新时代法治中国建设的新动力源，应当从中国特色社会主义建设实际出发，着眼于有效化解现有突出问题，深刻认识现有法治动力源的结构性缺陷。纵观我国改革开放四十年的法治发展进程，国家主导推动立法、执法、司法法治建设成为重要法治发展特征。在原有国家治理基础上，新时代法治建设提出了共建共治共享的社会治理格局要求。囿于社会脱胎于国家的发展经历，强国家、弱社会的法治发展特征使得我国法治社会基础薄弱，法治主体维度并不完整，缺少国家维度、社会维度之外的个体维度。[①]以法治思路推进新时代多维度治理协调发展，首先应当丰富新时代法治建设的主体维度，在国家维度和社会维度之余，承认个体维度的治理价值。

从价值角度讲，这是社会主义核心价值观中国家层面、社会层面和个人层面价值协调发展的延伸。从功能角度讲，这是以法治思路妥善协调新时代国家主义和个人主义的重要形式。[②]从实质上讲，这是对新时代自下而上治理路径的主体维度补强，在国家和社会之外注入作为第三方的个体维度，促使国家和社会双方的

---

① 张志铭：《三维法治观——中国法治建设的主体建构》，https：//mp.weixin.qq.com/s/GNBOpdY5G5ZgWRzE-g14dQ。

② 武建敏：《个人与国家之间：当代法文化的价值观》，《河北法学》2012 年第 7 期，第 23 页。

不平衡不充分发展关系，向国家、社会和个体三方平衡充分的理性发展转化。这既是在国家法治动能、社会法治动能之外增加个体法治动能，也是新时代法治动能体系化发展的重要契机，适应了新时代法治变革的重要体系发展趋势。

（一）以新时代人民法治立场明确法治新动能的发展方向，深化法治新动能的主体维度价值

从经济新动能到法治新动能，需要明确多元主体利益权衡标准，如何以法治方式培育新的经济增长点，发挥法治新动能对经济新动能的引领服务保障功能是新时代法治新动能的重要内容。在全面依法治国和全面从严治党的情况下，人民法治立场以其独特政治优势，能够为增强法治新动能的现实力度提供有利支持。在国家法治和社会法治基础上，个体法治将人民法治立场以更加具体的形式呈现，为国家治理和社会治理提供了更为丰富的价值指引。鲜明政治立场与生动具体形式相结合，通过法治目的深刻认识治理中的突出问题。通过激活法治目的的法治发展潜能，促进新动能在法律解释、法律适用等多层面以贴近法治现实的方式有效运作。与旧动能呈现的高成本、高消耗等不可持续性相比，新动能的发展潜力来源于现实问题的针对性。人民法治立场拉近了自上而下的法治构建模式与真切的社会利益纷争的距离，成为新时代法治新动能的重要动力源。

着力发挥新时代人民法治潜能，以法治思路审视新旧动能转化工作，关键是对人民内涵的科学诠释。如果在法律领域中将人民与敌人对举、将人民与整体等同，将使得法律语境中的“人民”

脱离个人、家庭和种族的基础，从而导致法律与人民性的背离。[①]采纳绝对整体“人民”地位诠释角度，将使得法治权威难以树立，更与法治目的背道而驰。[②]所以，新时代法治领域中的“人民”应当兼采整体和个体相结合的全面视角，这既是全面依法治国和全面从严治党条件下全面树立法治权威的根本出路，也是彻底避免和解决纷争的重要新时代法治路径要求。

全面法治视角下的法治新动能，致力于整体利益和局部利益合法权益的全面保护，应当在传统国家治理、社会治理主体概念之余，充分发挥个体法治潜能。借助新时代政治认同推进法治新动能发展，以政治语境下的人民立场促进法治语境下合法权益全面保护，成为深化法治新动能主体维度价值的重要内容。这既需要从政治高度认识个体广泛参与新时代建设的积极性，也需要探究人民法治主体地位的法治实现方式。个体的法治主体维度价值，在于兼容国家主义价值观和新时代法治方式的方法论，实现以新时代政法思维助推法治新动能科学发展。发挥个体的法治主体维度价值，有利于明确法治新动能的作用方向，为新时代建设提供理解国家主义和个人主义的科学视角。丰富新时代法治新动能的主体维度，是将新时代全面法治思维融入法治主体确认，激发新时代人民法治立场的法治新动能潜能。

---

① 范明志:《中国法治理论完善了法治的人民性》,《理论导报》2017年第5期，第15页。

② 付子堂、任懿:《“人民”的话语实践——关于“文化大革命”时期“人民”内涵流变的法理学反思》,《学习与探索》2012年第3期，第60页。

（二）以新时代共享共建共治理念明确法治新动能的发展方式，强化法治新动能的主体维度功能

为克服旧动能在材料、技术、环保等方面造成的失衡发展弊端，新动能致力于全面均衡发展目标，在多元主体参与下实现全面均衡发展，需要注重多元主体的互动协作问题。多元主体维度下的协作效益成为影响新动能发展质量的关键因素。尤其在社会主要矛盾发生转化的情况下，应当着眼于新时代发展全局强化多元主体的共享共建共治理念。以法治思路强化法治新动能主体维度功能，应对新时代不平衡不充分发展的矛盾，应当将共享共建共治作为新动能发展的重要法治理念。这是以新时代法治整体视角审视国家、社会、个体等多个主体之间的内在联系，为多元参与的法治新动能科学协调发展提供主体维度的必要支持。

践行主体维度的共建共治共享法治理念，应当注重主体间的法治沟通交流。尽管这涉及立法、执法、司法等多层面问题，但是法治沟通不应当被限定在立法、执法、司法等传统权力法治范围内，在常态化的权利法治中同样存在法治沟通的必要性。适应经济新动能的法治新动能发展，更应当关注权利法治运行中的法治沟通问题，这是从新时代治理角度对法治沟通的更高层面需求。在法治主体日益多元的情况下，科学审视新时代法治沟通成为新时代法治新动能的新动向。法治沟通与法治普及或曰普法存在一定的相似性，区别在于法治沟通采取了主体观察视角，法治普及或曰普法采取了客体视角。从法治新动能主体维度探究问题，自然倾向于选择主体观察视角，本文中法治沟通与法治普及或曰普法多为同一含义使用。

第一，提高普法的治理定位，是实现法治主体维度共建共治共享理念的重要保障。

作为国家法治建设的长期基础性工作，普法在法治实践中的实际定位并不高，处于附属于立法、执法、司法的法治副产品状态。尽管依法治理工作开展多年，但是法律工具主义倾向使得依法治理缺少对人的价值、权利和自由的足够尊重与深层关怀，从而流失了其本应富有的“人本精神”。[①] 在以人民法治立场明确法治新动能发展方向基础上，应当以法治沟通作为法治新动能发展方式，因为这是以多元法治行为方式从实质上确立了多元主体的法治主体地位，为提高依法治理的“人本精神”提供主体层面保障。结合新时代依法治理的新情况，促进法治沟通新动能发展的关键是科学提高普法的治理定位。监察体制改革的反腐败斗争胜利展现了刚性控权的治理成效，适应刚柔并济的现代治理需要，应当相应突出普法的柔性治理作用，有效凸显普法柔性治理功能的关键是立足治理全局提高普法的政治定位。

具体来讲，借鉴监察体制改革的全方位控权思路，与普法的长期性基础性法治战略地位相适应，结合新时代法治沟通运作机理，应当合理确认普法的政治定位。借助普法有效融入立法、执法、司法等法治实践，实现以新时代人民法治立场有效统辖相关立法、执法和司法实践。将法治沟通由法治附属地位提高到政治层面进行认识，推进从法治目的角度诠释具体法治行为，将共建共治共享理念融入法治实践中。提高普法的政治定位，契合了社会主义

---

① 马长山：《法律的“人本精神”与依法治理》，《法制与社会发展》2004 年第 4 期，第 35 页。

核心价值观融入法治建设的客观需要，加速新时代共建共治共享理念融入法治行为，促进以法治关系的动态平衡诠释共建共治共享良好法治目的。以法治沟通形式动态化实现良法善治的过程，就是激发社会组织和社会成员广泛参与社会治理的过程，从而将共建共治共享法治理念付诸实践。

第二，实现法治供给和法治需求精准对接，是实现法治主体维度共建共治共享理念的根本保障。

发挥新时代法治新动能，应当吸收借鉴我国多年经济发展的有益经验，将有效经济规律融入法治建设中，其中法治供给和法治需求是法治主体互动的核心内容。致力于实现法治供给和法治需求总体平衡基础上的精准对接，促使多元主体基于自身法治利益的考量积极参与多元共建共治共享法治建设。从实质上讲，这是对我国法治建设中存在的法治供给和法治需求问题进行针对化解决，以问题意识激发新时代法治新动能。通过科学调整法治供给和法治需求的关系，不仅是对个案问题进行有效化解，更是从立法、执法、司法等整体法治建设角度对法律问题进行系统化有效应对，法治供给和法治需求提供了新时代法治建设全面推进的突破口。

具体来讲，共建共治共享理念下国家、社会和个人的法治角色各不相同，相关各方的法治供给和法治需求呈现不同特征。致力于治理体系和治理能力现代化，实现法治国家、法治政府和法治社会一体化建设目标，应当在法律体系基本建成的基础上聚焦法治供给侧改革。伴随后立法主义对立法质量提升的要求，法治“供给侧”改革核心问题在于如何使法治成为高效、公正地解决问题的途径。[1]从“有法可依、有法必依、执法必严、违法必究”到“科学立法、严格执法、公正司法、全民守法”，权力约束和权利保护的法治力度不断加大。破解权力约束和权利保护的突出问题，成为新时代法治新动能的重要动力来源。围绕权力约束和权利保护的法治主题，进行多种法治供给和法治需求的综合博弈，提供了国家、社会和个人等多元主体法治角色划分的根本标准。在多元法治沟通基础上，强化权力约束和权利保护的精准对接，关键在于借助普法的政治定位优势，将法治实践中多种法治需求有效反馈到立法中，实现立法—执法—司法—守法的线性发展向立法—守法—立法的螺旋上升环状发展转化。通过缩短法治供给和法治需求的实践距离，以治理成效激发多元法治主体积极参与法治供给侧改革。归根结底，法治实践历练是培育法治主体意识最为坚实的途径，建立在法治博弈基础上的共建共治共享格局是最为牢固的法治格局。

二、拓展新时代法治新动能的行为视角

与新时代法治新动能主体维度相适应，需要拓展新时代法治新动能的行为视角。结合新时代深化改革、党政机构改革等重大变革趋势，新时代法治新动能的行为视角拓展应当着眼于现实变革和发展前景两个层面。这既是避免传统法制滞后的视角革新，更是从行为层面落实人民法治立场、应对共建共治共享法治理念发展需要的理性选择。

---

① 叶竹盛：《法治的供给侧改革》，《人民法治》2016年第4期，第105页。

（一）以法政治学视角诠释人民法治立场的变革法治需求

伴随新时代深化改革在多领域中的持续推进，法治变革成为新时代法治发展不得不面对的现实问题。由于变革内容涉及多维度多层面内容，有效应对新时代法治变革不能采取就法律说法律的狭隘的封闭法治观点，而应当适应新时代发展需要，将法治置于经济、政治、文化等多维度开放视野中进行认识。新时代重大变革内容聚焦于治理问题，如监察体制改革、党政机构改革和乡村振兴等分别是国家治理、政府治理和社会治理的重要问题。为有效应对新时代法治变革，应从更为宏大的政治视角探究新时代变革的法政治学含义，将人民法治立场有效融入新时代法治行为中，激发多种治理的法治新动能。

第一，新时代国家治理的法治新动能。

国家治理现代化的过程也就是国家治理法治化的过程，[①] 致力于实现国家治理体系和治理能力现代化，需要强化法治思维和法治方式的运用，[②] 新时代背景下的法治新动能成为重要突破口。新时代国家治理领域中，严厉惩治贪腐成为强化权力制约的重要形式。适应监察机关由行政机关升级为政治机关，应当深化对监察体制改革成果的法政治学认识。监察体制改革本质上属于党和国

---

① 张文显：《法治化是国家治理现代化的必由之路》，《法制与社会发展》2014 年第 5 期，第 8 页。

② 齐卫平、姜裕富：《国家治理现代化的法治思维》，《河南师范大学学报》2015 年第 4 期，第 1 页。

家的自我监督，[①] 自我监督的重要内在标准是人民法治立场。巩固反腐败斗争的压倒性胜利，需要挖掘人民法治立场的新动力内涵，从法政治学层面进行深化认识。以增进人民福祉为目的的现代化治理，包括权力制约和权利保护两个方面。反腐败斗争压倒性胜利彰显了人民法治思路下权力制约的潜在功能，从权利保护角度诠释反腐败斗争成果成为新时代人民法治立场的新动力来源。

深言之，法政治学视角下的新时代国家治理，应当兼顾权力制约和权利保护的多层面问题，将人民政治立场和法治立场有机结合，以新动能视角将权力制约的人民法治效果转化为权利保护的人民法治效果，促进通过新时代法治发展实现全面国家治理效果。具体来讲，以人民法治角度审视权利保护问题，需要对现阶段人民法治规制路径有清晰的认识，针对人民法治规制路径存在的缺陷，从权利保护角度进行必要完善。从实质上讲，这是通过直接形式展现人民法治价值，克服权力制约间接展现人民法治价值的缺陷。通过将权力制约的突出现实法治功能，转化为全民法治意识提升，转化为权利运行的良好法治条件，人民法治立场将权力制约的治理红利向权利保护领域加速传导，传导过程即是新时代国家治理法治新动能发挥作用的过程。通过权力制约和权利保护的双重法治收获，法治新动能促进以全面法治视角审视新时代国家治理。

第二，新时代政府治理的法治新动能。

作为新时代政府治理的重要内容，党政机构改革呈现的协同高

---

① 彭新林：《国家监察体制改革：历史借鉴与现实动因》，《法学杂志》2019年第1期，第53页。

效特征是新时代政府治理的关键着力点。从行政法治角度讲，党政机构合并对行政主体、行政行为及行政救济等重要理论和实践问题提出了新时代命题。以法治思路发挥党政机构的政府治理职能，应当将传统行政法治问题作为探索新时代行政法治创新发展的动力源。针对传统行政法治存在的行政主体滞后于机构改革需要问题，新时代人民法治采用法政治学视角，适时拓展新时代行政主体范围，发挥人民法治路径的政法行为优势，促使行政法治平衡方式由传统的行政行为视角转化为新时代行政关系视角，对传统行政关系中失衡的行政主体和行政相对人进行适当平衡。在新时代行政法治关系中，行政相对人是以具体人民身份出现的法律主体，党组织是以抽象人民身份出现的法律主体，通过将多重人民法治角色融入新时代行政程序，以新时代法治方式将行政他制和行政自制融合在一起。以人民法治更新行政程序观念，以政法思维克服传统行政程序法治的弊端，实现从权力享有者、权力行使者双重角度规制行政权力的治理效果。

深言之，法政治学视角下的新时代政府治理，是在传统公共管理和传统行政法治单纯强调效率和单纯强调法治的基础上，从法政治学角度进行效率和效果的整合，以政府治理目标统辖行政法治过程和行政法治结果，将人民法治的国家治理价值向行政程序传递，实现政府治理与国家治理内在法治精神契合。换言之，新时代政府治理的法治新动能体现为，从法政治学角度加强公共管理与行政法治的衔接协调，以开放法治视角拓展整体法治视野，促进从人民法治立场兼顾效率和公平，从而克服传统上片面化、单维度强调行政监管功能的不利之处。从法治实践角度讲，针对行政程序法治不健全的现实情况，以人民法治为支持的政法思维，有利于从行政过程角度提高新时代行政法治的针对性，以实质法治思路强化新时代程序法治建设意义。

第三，新时代社会治理的法治新动能。

与国家治理的法治效益、政府治理的开放法治相比，新时代社会治理的法治新动能主要体现在综合法治方面。适应新时代社会治理的乡村振兴需要，德治、法治与自治的综合运用成为实现基层社会治理目标的重要路径。致力于发挥三治结合的“乘数效应”，[①] 应当从综合法治角度进行深入分析，人民法治视角下综合法治运用是法治新动能的重要内容。综合法治是新时代全面法治要求与基层现实治理需求对接的体现，基层治理尤其是乡村治理体系的内容千头万绪，人民法治为厘清多种治理需求提供了现实着力点，成为全面法治思路在基层社会治理中有效运用的关键。通过强调社会治理的人民法治立场，促进形成以人为中心的综合治理。不同于传统的综合治理，法政治学层面的综合治理，应当是以有效维护人民利益为宗旨的多种治理手段的综合运用。

深言之，法政治学视角下的新时代社会治理，是在传统综合治理手段基础上，从实质法治角度探究切实维护人民利益的治理措施。其中，科学合理定位自治、德治对于实质法治的功能和作用成为关键内容。相对形式法治运作的外在性，实质法治突出法治的内在协调作用，表现为通过自治调动相关主体的积极性和主动性，通过德治强化相关主体的法治认同和法治意识，以综合治理手段促进新时代乡村治理体系发展完善。从实质上讲，就是在

---

① 郁建兴、任杰：《中国基层社会治理中的自治、法治与德治》，《学术月刊》2018 年第 12 期，第 64 页。

法治、德治和自治的多重作用下促进形式法治向实质法治发展。综合治理的法治实现过程，是对现实中法治的全面深化认识，既是形式法治和实质法治的法治全面化，也是兼顾行为规制和内在法治认同的法治过程，展现了现实主义法治立场下人民法治的真切含义和价值。

（二）以未来法治视角诠释共建共治共享理念的发展法治需求

共建共治共享理念指引新时代法治新动能发展，既应当关注当下变革的法治需求，也应当关注未来发展的法治需求，其中智能社会、共享社会、风险社会是未来社会的共识性描述，[①] 为分析共建共治共享理念的未来运用提供了必要思路。

第一，人工智能丰富了共建共治共享的手段，促使未来法治向精准治理方向发展，需要深化适应未来法治发展方式的法治新动能研究。

人工智能对现有法治运作主体和方式存在一定的变革作用，比如在传统法律主体之外，数据平台的现实法治地位获得提升，需要对相应的权力和权利进行必要规制。在细化法治主体之余，法治行为同样呈现精确化发展态势，比如现有行政行为分类主要从理论发展和司法裁判角度进行分析，以大数据为基础的人工智能能够以行政过程数据化形式丰富行政行为现实分类维度，加速类型化行政行为精确化发展。适应未来法治精准化发展需要，应

---

① 张文显：《“未来法治”当为长远发展谋》，《新华日报》2018 年 12 月 4 日，第 15 版。

当通过聚焦人工智能法律关系发展变化，更新法治研究方式方法，重构法治理论知识体系，激发未来法治的法治新动能潜力。

致力于共建共治共享的法治发展目标，新时代法治理论知识体系和研究方法，应当克服传统上部门法分割化研究的弊端，以人工智能等现代技术手段产生的现实变化为着眼点，深化针对性的全法治领域对接化法治研究。其中，既需要传统法理学的理念指导，更需要部门法研究的及时跟进，以现实社会发展视角弥补传统法教义学发展的弊端。面对未来法治的精准发展态势，如果仍然采用原来放之四海而皆准的粗犷式研究方式方法，将不能有效实现未来法治的良法善治目的。适应人工智能精确治理需求的法治新动能，在于科学调整法治研究方法、协调法治研究领域，以法治发展的深层结构化调整增加法治新动力。从一定程度上讲，这是精准治理精神在法治理论和法治研究领域引起的新变化。人工智能不仅是共建共治共享的新方式，更重要的是，其传递的精确治理理念必然引起法治领域的重要变革。面向人工智能时代的法治知识体系和研究方法变革，是新时代法治新动能的重要形式特征，将推崇理性、强调精确的数据文化融入新时代法治理念，[①]这是人工智能视角下法治新动能的重要实质特征。

第二，从手段共享到目的共享，促使未来法治兼顾面向未来和引领未来的双重功能，需要深化适应未来法治发展趋势的法治新动能研究。

现代技术发展不断丰富共享手段，但是潜规则、黑箱操作、

① 涂子沛：《大数据》，广西师范大学出版社2015年版，第345页。

地方保护主义、两极分化等使得共享目的实现面临种种难题。[①]针对突出制约因素进行必要法律规制，着眼于面向未来的法治科学发展，应当注重实现由单纯手段共享向兼顾手段共享和目的共享发展。通过探究未来法治发展趋势，发挥新时代法治新动能引领未来法治的法治价值。具体来讲，就是既要注重突出问题的规范制约，更要关注现有法治原则的必要更新，从而以发展的眼光审慎对待阻碍共享目的实现的种种因素。深言之，共享手段和共享目的的距离，即为未来法治新动能的重要运作空间。

具体来讲，应当将共享理念融入现有法治思路，以共享理念诠释新时代全面法治的内在结构变化，实现将有益经济体制改革经验融入新时代政治体制改革的目的。传统权力规制和权利保护多在法治目的层面实现共享，由于公私法具体研究路径差异，导致权力规制和权利保护的法治思路存在重要区别。新时代推进全面法治建设，应当在立法、执法、司法等领域形式法治基础上，探究权力规制和权利保护的共享法治思路。从统辖公私法研究角度讲，需要从宪法理念层面深化对共享理念的认识。我国现行宪法第五次修订中，新增加了新发展理念的提法，适应未来法治发展需要，共享理念应当成为新发展理念的重要内容。从宪法理念角度以共享理念整合公私法研究思路，将促进实现共享目的的法治发展，从而以新时代法治新动能的科学形式拉近共享手段和共享目的的现实距离。

---

① 陈湘清：《共享理念与法治中国建设》，《湖南行政学院学报》2017年第3期，第94页。

第三，面对未来社会的风险特征，开放法治视角下的综合治理，需要以法律过程合理诠释风险的产生与发展，发挥有效应对未来法治风险的法治新动能潜力。

随着工作和生活节奏加快，未来社会呈现风险多发且叠加的发展态势。兼顾行为效率和法治效果的开放法治视角适应了未来法治发展需要，促使以更加开阔的现实主义法治视角审视未来社会的风险来源及特征。为有效应对未来社会风险发展，应当从抵御风险向防控风险转化，促使从超越固有法律程序角度探析整个法律过程的风险状态，实现从控制风险态势到发现风险隐患的逐步法治完善。换言之，适应开放视角下的综合治理需要，实现从法律程序中的风险防控到法律过程中的风险防控，是未来法治新动能的重要潜力区间。

具体来讲，以法律过程诠释风险因素，应当打破传统法律程序简单因果关系推理的限制，采用新时代大数据支撑的关联关系推理方式，实现由就事说事的片段化法律处理，向有效解决问题的全面化法律处置转化。从风险防控角度讲，这是摆脱形式主义思路下法律关系的桎梏，以实质法治思路促进事实关系的良好规制，从而将各种潜在风险抑制在萌芽阶段，不至于发展到多种风险齐发的被动状态，从根本上把握风险防控的主动权。深言之，应对未来多种风险的法治新动能关键在于法治思维的更新。面对多重风险发展态势，不应仅将未来法治思维模式限制于因果关系模式，发散式的关联关系思维模式同样重要。从发展趋势角度讲，兼容因素关系的纵向逻辑和关联关系的横向逻辑，是法治思维实现全面发展的重要体现。

三、深化新时代法治新动能的规制路径

适应新时代法治新动能的主体维度和行为维度特征，应当适当革新新时代法治规制路径。汲取法治新动能主体维度的广泛性和行为维度的发展变革需求，新时代法治规制路径不能仅仅局限于惩戒法治领域，以政法思维为指导的激励法治应当引起关注。惩戒与激励相结合的规制路径，彰显了新时代治理视角下全面法治特征。为保障全面法治有效实现，应当同步更新原有规制体系，以全面法治理念将零散、局部的规制做法整合为系统化的新时代规制体系。

（一）以政法思维统领新时代激励法治发展

新时代法治新动能可持续发展，离不开必要的规制路径作为保障。实现法治可持续发展的规制路径，应当采取吸收多方面有益经验的兼容并蓄法治路径。不同于法律体系下法治思维形式，新时代法治体系运作需要与其相匹配的政法思维。相比法治思维，政法思维采取法政治学视角对待法律规制问题，其宽视野、多形式等特征拓展了法律规制路径，展现了新时代实质法治思维的法治新动能。新时代政法思维兼采形式法治思维和实质法治思维，[①]将政治立场和法律方法论有机结合，[②]将多重改革经验纳入法治视野。一方面，改革开放四十年经济领域发展经验，提供了激励法治产

---

① 熊瑛：《形式法治和实质法治：法治思维观的比较与抉择》，《领导科学》2014年第11期，第19页。

② 陈金钊：《法学意义上的法治思维》，《国家检察官学院学报》2017年第1期，第88页。

生的现实基础。另一方面，中国传统法律文化中注重法律激励做法，[①]成为激励法治发展的文化基础。与惩戒法治相得益彰，新时代激励法治应当秉承政法思维的科学指引，从人民法治观、现代治理方式和法治体系全面发展角度，深化对新时代法治思维的政治深意解读，有效提升新时代治理的科学效果。

第一，激励法治是人民法治观在法律规制路径上的具体体现。

不同于传统法治思维，新时代政法思维突出了人民法治主体地位，将法律关系中的人提高到法政治学高度进行认识，深化了以人为本的新时代法治意识。“以人为本”是当代中国激励型法治理论构建与实践发展的基础、动力和指南。[②]不同于惩戒法治，激励法治将法治运行动力由外部强制转化为内部生成，承认多元法治主体不仅是法律层面权利义务的具体承担者，更是现代生产生活中的重要经济人。深言之，承认法律主体能动性的激励法治，将法律规制置于开阔的社会视野下，以开放法治思维避免了就法律论法律的狭隘视角。这既是新时代政法思维下多元法律规制路径体现，也是由法制建设向法治建设转型中综合法治效果的现实考量。

具体来讲，践行人民法治理念的激励法治，需要在规制层面注意以下方面问题。一是激励法治与惩戒法治的适用关系。在法律规制中，激励法治和惩戒法治哪个优先适用，适用比例如何等诸多问题都是需要考虑的。人民法治观为协调激励法治和惩戒法

---

① 倪正茂：《从法律激励看对中国法律文化传统的继承》，《法学》2014 年第 1 期，第 43 页。

② 丰霏：《当代中国法律激励的实践样态》，《法制与社会发展》2015 年第 5 期，第 191 页。

治的关系提供了合理标准。新时代政法思维指引下的人民法治观，有效兼容了法律关系中的具体“人民”范围和立法目的中的抽象“人民”范围，为激励和惩戒的合理匹配提供了双重维度视角。二是激励法治的适用情形问题。从自律行为、市场行为到行政监管的规制逻辑，激励法治主要适用于自制和市场行为规制中，当然不排除行政监管中激励法治的适用情况。激励法治作为权力引导社会的重要方式，属于对法治主体地位的进一步强化方式。新时代人民法治观通过将抽象的“人民”融入法治思维，增强了法治思维的法治目的性，促使新时代法治思维向政法思维升华。

第二，激励法治是多种治理方式在法律规制路径上的必然反应。

适应新时代多元化发展，需要完善多种治理方式。致力于治理体系和治理能力发展现代化，应当探究自治、德治、法治等多种治理方式的内在联系。纷繁复杂的现实情况下，需要综合采用多种治理方式才能科学实现治理目的。全面依法治国的新时代背景下，法治作为治理现代化的关键方式应当提高其适用合理性。其中，探究法治与自治、法治与德治的内在契合点是提高多种治理方式合理性的重中之重。不同于传统法律他制，自治与德治体现了一定的自制色彩，其将治理规律以人文、道德等形式呈现出来，克服了法律规制的高成本、低效率等多重问题。激励法治则是将自治、德治等中的有利调节因素引入法律，丰富了法治刚柔并济的多维度内容，从而有效地联系了新时代自治、德治和法治形式。

具体来讲，以激励法治联系多种治理方式，需要在规制层面注意以下方面问题。一是注重激励法治与自治的界限范围。类似于法治与自治的关系，在无外界负面影响的情况下，自治成为现代规制的首要选择。从发展角度观之，无外部性影响的行为可能随着时间推移产生外部性问题。所以，应当以高瞻远瞩的政法思维审慎对待激励法治和自治的关系。二是注重激励法治与德治的关系。德治可以为激励法治运行提供有效的认同基础，促进德治与法治的协调发展。对于德治的不确定性和不可量化特征，激励法治可以在明确性、可操作性层面予以补足。在厘清自治、德治和法治关系的基础上，社会治理需要形成多法治主体间相互嵌入的共同治理机制，[①] 自治、德治与法治的有效统筹离不开新时代政法思维，政法思维为多种治理方式提供了思维基础。

第三，激励法治是新时代法治体系视角下规制路径全面发展的体现。

不同于法律体系，新时代法治体系包括了党内法规等多种规制内容。由于党内法规不具有法律强制力，其规范执行力不能单纯依靠传统惩戒法治运行原理。提高党内法规执行力需要在惩戒法治之余，积极运用激励法治的合理内核，通过激发法治主体践行党内法规的内在动力，切实提高党内纪律约束的有效性。同时，在我国社会主义法律体系建成后，随着法律制度逐渐增多，为切实增强制度执行效果，应当在惩戒法治之余关注法律制度运行的激励法治之维。法治体系的运行效果，需要多重法律运行机制保障，其中多元法律主体的法治运用积极性需要得到广泛关注和引导。这是法治体系视角下人民法治理念和共建共治共享理念在规制路径方面的具体体现。

具体来讲，以激励法治促进规制路径全面发展，需要在规制

---

① 侯宏伟、马培衢：《“自治、法治、德治”三治融合体系下治理主体嵌入型共治机制的构建》，《华南师范大学学报》2018 年第 6 期，第 141 页。

层面注意以下方面问题。一是规制路径全面发展的法治价值。新时代全面法治理念的价值，在国家层面致力于全面提高法治建设水平，在个体层面则在于以法治精神促进人的全面发展。激励法治以法治认同为始，通过法治行为科学引导进一步强化初始法治认同，夯实了大力培育法治精神的潜在作用。二是激励法治与政法思维的内在联系。全面法治视角下的激励法治，将法律规制对象从被动接受提升为主动参与，将促进人的全面发展的良好目的以法治途径实现，这是对形式化法治思维的超越，以实质法治的良法善治阐释了新时代政法思维的科学内涵。新时代全面法治建设中，需要以政法思维统领新时代激励法治发展。以新时代政法思维统领激励法治发展，在新时代人民法治观、多种治理方式协调发展基础上，展现了新时代法治体系的内在法治理性。

（二）以创新思路指引新时代规制体系发展

深化新时代法治新动能在主体维度和行为维度的价值，应当以创新思路引领新时代规制体系科学发展。这是规制体系视角下法治新动能的重要内容。适应人民法治与未来法治的发展趋势，应当对现有规制体系进行必要变革，实现以法治思维和法治方式促进新时代法治新动能有效实现，其中突出规制问题成为法治新动能的重要动力来源。比如党政机构合并后行政法治变革问题，行政主体理论的滞后性与狭隘性成为党的公权力主体地位确认的明显障碍，适时以公法主体代替行政主体具有一定的必然性，[①]公

---

① 姬亚平:《机构改革对行政复议与诉讼的新要求》,《人民法治》2018 年第 Z1 期，第 48 页。

法主体理论成为新时代规制体系发展的重要动力来源。响应新时代全面法治建设需要，需要以整体的、联系的观点审视突出规制问题，从规制体系发展的角度激发新时代法治新动能。

第一，由分散规制向整合规制转型升级，需要以创新法治完善新时代规制体系。

在原有公权力规制体系中，分散规制问题比较明显，比如行政权力和党组织权力呈现分离规制的状态，以及行政诉讼和行政复议在公权力规制中存在衔接等问题。新时代法治新动能在于克服分散规制的弊端，通过法治创新实现向整合规制的转型升级。具体来讲，需要以人民法治精神贯穿规制体系，实现通过立法目的合理整合法律规制的法治愿景。随着注重立法数量向注重立法质量转型升级，科学诠释立法目的成为增强法治体系内在联系的关键。新时代全面从严治党和全面依法治国情况下，应当合理运用政法思维，将多元法治主体和多种治理方式进行创新组合，以实质法治思路克服传统法治建设存在的突出形式法治问题。同时，在新时代合宪性审查发展中现有多种审查体系关系协调过程，为新时代整合规制发展提供了重要契机，成为以法治新动能促进规制体系化发展的重要内容。

采用整合法治路径的新时代规制体系发展，需要注意以下问题。一是明确相关主体在整体规制体系中的地位。随着法治主体日益丰富，相关主体合理定位是实现整体规制效益的重要保障。比如行政诉讼、行政复议在党政机构合并后应当如何履行职责成为普遍关注的问题。从整体规制体系角度讲，合理调整行政诉讼和行政复议的定位势在必行。二是深化对现代公权力监督形式认识。现有制度体系下公权力监督形式以行政复议、行政诉讼见长，对于信访、督查等其他公权力监督形式相对忽视，党内监督的公权力制约形式如何与现有规制体系衔接存在一些问题。之所以出现上述问题，是因为采取了传统法律思维视角界定现代公权力监督形式，导致公权力监督体系整体协调性有限。新时代政法思维以人民法治为核心，以更全面视角审视多种公权力监督形式，从而确保了公权力监督体系的整体协调性。

第二，兼容法治现实主义和未来法治的双重特征，需要以创新法治完善新时代规制体系。

诠释新时代法治的全新时空视角，既需要由分散法治向整合法治转型升级，也需要兼容法治现实主义和未来法治的双重特征。由于法律具有一定的稳定性和预期性，制定法层面体现的法治现实主义具有一定的滞后性，对于引领未来法治发展存在些许不足。在原有制度体系框架内，法律制度和法律原则是兼容法治现实主义和发展法治的重要形式。但智能化、风险化、共享化传递的未来法治特征已经在一定程度上突破了原有发展法治内涵。适应新时代未来法治发展需要，应当以未来法治理念更新原有规制体系，实现由事后规制向事中事前规制拓展，深化对多种风险形式的科学认识，以大数据的科学形式、共享化的合作意识促进新时代规制体系创新发展。

采用兼容法治路径的新时代规制体系发展，需要注意以下问题。一是以发展的眼光审视共建共治共享的治理方式。专注于新时代发展的现实法治和未来法治，应以共建共治共享为重要行为理念。以法治新动能形式实现共建共治共享治理目标，关键在于诠释新时代法治发展内涵。专业化、智能化、社会化、法治化均为发展的重要体现，其中法治化发展应当是在专业化、社会化和智能化基础上的法治加强版。二是现实法治和未来法治的协调发展问题。在新时代法治建设中兼容法治路径需要合理协调现实法治和未来法治的内在关系，问题意识成为两者协调的重要环节。也就是说，兼容方式的合理性以法治问题科学解决为重要标准，通过创新法治完善新时代规制体系的过程就是有效解决法治问题的过程。

第三，适应法治体系视角下多元化规制发展，需要以创新法治完善新时代规制体系。

与法律体系相比，新时代法治体系内容更为丰富，其中既有合法层面问题，也有合理层面问题，既有传统他制问题，也有新时代自制问题，法治体系视角下规制的多元化特征明显。新时代全面法治对于多元化规制具有重要启发，以全面法治路径应对多元化现状成为新时代规制体系发展的重要特征，法治新动能成为多元规制的关键连结点。也就是说，实现全面法治化发展目标，应在合法、合理的行为协助方面，他制和自治的主体协调方面进行必要分工。通过减少全面法治的规制重叠和规制空白，将多元化规制发展有效纳入全面法治的图景中。以法治思维和法治方式实现协调协助，应当注重新时代政法思维的科学运用和法治沟通的科学采纳。

采用多元规制路径的新时代规制体系发展，需要注意以下问题。一是多元规制的体系化问题。将多元规制纳入规制体系，成为新时代法治体系建设的重要法治要求。从诸多法治元素配比角度讲，这需要针对规制情况进行规制手段科学配置，区别于原有规制体系的封闭性，法治体系视角的规制体系呈现开放法治特征，归根结底，法治体系的综合化是规制体系开放性的重要依据。二是多元规制的法治实效问题。实现多元规制体系化是实现多元规制法治实效的重要保障，应当以人民法治立场审视多元规制的现实规制效果。毕竟多元规制的法治目的在于实现多元法治利益的平衡保护，以政法思维指导的人民法治观念为正当权益诠释提供了合理途径。

第二节 | 新时代普法新动能研究

摘要：结合新时代社会主要矛盾发生的重大变化，发挥新时代普法的重要法治线索作用，主张从新时代普法新动能的方向、路径和目的角度，探究新时代普法的人民法治立场、高质量法治普及路径、制度创新和文化融合等普法新动能重要问题。

随着我国现阶段社会主要矛盾发生的历史性新变化，新时代法治发展迎来了新机遇和新挑战。如何以法治思维和法治方式诠释和解决人民日益增长的美好生活需要和不平衡不充分的发展之间的矛盾，成为新时代法治发展的重要指标。面对不平衡不充分的发展现状，妥善处理法治体系内部协调性和外部协调性，[①] 成为新时代法治建设的焦点。新时代推进全面依法治国是事关全局的系统化工程，法治体系内部的协调性是基础，法治体系外部的协调性即法治体系与社会发展的协调性是关键。能够同时贯穿法治

---

① 陈金钊：《用法治方式满足公民对美好生活的向往——关于法治发展不平衡、不充分的断思》，《河北法学》2018 年第 4 期，第 5 页。

体系内部和外部的法治行为，成为有效推进法治国家、法治政府和法治社会三位一体法治建设的重要环节。

中国特色的党政主导的普法或曰法治沟通行为，是贯穿新时代法治体系内部和外部的重要法治行为，成为新时代重要法治线索行为。党的十九大报告在全民守法的基础上，将新时代普法提高到全民高度，提供了关注普法的重要守法视角，从全民守法角度激发新时代普法新动能，应当对法治立场、法治路径、法治基础等内容进行深入分析论证。

一、突出普法的人民法治立场——明确新时代普法新动能的方向

我国普法采取党政主导模式，在权力和权利之间合理定位普法立场具有重要理论和现实意义。根据普法对象不同，我国普法主要分为系统内普法和社会普法两个方面。系统内普法以规范权力运行为主要特点，相比之下，社会普法侧重于权利保护方面。合理引导系统内普法和社会普法发展，提高权力制约和权利保护的法治传播效益，应当明确法治建设的人民法治立场，以人民法治立场作为新时代权力制约和权利保护的根本指导。人民法治立场涉及普法活动的组织、开展等多方面内容，为发挥新时代普法新动能指明了必要方向。

（一）新时代普法的人民法治立场内容

新动能的价值集中体现在针对现实问题的创新发展方面。以人民法治视角发现法治运行中的突出法治问题，以法治为民思路合理满足普法需求，是新时代普法新动能的重要内容。具体来讲，

人民法治立场主要体现在法治需求确定和法治供给满足方面。

一方面，在法治需求确定方面，新时代普法为审视新时代法治体系运作提供了必要的人民法治视角。立法、执法、司法以采取自上而下的治理逻辑见长，从法治国家、法治政府和法治社会一体化建设角度讲，法治建设的权力意识较为突出。相比之下，立法、执法、司法中的权利保护意识，缺乏从法治社会层面的必要关注。普法作为法治政府与法治社会对话的渠道，为立法、执法、司法等法治实践的深入开展，提供了必要的法治社会视角，促进发挥三位一体建设的全方位法治作用。也就是说，普法融入立法、执法、司法等法治建设的过程，是法治国家建设统领下法治政府视角和法治社会视角融合的法治过程。相比于法治政府的权力为民视角，法治社会权利在民具有更为直接的人民法治含义。与其相适应，来源于法治社会建设的法治需求也更为深刻。因为与法治政府侧重于权力规制不同，法治社会采取法无禁止即可为的形式，这为法治创新提供了必要的法治空间。与法治发展创新相匹配的法治需求，成为新时代普法向立法、执法、司法等传递法治信息的重要内容。

另一方面，在法治供给满足方面，新时代普法为剖析新时代法治实践运作提供了必要的人民法治指引。普法一直是我国法治建设的重要组成部分，在政治体制改革和经济体制改革等多方面发挥了重要的法治基础作用。适应经济体制改革需要，市场经济是法治经济的理念逐渐深入人心，法治供给的市场定位遵循了人民法治的价值指引。从法治供给角度盘活新时代政治体制改革成果，如何将政治体制改革的权力制约效益转化为人民法治福利，是值得深入思考的现实法治发展方向问题。从一定程度上讲，与监察体制改革相适应的廉政法治教育成为重要法治着力点。廉政法治教育不仅包括系统内法治教育，还包括社会化法治教育，系统化的廉政法治教育是新时代普法专业化发展的重要内容。人民法治成为深化两种廉政法治教育形式的共同法治理念。人民法治理念不仅深化了系统内廉政法治教育的法治深意，更指引了社会化廉政法治教育的科学形式，遵循着增进人民法治认同的当代中国法治建设的内在逻辑，[①] 促进权力自律和权力的社会化监督同步推进。

（二）人民法治立场普法的新动能形式

发挥人民法治立场的普法新动能潜力，关键在于将人民法治精神融入普法行为始终。在诸多普法行为中，普法规划和普法实施成为两大重要环节。

一方面，在普法规划方面，应当以实际需要为着力点，避免普法规划的形式主义。以普法的效用性为依据进行各层面普法规划，促进提高人民法治需求的法治满足程度。兼顾法治普及的全面性和重点性，需要多角度破解人民法治需求。首先，人民不仅仅是一个静态的政治概念，其还具有动态的法治含义，法治全局固然关系人民利益，法治具体应用环节也存在人民法治意义。法治社会成为宏观维度人民和微观维度人民的重要法治平衡点。所以，法治社会培育不应当仅仅限于理论层面，更应当成为普法规划的重要标准，这是普法规划力避形式主义危害、切实发挥法治效用的重要法治基础保障。

---

① 王东:《人民认同与法治教育：中国法治建设的逻辑和进路》,《社会科学研究》2017 年第 2 期，第 69 页。

另一方面，在普法实施方面，应当以普法实际效果为着力点，避免普法实施的官僚主义。将普法规划的理性安排运用于法治实践，应当按照法治传播规律，遵循以事实为依据以法律为准绳的法治原则，妥善处理法治纠纷，畅通人民法治供给的法治满意程度。兼顾法治普及的传播效果和治理效果，需要多角度破解人民法治供给。党政主导下的多元法治普及路径，丰富了法治宣教内容，但对多方法治普及的协调性提出了客观要求。在缺乏行政协助制度的情况下，人民法治理念成为多方协同的重要法治保障。也就是说，人民法治以法治普及效果为依托，为普法供给提供了基本事实面向。

（三）人民法治立场普法的新动能内容

秉承人民法治立场，应当在原有的法制建设基础上，将动态法治融入国家社会发展中，促进以法治思路诠释新时代发展建设的新内容和新动态，从而为新时代普法注入新动能。

一方面，应当将经济发展新动能法治化问题纳入普法新动能视野。以人民法治立场指导普法，不是就法律说法律，也不是就政法现象说政法现象，而是要运用开阔的法治视野，在与人民利益有关的重大发展问题上引入法治思维和法治方式。经济新动能是新时代发展的重要课题，应当引入必要法治思维和法治方式。更为重要的是，实现新时代经济发展由效率发展模式向效益发展模式转型，经济新动能迫切需要必要的法律引导和规制，从而为法治新动能发展提供原始动力。随着深化改革持续推进，高质量经济发展的法治需求呈现多元化，多种法治主体协调运作成为必然要求。相应地，应当将适应经济发展新动能需要的经济法治、行政法治等多种法治理念引入普法宣教。

另一方面，应当将文化发展新趋势法治化影响纳入普法新动能视野。新时代人民法治指导普法，既需要对经济领域有所关注，也需要对文化发展趋势有所了解。法治文化成为新时代增强文化自信的重要内容，是多种媒体融合的重要文化线索。归根结底，法治文化是法律制度、体制和机制等有效运用的重要基础，了解文化发展新动向新趋势有利于精准发挥法治文化的传播优势，从而为全面深化改革提供必要氛围支持。同时，多种媒体融合的社会效益，需要必要的制度保障。法治文化传播为多种媒体融合提供了必要舆论导向指引，推动在法治运用中切实提高媒体融合的法治收益。从深层次讲，这是制度自信和文化自信的有效整合提升。

总之，发挥人民法治立场下普法新动能，是一个综合化系统工程，需要采纳必要的法社会学观点，以激发社会创新的必要方式进行有效推进。其中，适应法制向法治转型需要，应当关注高质量法治普及的重要问题。

二、强化普法的高质量法治普及路径——明确新时代普法新动能的方式

按照新时代普法新动能的科学方向，应当深刻思考现有普法路径存在的突出问题，通过明确新时代普法新动能的科学方式，有效提高新时代普法质量，深化新时代普法的高质量法治普及路径价值。

（一）系统内高质量普法路径

在人民法治观科学指引下，系统内高质量普法应当进一步突出权力控制的现代政府治理价值。针对目前“谁执法谁普法”的分散普法模式，应当从系统内法治普及入手进行必要调整。也就

是说，系统内高质量法治普及应当从人民法治立场加强内部联系，以人民法治利益作为提高释法说理力度的根本遵循。人民法治利益是克服社会化普法分散化弊端、提高社会化法治普及质量的根本保障。系统内普法作为社会化普法的必要法治准备活动，人民法治观是系统内高质量法治普及的重要内在依据。

一方面，顺应新时代机构改革的发展趋势，将人民法治观融入系统内普法的科学协作中。根据多年普法实践，系统内普法以党员领导干部等公职人员为主要法治教育对象，采取单位内部学习、党校或行政学院专题学习、自学等多种形式。新时代机构改革以协同高效为基本法治特征，致力于提高系统内法治普及的综合效益，应当以人民法治理念为指引对相关系统内法治普及形式进行有效整合。在现代大数据和人工智能发展的科学技术条件下，多种形式的系统内普法形式整合应当借助现代化技术平台优势，促进多种法治教育在横向形式维度中减少系统内普法的空白和重叠，在纵向时空维度中不断深化系统内法治普及效果。

另一方面，应当以行政过程视角开展新时代系统内法治教育。通过全方位探知人民在行政过程中的法治需求，有效提高公职人员的多种法治能力，切实实现为广大人民服务的深层次行政法治价值。目前多将执法中普法纳入行政程序进行规制，由于行政法律关系存在片段化处理的弊端，执法中普法易发生实践层面变异。行政程序中的释理说法容易演变为行政主体推脱责任的说辞。以法治方式避免执法中普法变异，应当将行政程序视角拓展为行政过程视角。[①]

---

① 江利红:《论行政法学中“行政过程”概念的导入——从“行政行为”到“行政过程”》,《政治与法律》2012 年第 3 期，第 79 页。

在行政过程视野下，行政相对人的相对弱势地位通过人民角色得以补强，其中政府治理价值更为明显，行政程序中行政相对人的人民属性更为凸显，人民法治观成为行政过程的重要法治支撑理念。

从整体意义上讲，以行政过程视角审视新时代公职人员法治教育，促进执法中普法从纠纷应对模式向服务行政模式转化。原有的执法中普法倾向于明辨行政程序中的法律关系内容，侧重于行政纠纷的预防和化解，这是司法裁判模式下释理说法在行政程序中的必要延伸。随着我国行政法治由司法裁判模式向行政监管模式、服务行政模式转型，执法中普法定位也应当进行必要转型。具体来讲，执法中普法功能不应当仅限于纠纷预防和化解方面，多种政府治理和社会治理价值也应当成为新时代执法中普法的重要法治功能。归根结底，执法中普法属于我国服务政府建设的重要内容，服务行政以人民利益为根本指引的特征，意味着执法中普法应当是践行人民法治观的重要法治形式。

适应行政过程视角下执法普法需求，新时代公职人员的法治素养应当具有契合人民行政法治需求的多样化特征。具体来讲，适应新时代公职人员法治教育应当既包括行政法治原则等理念普及内容，也包括多方面行政法治实践的应用知识普及内容，其中线索应当是其工作中行政过程涉及的多种法治问题。所以，公职人员法治教育按照所属工作系统分类加强培训尤为必要。这是对现有公职人员法治培训主要按照行政级别开展的有效创新。因为公职人员法治教育不是对相应级别的关照，而应当是为了公职人员更好地开展相关工作。

特别需要关注的是，对于行政过程中多种法治问题的梳理和解读，应当从权力相对人的角度切入，不应当从权力主体单方面责任开脱角度进行。因为行政过程中的人民法治理念在一定程度上提升了行政程序中的行政相对人现实法治地位，促使行政法治解释更为接近实质法治目的。也就是说，公职人员法治培训应当在知识培训基础上，进行必要法治应用能力培训，促使行政法治良法善治目的能够在解释、推理等现实运用中得以展现。概言之，新时代系统内高质量法治普及既需要在形式上进行必要整合，也需要在视角、内容等多方面进行必要革新。

（二）社会化高质量普法路径

发挥新时代普法新动能的法治价值，不仅需要提高系统内法治普及质量，社会化高质量普法路径同样值得关注。如果说系统内高质量普法的关键在于破除普法官僚主义导致的普法不利问题，那么社会化高质量普法的关键在于破除普法口号化、运动化等的普法形式主义问题。我国普法采取党政主导模式，普法形式难免具有一定的政治色彩，在新时代全面依法治国背景下，如何以新时代政法话语恰当地传播法治理念成为新时代高质量普法的关键问题。在社会化普法领域，突破就法律谈法律的弊端，提高新时代政法理念的理论和现实价值，应当以治理视角审视新时代社会化法治普及问题。

一方面，现代化治理体系和治理能力需要必要的公民法治素质为基础。推进现代化国家治理进程，强化现代化政府治理方式，需要公民具备必要法理思维。在法治国家和法治政府建设语境下，法治思维和法治方式成为公职人员内在法治素质的必然反应。将法治体系运用置于现代化治理视野下，不能仅仅探究法治思维和法治方式，还应当以法社会学视角探究良法善治的现实需求。与此相适应，法理思维作为良法善治思维，[①] 以其形式法治和实质法治兼容的特征，有力地克服了法律思维的形式有限性和法治思维的实质有限性，拉近了法治与治理实践的实然距离。法理思维促使公民不仅关注法律实证规定，而且关注法治发展趋势导向等法治应然问题，提高其在法治实践中的法治主体意识。主体意识是臣民向公民转变的重要主体层面要求，增强公民法治主体意识成为强化公民法治素养的核心问题。在传播法律思维基础上进行法理思维传播，成为提高公民法治主体意识的重要法治举措。普及法理思维成为新时代社会化普法的新动能内容，是新时代社会化高质量法治普及的重要内容。概言之，践行新时代社会化高质量普法路径，是将普法行为提高到国家治理层面进行认识。社会化高质量普法是实现现代化治理的重要法治形式。

另一方面，社会治理实践需要发挥高质量法治普及的协调沟通作用。新时代社会发展具有风险性、智能性和共享性等多重特征。合理应对未来法治发展，需要将法治沟通作为重要法治途径。这既是应对治理主体多元化的现实需要，也具有大数据、人工智能等现代技术条件支持。其中社会治理存在的突出问题就是高质量社会化普法的创新着力点。基于未来法治呈现的突发性、快速扩散性等不可预期特征，高质量社会化法治普及应当采取全面嵌入模式。高质量社会化法治普及不仅需要聚焦舆论热点案件分析研判，而且应当关注日常生活关键环节的法治渗透问题。全面嵌入模式要求的法治渗透应当在法理思维指引下，既不能是事无巨

---

① 张文显：《新时代社会主要矛盾变化与中国法治现代化》，《法治现代化研究》2018 年第 4 期，第 6 页。

细的法律机械主义，也不能是理念悬空的法治虚无主义，而应当是以现实治理效果为依托的法治高质量普及。

具体来讲，在社会治理中发挥法治普及的协调沟通作用，主要体现在法治作为德治、自治、智治等多种治理方式的必要线索方面。实现现代化社会治理，应当兼采多种合理治理方式，如何协调多种治理方式成为提高治理实效的关键问题。法治以其确定性、可预期性、可操作性等特点，成为统领多种治理方式的重要形式。发挥法治的社会治理方式线索作用，需要通过强化社会化法治普及的形式，在加深德治、自治、智治等治理理念的认同中，传递法治线索的科学定位，彰显法治普及的深层次沟通协调功能。

综上，在国家治理、政府治理和社会治理中，法理思维传播和多种治理方式科学协调都离不开社会化法治普及。高质量社会化法治普及路径的新动能在于将普法融入治理需要，为新时代多层面治理通过必要的法治化治理思维和治理方式。当然，高质量社会化法治普及离不开系统内高质量法治普及的必要支持，系统内高质量法治化普及在形式、内容等多方面的变革，需要服从于社会化法治普及的治理需要，因为两者高质量发展的人民法治根本方向是一致的。

三、提高普法的法治普及效果——明确新时代普法新动能的目的

发挥新时代普法新动能的科学作用，需要在人民法治理论指导下，借助高质量法治普及的科学路径，明确新时代法治普及的法治目的。致力于治理体系和治理能力现代化的新时代法治普及，

应当结合新时代创新发展法治需求，进行制度和文化等多层面的法治构建，从而激发新时代普法新动能的法治潜力。

（一）促进制度创新——新时代制度普及层面的普法新动能

实现新时代高质量发展，需要必要的创新发展思路，制度创新成为多层面发展创新的重要制度要求。[①] 全面深化改革和全面依法治国新形势下的制度创新首先应当理性应对新时代改革与法治的关系。法治引领促进保障改革发展，同时改革也对法治质量提出了更高的要求。一方面，法治体系的整体协调性成为提高法治内在质量的重要体现。合法性审查基础上的合宪性审查，为提高法治体系的整体协调性提供了重要制度化渠道。以整体协调性为基础的规范体系，为法治体系的动态运作提供了制度保障。但从社会发展需要角度讲，这只是法治体系的内部协调性。实现高质量法治运作应当在法治体系内部协调性基础上探究法治体系外部协调性。另一方面，适应新时代发展需要的法治体系外在协调性，是高质量法治的重要根据。治理现代化明确了新时代改革的理性目标，同时也为高质量法治提出了发展目标根据。致力于实现治理现代化，应当通过立法、执法、司法等法治多环节及时反映改革最新成果和最新要求，从而为新时代创新发展提供制度保障和指引。

与增强法治体系内部协调性和外部协调性相适应，高质量法治普及的新动能着力点在于传递制度创新的制度需求。由于其中

---

① 马名杰：《高质量发展要补齐创新制度短板》，《经济日报》2018 年 5 月 3 日，第 14 版。

涉及法律制定修改、执法司法权限调整等多层面问题，需要以整体化视角审视对待新时代立法、执法和司法活动。普法作为融入立法、执法、司法的重要法治沟通和普及行为，具有新时代法治体系建设的信息传递优势。法治普及对制度创新的价值，在于将制度创新的现实需求有效融入立法、执法和司法等法治实践活动中，通过搭建法治体系外部协调性和内部协调性的沟通桥梁，发挥新时代法治普及的治理潜能。不同于其他治理形式，法治普及渠道具有连接法治国家、法治政府和法治社会的现实优势，促使其传递的制度创新需要具有必要的法治基础。更为重要的是，以法治普及渠道促进制度创新，具有自下而上制度发展路径特征，形成对传统自上而下治理路径的有效补充。

具体来讲，通过法治普及渠道促进制度创新，主要具有以下方面内容。第一，通过沟通有效性分析，发现阻碍新时代发展的制度和政策问题，发挥普法对立法的反馈作用，向立法领域传递法律及时废改立信息，为适应需要的制度普及提供必要法治氛围。原有的法治普及属于立法、执法和司法活动的法治副产品，相对立法、执法和司法活动而言，普法处于被动地位。激发新时代普法新动能的重要性在于，增强普法在法治体系建设中的主动性和积极性，从而发挥其深层次治理潜能，需要注意的是，这种主动性不仅仅是向社会普及现有规定的主动性和积极性，而是面向法治未来发展的积极创建性。第二，通过沟通有效性分析，发现促进新时代发展的制度和政策规制路径，发挥普法对改革的舆论引导作用，向改革实践传递法治完善的有益启示，为制度创新提供必要的实践基础和应用渠道。原有的法治普及与改革发展处于相对隔离的状态，促进制度创新的新时代法治普及则以动态形式与改革发展保持同步化。新时代制度普及的制度创新目的，从法治发展角度生动诠释了普法新动能内涵，有效拉近了法治普及与改革的现实距离。具体来讲，这需要在原有的法治普及方式基础上，探究关注法治变革的法治传播路径，从而通过法治方式有效贴近舆情应对，将法治精神融入新时代法治建设。

综上，新时代法治普及不仅局限于成文规定的普及，制度变化发展的现实需要和趋势同样成为法治普及的重要内容，其中重要原因在于普法是治理行为的良法善治定位，激发新时代制度普及的新动能就是增强普法的制度创新潜能。

（二）强化数字文化与法治文化融合——新时代法治文化普及层面的普法新动能

现代法治运行以事实清楚为基础，大数据、人工智能等科技条件为查明客观事实提供了更为便利的条件。更为重要的是，数字文化为新时代法治文化增添了精确维度，促使法治文化传播不仅仅是大而化之的宏观形态，更有精确推导的微观维度。如何处理数字文化和新时代法治文化融合，是新时代法治文化普及的重要问题，也是新时代普法新动能的重要方面。

第一，数字文化和法治文化融合，是智慧时代法治新动能的客观要求。

智慧时代以大数据为基本技术支持，数据文化成为提高现代技术应用效果的重要文化基础。智慧时代作为新时代一种样态，同样需要贯彻全面依法治国的重要法治精神。鉴于智慧时代社会风险等发生的重大变化，立法、执法、司法等法治建设发生重要变革，与其相适应，法治思维应当适时上升为良法善治思维。不同于法治思维，良法善治思维从更为宏观的理论高度对待法治运行中的权力制约和权利保护问题，其中立法、守法等问题均被纳入法治视野。后立法时代的高质量立法中，大数据和人工智能辅助成为新的发展趋势。同样，实现全民守法的良好预期，需要引入大数据等科技方式进行精准研判分析。随着大数据不断渗入法治建设，数据文化自然成为新时代法治行为的重要面向。不同于法治事实，大数据传递的信息更贴近客观真实；不同于法治个案、类案效果，大数据传递的信息更贴近整体法治效果。以客观视角、整体维度强化法治说理，成为智慧时代法治普及的有利支撑和动力。

第二，实现数字文化和法治文化融合，是普法新动能发挥效果的重要路径。

新时代普法新动能在于将人民法治立场融入系统内普法和社会化普法，并在此基础上有效促进新时代制度创新发展。制度创新以理论创新为先导，理论发展应当建立在现实基础上，文化是现实发展的重要方面。实现数字文化和法治文化融合，为新时代文化发展提供了注重事实的文化氛围。与注重事实相匹配的法治普及，不再是制度说教的普及风格，更是通过摆事实增强说服力的过程。确切地讲，数字文化和法治文化融合，促使新时代普法不再是简单的以理服人，更是建立在客观事实认同基础上的法治沟通。这有利于摆脱人民法治立场的抽象性，以数字形式展现人民法治的现实依据，为系统内普法和社会化普法提供必要理论支持，为制度发展创新提供客观依据。从实质上讲，数字文化与法治文化的融合，将法治运行的以事实为基础、以法律为准绳的法治理念融入文化视野，丰富新时代法治文化的多重内容，从而促进新时代普法新动能的作用不仅限于法治应用层面，在法治认同领域同样具有深远法治价值。

第三，通过法治普及促进数字文化和法治文化融合，有利于激发新时代普法新动能的多种治理潜能。

实现数字文化和法治文化融合，是发挥普法新动能的重要途径，原因在于数字文化的尊重事实以及事实阐发特征。[①] 数字文化不仅具有事实发现潜能，更重要的是，其具有多种治理潜能。数据生成、利用、维护等方面牵涉法治政府、法治社会的法治建设问题，数字文化与新时代政府行为特征、社会治理特点等具有内在契合性。大数据不仅反映了已经发生的法治行为特征，更为今后法治行为预测提供了必要依据，增强了多层面治理的可操作性。相比传统法治文化传递的确定性，数据文化的可操作性更为具体明确。因为法治指引多为定性模式，数据指引则采用定量模式，具有强化定性法治指引的治理功能。更为重要的是，不同于传统法治文化的因果关系思维模式，大数据采用相关关系思维模式。数字文化和法治文化融合，加速了因果关系和相关关系思维模式的有效整合，为多重治理提供纵横匹配的思维模式。总之，通过法治普及促进数字文化和法治文化的融合，能够在主观思维模式和客观可操作性等层面增进新时代普法新动能的治理潜能。

从新时代普法新动能方向、路径和目的角度，明确人民法治立场、高质量法治普及路径、制度创新和文化融合等的普法新动能重要内容，将普法从法治行为上升为新时代重要政治传播行为，促使普法由低质量普及向高质量普及转化，从而以法治传播方式增进新时代制度创新和文化融合。新时代普法新动

① 涂子沛:《大数据》，广西师范大学出版社2015年版，第345页。

能既具有充分政治基础，也富有现实可操作性，更具有新时代治理价值。

第三节 新时代法治传播新动能研究

摘要：新时代新动能视角下普法发展，应当在法治普及的基础上，挖掘法治沟通或法治交流的法治价值和功能。提高普法的全面法治作用，克服普法融入缺陷，适宜从政治维度、经济维度和文化维度等角度加大新时代法治传播诠释力；拓展普法发展功能，应当从未来社会的法治传播导向和未来法治个人的法治传播预期等角度加强新时代法治传播引导力；增强普法建设作用，主张从法治国家建设方向、法治政府建设力度、法治社会建设内容等角度丰富新时代法治传播构建力。

传统意义上的普法或曰法治普及，经历了由法律制度普及到法治体系普及的转型升级，在新时代全面法治建设中，在人民法治理念指引下，应当从普及效果角度关注普法的法治沟通效果。不同于法治普及将普法受众作为被动接受者，法治沟通强化了普法受众的主体能动性，彰显了新时代全民普法的人民法治潜能。激发新时代政法理念传播潜能，应当突破传统普法在法治思维和法治方式方面的局限，适当拓展法治沟通的法治视野、深化法治沟通的实质法治作用，其中法治传播诠释力、引导力和建构力充分诠释了新时代法治传播新动能的科学内容。

一、全面法治视角下法治传播的诠释力

不同于制度建设的刚性法治，新时代法治传播属于新时代依法治国的柔性治理形式。适应新时代变革发展需要的制度创新法治深意，既需要通过自上而下的制度健全、体制机制完善进行有序推进，也需要加强对自下而上制度发展创新的法治认同。我国普法或曰法治传播采取党政主导的司法行政模式，与人民法治要求相契合的新时代全面法治建设，应当从刚柔并济的治理角度适时提高新时代法治传播的科学定位。尤其在国家监察体制改革持续推进的情况下，权力制约的惩戒法治被置于突出地位，与此相适应，新时代权利保护的激励法治同样应当得到合理关注。

传统上制度普及的法治传播，仅仅将激励法治的形式法治内容进行社会化传播，在缺乏实质法治关照的情况下，制度普及效果被演绎成片面地强调权力内容、忽视相应责任要求的法治传播表层化问题。随着新时代政治体制、经济体制改革持续推进，实现体制机制内容的法治化传播需求日趋明显，制度普及的弊端被逐渐放大。由制度普及向体制机制法治传播转型，成为新时代改革视角下法治传播变革的重要内容特征。为了更好地实现体制机制法治化传播效果，应当将实质法治内容引入新时代法治沟通中。确切地讲，应当增强法治话语对体制机制变革的解释力，促使全民从更为丰富的法治沟通内容中收获更多法治认同。从宏观普法的走向角度讲，这是在法律制度普及、法治体系普及的基础上，深化了新时代普法的治理潜能，在法治普及效果基础上强化了新时代法治传播的沟通功能。从微观普法的推进角度讲，这是在法律制度纸面含义宣教、法治体系实践动态传递的基础上，增强新

时代普法行为的说理性，以体制机制变革的法理依据增强新时代法治传播的诠释力。归根结底，全面法治视角下的新时代法治传播，应当具有更为宽阔的治理视野，从而契合人民法治的深刻新时代内涵。

推进全面法治建设，形式上是以法治方式合理统筹兼顾各种关系，实质上是以开阔的法治视野全面看待法治建设突出问题。具体来讲，全面法治视角下法治传播的诠释力，应当从政治维度、经济维度和文化维度进行综合推进。

第一，政治维度法治传播诠释力主要在于传播全面从严治党的法治深意。

传统法治普及采取行政化、运动化形式，法治传播的深层诠释力被政治口号、领导命令等稀释。立足普法实效的新时代法治传播，首先应当增强法治传播的法治性。鉴于我国普法的党政主导模式特征，结合新时代全面从严治党的新形势新任务，增强政治维度法治传播诠释力应当选取全面从严治党的法治传播问题为突破口。

增强政治维度法治传播诠释力，应当有效传播新时代全面从严治党的法治深意。以中国特有国情诠释新时代中国特色权力制约的科学路径，应突出党内法治在新时代法治体系建设中的独特地位。明确新时代全面从严治党的党内法治要求，强调其具有的中西法治运行实质法治区别的重要法治属性，进而从党国一体的大局出发深化新时代全面从严治党的法治内涵。

从实质上讲，从政治维度增强法治传播诠释力，是发挥新时代政法理念法治价值的重要方面。科学审慎对待法治传播的政治优势，通过阐明政治运作模式的深刻法治价值，有效提高新时代法治传播的政治站位，激发新时代法治底蕴新动能，从而有效杜绝普法形式化、运动化等不良法治传播效果问题。

第二，经济维度法治传播诠释力主要在于传播高质量发展的法治诉求。

不同于政治维度法治传播的公权力控制，经济维度法治传播诠释力侧重于权利保护内容。新时代经济发展以高质量发展为重要特征，需要高质量法治作为必要保障。无论是完善高质量经济布局还是深入推进制度性开放，法治意识都成为提升经济整体运行效益的重要法治根源。传统法治普及采取“送法下乡”的权力推进传播路径，忽视了“还法于民”的权利培育传播价值。经济维度法治传播新动能在于通过提高社会法治化程度，加速社会和市场的积极互动，弥补我国法治意识培育中法治启蒙缺失，从而有效激发社会层面和经济层面对高质量发展的内在法治诉求，为新时代经济体制改革提供坚实的市场意识基础。

从实质上讲，从经济层面增强法治传播诠释力，是在全面深化改革中进一步激活其中的改革法治红利。面对国内外复杂的经济形势，新时代深化改革成为高质量经济发展和法治发展的共识。通过深化改革的治理渠道，增强新时代法治发展与经济发展等的关联度，为发挥新时代法治传播诠释力提供必要法治语境。也就是说，传播高质量发展的法治诉求，既是进一步营造市场经济的法治氛围，也是动态提高经济发展相关主体预期性和活跃度的重要保障。

第三，文化维度法治传播诠释力主要在于传播多元文化中法治主导性。

适应新时代政治体制和经济体制改革需要，文化维度的法治传播诠释力在于增强新时代法治文化的吸引力。文化主要以外部环境和内在思维形式呈现，激发新时代法治文化新动能应当从法治环境和法治思维两个角度入手，其中在全面依法治国的时代背景下法治思维创新发展的重要性更为突出。

与政治维度法治传播诠释力的宽视野、经济维度法治传播诠释力的深入性相契合，文化维度法治传播诠释力关键在于弘扬法治思维的理性特质，在权力行使者的法治思维基础上，明确新时代良法善治思维内容，增强法治思维的全民认同度。从法治运行的角度讲，良法善治思维在传统秩序法治之余，强调了法治的公众参与价值，顺应了新时代全民普法发展需要，从而以全面法治视角促进法治思维向新时代法理思维转化。

从实质上讲，从文化层面增强法治传播诠释力，在于以全民普法的渠道深化新时代法治方式的主导性。与以往不同，文化路径下培育法治方式主导性，通过外部法治环境和内部法治思维等理性途径展开。这既是文化维度润物细无声的新动能具体展现形式，也是制度创新与文化创新内在联系的必然反应。

二、未来法治发展视角下法治传播的引导力

全面法治不仅应当注重当下法治问题预防和解决，也应当对未来法治发展给予一定关注。不同于当下法治传播的有效诠释力，发展面向的未来法治传播更侧重于精准的引导力。实现精准化引导，应当对当前法治国家、法治政府和法治社会的一体化法治建设有深刻认识。由于法治国家、法治政府建设采取规划推进模式，所以，未来法治传播的引导力主要集中于法治社会和法治个人层面。

（一）未来法治社会的法治传播导向

尽管面向未来的法治发展具有一定的不确定性，基于目前技术条件下经济社会发展需要，未来法治应当呈现创新发展特点。具体来讲，未来法治应当在权力制约之余，丰富权利激励内容，通过未来法治传播营造契合技术创新的社会法治氛围。未来社会具有明显的智慧特征、风险特征和共享特征，[①]精准化未来法治传播应当对大数据、多发风险、数字经济等新业态和新情况给予必要的法治解读。

第一，智慧法治传播不能忽视人的法治主体性。

法治沟通和交流以法治主体间性为必要基础，尽管大数据、人工智能等以客观理性的形式展现了人的多重需求，但智慧法治沟通不能否认人的主观理性，不能以大数据的关联思维代替传统的因果关系法治推理思维。确切地讲，智慧法治传播应当在承认人的主体能动性基础上，对现有法治传播和交流进行补充和完善。归根结底，良法善治的法理思维和治理目的，离不开广大群众的有效参与和支持，而且人民法治观决定了人的主体性不能被机器理性取代。

具体来讲，智慧法治传播应当针对当下普法的缺陷进行必要的辅助，其中大数据、人工智能等形式是制度普及及时化的重要补充。在大数据辅助下，制度普及的滞后性可以得到有效克服，促进预防式法治普及、事中的法治交流等获得有效发展。

---

① 张文显：《“未来法治”当为长远发展谋》，《新华日报》2018 年 12 月 4 日，第 15 版。

第二，风险法治传播应当注重推介系统化法治思维。

不同于传统风险的局部性，未来社会风险呈现多发、快速蔓延特征。为提高风险社会的法治应对能力，应当科学传播应急法治常识和应急法治意识，这既是应急法治发展的必要社会基础，也是多元化应急管理模式的必然要求。[①] 系统化法治思维是对应急管理多重最低限度法治思维的整体化认知，[②] 为发挥应急法治化的风险治理经验提供必要法治意识支持。

具体来讲，适应风险法治传播的系统化法治思维，应当侧重于激发法治思维的理性潜力，促进在风险应对中合理定位国家行为、政府行为的科学边界，科学引导风险应对的基本社会良知，合理平衡风险处置中的权力制约和权利保护，进而为采取系统化风险防控措施提供必要的社会认知基础。在实质上，风险法治传播通过合理引导社会公众的风险法治预期，营造必要的风险防控法治环境。

第三，共享法治传播需要倡导自由公平的合规竞争法治氛围。

共建共治共享是对三十余年我国建设路径的经验总结和提升，[③] 共享经济的核心是自由公平地竞争，[④] 为共享经济发展提供必

---

① 马怀德、汤磊：《总体国家安全观视角下的公共应急管理法治化》，《社会治理》2015 年第 3 期，第 34 页。

② 韩春晖：《应急管理的法治建构——遵循“理论—原则—思维”的研究脉络》，《四川行政学院学报》2015 年第 2 期，第 39 页。

③ 马长山：《法治中国建设的“共建共享”路径与策略》，《中国法学》2016 年第 6 期，第 5 页。

④ 陈兵：《共享经济需在法治轨道上运行》，《人民论坛》2017 年第 34 期，第 83 页。

要法治助力集中体现在未来法治及时跟进方面。在共享立法、执法等存在滞后的情况下，共享法治传播成为引导共享经济由野蛮生长向规范化转型的重要法治路径。共享法治传播既包括自由公平的法治理念传播，也包括强化合规竞争的法治约束要求。

具体来讲，共享法治传播应当在社会公权力和公民私权利的有效平衡之间，阐释数字经济条件下自由的法治空间与公平的外在诉求，从法治缺失和社会公权力失控角度凝聚权利保护共识，促进共享法治在法治共识基础上不断发展完善。从一定程度上讲，共享法治传播具有启迪共享立法、执法等法治建设的重要法治新动能优势。

（二）未来法治个人的法治传播预期

传统法治建设探究集中于法治国家、法治政府和法治社会等宏观法治问题，对于法治个人的微观法治缺乏必要关注。致力于治理体系和治理能力现代化需要，应当兼顾权力控制和权利激励的双重维度，在政府治理和社会治理之余对法治个人的法治预期合理引导。这既是新时代形式法治基础上深化实质法治价值的客观要求，也是以法治创新视角丰富新时代法治理念的重要体现。结合当前我国经济社会发展情况，引导未来法治个人的法治传播应当从个人实现的心理需求、行为可行性等角度进行必要完善。

具体来讲，需要以自我实现的心理需要作为未来法治传播预期的重要内在支撑，以个人实现的行为可行性作为未来法治传播预期的重要外在支持。在我国发展现阶段，实现以法治方式助推高质量发展，宏观方面在于营造法治化营商环境，以法治方式提高政府权力运行效率和效益；微观方面在于以法治方式激发企业家的创新创业精神，发挥创新法治的法治新动能优势。

一方面，在多年法治政府建设基础上营造法治化营商环境，应当从理性引导权力行使者角度克服形式法治的缺陷，主要表现为以法治化方式激励广大领导干部担当作为，以干事创业作为权力行使者自我实现的法治目标。行政行为必要的自由裁量空间提供了约束法治与激励法治并行的可能性。根据马斯洛需求层次理论，自我实现需要是最高层次需求，自我实现的需求能够有效激发个体潜力，促进个人的能力发挥到最大限度，行为自觉性程度获得极大提高，有利于达成行为规制的法治化目标。广大领导干部在基本生活需求和社会需求得到满足之后，自我实现心理需要应当适时得到理性指引。适应新时代权力有效规制需要的法治传播，应当将担当作为的干事创业诠释为新时代权力行使者的价值目标，从而为法治化营商环境建设提供实质法治支持。

另一方面，合理引导法治社会释放高质量法治潜能，需要关注企业家的法治能力和法治素养。市场经济是法治经济，适应新时代市场需要的实质化法治需要在企业法治之余，格外注重企业家法治精神培育问题。强化引导企业家法治预期，既是引导新时代“亲”“清”政商关系发展的重要基础，也是企业实现可持续发展的重要内在要求。[①] 不同于法治政府建设遵循的“法无规定不可为”，法治社会建设尤其是市场经济发展遵守的法治原理是“法无

① 李红军、钟涵怡：《培育企业家法治精神　助推企业可持续发展》，《企业家日报》2017 年 7 月 31 日，第 3 版。

禁止皆可为”。法治政府和法治社会不同的法治运行原理，揭示了发展创新的根本动力来源在于社会，市场经济的竞争环境为创新发展提供了必要法治环境。与创新法治相匹配的经济法治角色定位，无疑应当是引领市场经济发展的企业家精神。新时代企业家精神核心在于创新，以法治创新为企业家创新创业营造优质环境，成为新时代高质量法治的重要外在实质法治要求，以创新法治理念培育企业家法治素养，成为新时代高质量法治的重要内在实质法治支撑。

三、一体化法治建设视角下法治传播的建构力

在法治国家、法治政府和法治社会一体化建设的新时代法治背景下，法治传播成为联通一体化建设的重要法治渠道，应当从新动能角度强化其建构力。这既是提高新时代一体化法治建设综合效益的科学方式，也是强化法治新动能的重要法治传播方式。一体化建设视角下法治传播构建力，涉及法治国家发展方向、法治政府建设力度和法治社会建设内容等重要方面。综合发挥法治传播构建力新动能，制度强国的法治规划、行政自制的控权实效和社会法治创新的法治启蒙作用成为关键着力点。

第一，在法治国家发展方向上，应当以法治传播助推制度强国建设。

法治不仅是一种宣传，更是一种正义、科学、文明的选择，是一种强国之略。[1]经济强国、科技强国发展到一定阶段，均需要制度强国的必要支撑。实现制度强国目标需要科学制定国家法治

① 胡建淼:《走向法治强国》,《国家行政学院学报》2012 年第 1 期，第 54 页。

规划。为发挥国家法治的整体推进优势，应当从法治国家角度整合法治政府规划和法治社会发展规划，其中法治沟通或交流成为重要连结点和突破点。目前普法规划中，在时间方面与国家经济社会发展规划呈现一定的同步性，在内容方面仅仅将“谁执法谁普法”纳入法治政府建设。从国家法治规划角度讲，法治沟通或法治传播的整体安排存在缺陷。

发挥法治传播对制度强国的助推作用，首先应当确认法治沟通的法治国家建设价值。从大国走向强国的路径中，存在多种现实选择方案。制度强国以其突出问题意识为导向，运用刚性规制的有力措施，能够收到立竿见影的规制效果。增加制度强国的刚性优势可持续性，应当充分挖掘柔性法治合理成分，其中法治沟通成为首选。法治交流或沟通避免了制度刚性的自上而下强制色彩，以多重理性汇集的科学形式，弥补了自下而上法治路径的缺失。在法治沟通与制度适用相结合的过程中，制度强国的理念通过法治强国实践得以实现，大国的法治诠释力和指引力优势得到集中展现。

以法治传播助推制度强国、法治强国，关键在于将宏观的大国建设与微观的制度运行进行有效对接，发挥法治传播对权力制约和权利保护的法治新动能。法律秩序是法治的直接目的，法治通过保障公民权利、约束公权力，为平等竞争、经济发展提供秩序保证和动力支持，激活了整个社会的创造力和活力。[①]归根结底，

---

① 丁国强：《法治强国的使命与愿景》，《中国纪检监察报》2017年1月20日，第7版。

实践理性的第一原则是善意，[①]法治作为体现凝聚人心、彰显整体治理理性的活动，为国家建设构建提供了善治的合理路径。法治沟通作为生动传递法治善意的科学形式，为制度强国和法治强国建设提供了重要方式。

第二，在法治政府建设力度方面，应当以法治传播强化行政自制功能。

我国普法或法治沟通采取党政主导模式，决定了法治政府建设成为法治普及的重要法治样板，“谁执法谁普法”普法路径以互动沟通形式进一步增强了执法者的权力自律意识。由法治普及向法治传播或法治沟通转型，实质上是法治信息流动由传统行政管理模式向现代治理模式转换，治理理念揭示了行政自制的动力来源。[②]法治传播作为政府治理的重要法治形式，对强化行政自制功能具有重要法治潜力。

法治传播以沟通行政他制的方式强化了行政自制动力。中国政府治理包括自治和共治两个维度。[③]行政他制在政府治理中采取了共治的科学形式。实现共治的前提是行政主体和行政相对人的合理主体定位、明确权责划分，实现共治目的的法治过程离不开有效的法治沟通和交流。不同于传统行政管理思路，实现共治的法治沟通和交流，不宜采用强制命令的法治沟通形式，多方充分

① ［美］杰曼·格里塞茨：《实践理性的第一原则》，吴彦译，商务印书馆2015年版，第36页。

② 崔卓兰、丁伟峰：《治理理念与行政自制》，《社会科学战线》2016年第3期，第222页。

③ 石佑启、杨治坤：《中国政府治理的法治路径》，《社会科学文摘》2018年第7期，第25页。

协商成为确保共治效果的关键。法治沟通的法治价值定位和法治流程完善成为实现共治的重要法治要求。同时，致力于实现现代化政府治理体系和治理能力，共治效果需要必要的行政自制作为内在支撑，行政权力缺乏必要自我克制，政府治理的共治效果无法达成。新时代党内法规的法治传播成为行政自制的重要法治内容，为强化行政他制向行政自制的法治化转化提供了必要的法治路径。

另外，在政府治理的自治方面，法治传播的作用同样不可或缺，尤其在新时代党政机构改革后行政组织法治化、党政行为法治化等问题成为行政法治变革的重大问题。在行政法治理论落后于行政法治实践的情况下，制度层面的滞后性，需要法治理念传播及时补足，比如新时代加强干部法治教育的必要性凸显。干部法治教育属于系统内法治传播的重点，在权力规制制度滞后的情况下，系统内法治传播从权力行使者的角度有效加大了政府实质法治化力度。确切地说，法治传播从权力行使者的角度加大了行政自制力度，是通过多种形式有效补强新时代政府治理的自治能力。

第三，在法治社会建设内容方面，应当以法治传播提高法治社会创新能力。

社会转型变革对社会治理能力提出了新的重大课题，面对开放治理、互动治理的社会需求，立足加大基层源头治理力度，需要切实提高新时代社会治理创新能力。共建共治共享的社会治理格局，需要自治、法治和德治等科学方式实现综合治理效果，其中法治是实现社会治理效果的关键形式。法治传播具有培育社会自治法治理念、诠释道德规制权力内涵的社会治理创新价值，彰显了新时代法治传播的法治社会创新能力。

以法治传播培育新时代法治理念，关键在于改变传统上“送法下乡”的法治意识外部灌输弊端，通过促进“还法于民”的法治实践发挥新时代法治传播的法治启蒙作用。这既是有效解决基层法律实施问题的重要环节，也是从实质法治角度提高公民法治素养的重要方式。基层是社会治理的重头戏，法律实施和法治素养两个层面的有效突破成为新时代社会治理创新的重要内容。具体来讲，通过法治传播为公民指明社会自治的法治方向，为公民参与社会治理实践提供必要法治指引。通过激励社会规范的自发形成、自觉形成的法治过程，为公民从实践维度接受法治理念、从自我认知角度接受法治精神提供了法治启蒙助益。新时代法治传播通过提高科学自治能力，打通了法治和自治的社会治理通道，提高了社会治理的法治社会创新能力。

以法治传播诠释新时代道德规制的权力内涵。社会治理事务千头万绪，需要综合运用多种治理方式，道德的规范和调控作用不容忽视。一般认为道德规制主要通过宣传教育激活内在自律机制从而发生规制效果。其实，在治理实践中，道德规制还具有一定的权力内涵，主要表现为社会治理效果与基层组织负责人个人素质具有重要内在联系。基层党支部书记或部门负责人的行事风格、办事作风等通过行政行为直接向社会进行生动法治传导。法治建设新时期，办事公道是基层领导干部公德的集中体现。基层领导干部的道德水准对基层政府治理、社会治理具有重要影响，道德规制的权力内涵在治理实践中得以展现。新时代加大对农民普法力度，应当发挥领导干部道德规制的法治传播效力，这是实质法治视角下法治社会治理创新能力提升的重要内容。

第四节 新时代全民普法的新动能认识

摘要：实现新时代全民普法的良法善治目的，需要进行必要全民法治普及变革，涉及主体维度、认同维度和行为维度等多层面内容。新动能作为新时代创新发展的代名词，对新时代全民普法提供了重要法治启示。新时代全民普法应当成为推进立法、执法和司法领域人民法治创新发展的重要切入点，全面法治价值和全面法治功能认同成为全民普法认同维度新动能的重要内容，普法思维、普法评估和普法规划的转型发展成为全民普法行为维度新动能的重要法治要求。

在法治建设新十六字方针的全民守法基础上，党的十九大报告提出了全民普法的法治要求。从法治传播角度讲，全民普法在主体维度、认同维度、行为维度等均较全民守法有了大幅提升。如何在新时代法治建设中激发全民普法多重维度新动能，是新时代增强普法实效的重要法治传播创新要求。

一、新时代全民普法的主体维度新动能

全民由守法主体上升为普法主体，增加了全民的法治建设主体能动性。随着普法融入立法、执法、司法等法治活动，法治建设中的全民角色逐渐凸显。以普法路径将全民视角引入新时代法

治建设，既是在法治国家、法治政府建设中有效引入法治社会视角，也是注重沟通的主体间性的法治价值体现。发挥新时代普法的法治主体间性优势，将全民视角和人民立场在法治体系中进行全面法治传导，是实现新时代全民普法的重要法治要求。换言之，新时代普法不是孤立的，是法治体系下有机法治联系中的普法，普法不应当仅仅是作为法治体系运作结果的副产品，而是融入法治体系运作始终的法治沟通交流行为。这既是全民视角下法治国家、法治政府和法治社会一体建设的客观要求，也是全面依法治国条件下全民普法的主体维度新动能的法治体现。以全面法治理念动态诠释人民法治立场，应当从立法、执法、司法等多领域分析全民普法的主体维度新动能。

第一，立法中的普法新动能。

融入立法过程的普法行为，促进将有效普法对象从纠纷当事人扩大到利益相关者。顺应从全民守法到全民普法的科学发展，融入立法过程的普法行为，成为提高立法民主化、克服部门立法弊端的重要法治形式。尤其在地方立法权扩大后，实践中逐步形成了对政府部门起草的依赖路径，[①]强化普法的立法公开作用尤为重要。虽然在《立法法》修订中考虑了立法公开的相关内容，但是立法过程的广泛参与程度仍然有限。在既定立法制度条件下，普法成为提高立法公开程度的重要法治途径。党政主导的中国特色普法模式，具有融入立法的独特优势。通过多层面法治沟通的主体间性，新时代立法中普法将政治意义上的人民政治立场转化

① 邹卫中、苏建国：《地方立法的政府部门路径依赖及其规范化》，《广东行政学院学报》2018 年第 3 期，第 61 页。

为法治意义上的人民法治立场，促进以全民法治视角妥善应对全面法治问题。这种普法新动能既有利于克服立法过程间接民主的法治信息传导弊端，也有利于发挥普法的直接民主法治效能。从实质上讲，从全民守法到全民普法的法治主体能动性提升，适应了立法权扩大的法治发展形势需要，促进以全民法治立场诠释立法权规制问题，以社会法治舆论引导立法过程中部门利益、地方利益等利益集团的行动力和指向性。

第二，执法中的普法新动能。

“谁执法谁普法”普法责任制推行促进普法和执法有效结合，行政执法三项制度成为执法中普法新动能的重要着力点。行政执法三项制度的普法宣传不应当仅仅是引导社会预期、营造社会氛围的法治形式，更是传递新时代精细化法治监督的重要渠道。由于我国没有行政程序顶层设计，为避免行政执法不规范损害政府形象和公信力，提高行政执法重要环节法治化程度势在必行。行政执法三项制度通过兼顾行政执法程序和结果的法治化，展现了新时代行政自制的最新制度成果。行政自制是行政执法三项制度和“谁执法谁普法”的理论交汇点，此外“谁执法谁普法”具有更为丰富的行政他制作用。新时代执法中普法新动能作用，表现为通过普法丰富行政执法关键环节的监督主体，以行政过程视角有效强化行政程序法治，从而激发行政执法三项制度的行政自制和行政他制法治潜能。从实质上讲，从全民守法到全民普法的普法主体扩张，在于以人民法治立场提高新时代法治政府建设中相关法治主体的话语权，以全民法治角度增进行政程序实质法治化，通过行政执法三项制度精细化法治普及弥补行政程序缺失的弊端。

第三，司法中的普法新动能。

司法以公正为基本价值取向，以社会公信力为运行基础。普法融入司法是强化司法社会公信力的重要法治渠道，为新时代创新发展提供必要社会支持。适应新时代创新发展需要，应当从全方位新角度解读司法公正。具体来讲，全面法治背景下的司法公正，应当是兼顾多重社会主义核心价值的公正。但目前优化营商环境的能动司法主要体现在便民高效的司法效率方面，对于司法公正缺乏有效关注，这根源于从涉诉涉法当事者的角度推进的司法改进路径。从社会治理角度讲，不同于行政侧重于效率价值，司法主要的价值取向应当是公正，司法过程中法治传播实现全民化，应当是在承认效率价值的基础上凸显司法公正。新时代司法中的普法新动能，应当提高司法能动性基础上的公正价值认同，因为实现全民法治传播目的的前提在于全民认同法治。倡导兼顾效率的公正，是从社会主义核心价值观全方位角度增进对新时代法治的科学认识，从而实现全民法治认同基础上的全民普法效果。全民普法的人民法治立场，为新时代能动司法提供了公正价值的根本认同基础。

从立法、执法和司法等法治体系建设角度，分析新时代全民普法的主体维度丰富价值，为防止多种不当法治趋势提供了重要法治价值指引。归根结底，面对立法权、执法权、司法权等公权力，公民个体处于相对弱势地位，人民法治提供了法治层面的群体概念，其以政治正确性弥补了法治程序运行的缺陷。全民普法的新动能，将政治正确性转化为多种法治程序中的法治立场支持，促使全民不仅仅是守法的主体，更是法治建设的积极参与者与推动者，实现新时代政法理念指导下的实质法治科学目的。

二、新时代全民普法的认同维度新动能

由全民守法的法治状态到全民普法的法治行为，既是立法、执法和司法多维度法治普及的强化体现，也是全民法治认同深化的切实反映。全面法治化是法治传播全民化的重要法治条件，其中法治认同全面化成为全民法治普及新动能的重要内容。激发法治认同维度新动能，是从创新发展角度发挥全面法治的法治传播潜能，通过展现全面法治可行性和效益性，增进全面法治价值和功能认同。

第一，全面法治价值认同——兼顾过程与结果、合法与合理的全面法治可行性。

不同于法制普及的制度宣教，法治普及的动态特征需要在制度文本认同基础上丰富制度运行的认同。制度运行状态是一个兼顾过程与结果、合法与合理等多层面法治价值的法治运行体现，需要全面法治价值认同。一方面，党内法治在权力合法基础上，完善了权力合理内容。另一方面，程序法治不断完善，在程序法治基础上完善了过程法治和结果法治内容。将权力运行情况和权力行使者均纳入法治视野，对法治过程和法治结果、权力合法和权力合理等进行必要法治考量，提供了对形式法治和实质法治的全面法治价值认同基础。从实质上讲，兼顾形式法治和实质法治的法治普及形式，是通过提高全面法治现实可行性来实现全面法治普及的良好目的。

一方面，广度层面的全面法治可行性。传统法治运行以法律关系调整为基本内容，法律关系片段化处理对于纠纷彻底解决存在一定的局限。与微观法治传播不同，全民普法采纳宏观法治传

播视角，从法律过程和法律结果的双重层面科学审视全面法治运行，促进纠纷得到有效解决和预防。从法治认同角度讲，这是在制度文本认同的理性认同基础上，采纳了可行性的现实维度进行法治普及，通过兼顾过程和结果全方位法治宽广视角提高法治运行现实认可度。

发挥全民普法在广度层面的新动能，需要破除制度普及的孤立性、减少程序法治普及的形式化。新时代法治价值认同新动能，在于激活全民普法的全局法治观，深刻认识法律问题背后的社会问题，以有效破解社会问题的宽广视角促进相关法律问题有效解决，以有效的全面法治实践丰富法治认可的现实基础，从而全面增强新时代法治信服力和吸引力。

另一方面，深度层面的全面法治可行性。传统法治运行以国家制定法为主，对于其他制度形式较为忽视。这对于法未禁止皆可为的权利保护尚可，但对于法无规定不可为的权力规制存在较为明显的缺陷。其中重要原因是，权力行使者的现实因素没有得到切实关注。新时代全面从严治党条件下，权力行使者在国家法律和党内法规的双重约束下，增强了权力运行的规范化程度，权力运行的法治氛围逐渐浓厚。从人和事的双重维度强化权力规制，是以全面法治深度增强权利保护的现实可行性。

发挥全民普法在深度层面的新动能，需要增加法治理念普及的深度，借助新时代合宪性审查的法治契机，从宪法理念角度深化对新时代法治理念的科学认识。将权力规制和权利保护作为法治运行的核心理念进行全民法治传播，促进在权力与权利的有效制衡下增强法治的现实可行性，实现全民普法的法治价值认同功能和作用。

第二，全面法治功能认同——兼顾惩戒法治与激励法治的全面法治效益性。

全面法治可行性为全面法治价值认同提供了客观依据，将全面法治价值认同付诸实施需要在可行性基础上丰富法治效益性，全面法治功能认同与全面法治效益有着重要内在联系。传统观念中法治与惩戒、管制等几乎属于同一类型，从新时代法治创新发展角度讲，这种观点不免受限。新时代法治功能不仅在于限制，也在于为社会主体、市场主体等提供制度化激励，法治功能全面化是新时代制度创新的应有之义。实现惩戒法治和激励法治有效对接，成为新时代全民普法的法治功能新动能重要内容。

一方面，从高质量发展角度明确惩戒法治的具体内容，提高全民普法的经济效益。新时代经济高质量发展，需要必要的高质量法治作为保障，经济发展新动能与法治发展新动能密切相关。综合提高全面法治功能，应当兼顾权利法治和权力法治内容，明确经济创新发展的相应权力规制内容，实现激励法治和惩戒法治相互促进。这是采纳新时代全民法治视角的必然反应，与全民视角相适应的激励法治和惩戒法治对象不再限于纠纷当事人，与全民视角相适应的激励法治和惩戒法治内容不再是简单制度层面问题，而是关乎相关领域法治全局的体制机制问题。

在这种情况下，全民法治传播不再限于政法意义的理念层面，而是从体制机制现实运行的经济效益入手。通过打通市场发展和政府行为的法治沟通渠道，将法治普及提高到社会经济发展层面进行认识，为新时代高质量法治发展提供必要契机。也就是说，新时代全民普法不应当将经济发展与惩戒法治割裂开来，经济高质量发展与惩戒法治深入推进的内在联系，为探究新时代全民普法提高经济效益的作用提供了重要依据。

另一方面，从全面从严治党角度明确激励法治的具体形式，提高全民普法的社会效益。科学审视新时代全面从严治党和全面依法治国的内在关系，不应当忽视两者良性互动层面问题。[①]新时代国家治理的多种法治方式和路径为全面从严治党提供了必要法治思路。其中法治普及教育是国家治理和从严治党的重要法治交集。将政府治理、社会治理等多层面法治需要与从严治党的科学形式进行必要匹配，这是新时代提高全民普法的社会效益的客观要求。实现多种治理的激励法治形式成为全民普法视角下全面从严治党的重要补充形式。

在这种情况下，全民法治传播不再仅仅是宽泛意义上的说教，更是从人的职业发展需要角度激发权力行使者的法治能动性的重要法治形式。通过将激励法治引入公职人员管理，将社会发展需要与权力科学合理运用有效整合，发挥系统内法治普及对全民法治建设的积极法治作用。确切地讲，这是以法治传播路径激励公职人员干事作为，通过合理发挥系统内外法治传播的法治功能，实现提高全民普法社会效益的良好目的。

三、新时代全民普法的行为维度新动能

全民普法主体维度和认同维度新动能，为激发普法行为维度新动能提供了必要的主体条件和认识基础，促使新时代普法行为以全民法治为线索，向多层面普法行为进行有效拓展，其中普法

---

① 蒋德海：《建构从严治党与依法治国良性互动的政治生态》，《探索与争鸣》2016年第12期，第17页。

思维、普法评估和普法规划成为新时代全民普法行为维度的新动能重要内容。结合新时代全面依法治国的法治需要，应当以全面法治思路更新普法思维，提高普法评估和普法规划的科学程度，从普法体系角度增强新时代全民普法新动能。

第一，普法思维新动能：法律思维—法治思维—法理思维。

伴随着我国经济体制改革和政治体制改革的深入推进，普法思维应当进行适时转换。普法活动从法治实践副产品地位到逐步融入法治实践全流程，展现了其从基础法律知识普及到法治运用普及的重要转变。与其相适应，普法定位也从单纯的宣传教育行为转变为法治领域沟通行为。在治理体系和治理能力现代化的条件下，激发普法价值和普法功能的新动能，需要重新定位普法行为，首先需要厘清普法思维的内在转变需求。

不同于世界上其他代表性国家，我国普法采取党政主导的司法行政行为模式。在计划经济条件下，普及法律知识侧重于预防和化解纠纷，普法的法律思维较为明显。随着市场经济不断健全发展，法治适用中权力规制和权利保护的法治主题日趋明确，公职人员成为法治普及的重点人群，普法的法治思维逐渐深入人心。伴随“谁执法谁普法”普法责任制的推进，普法兼顾政府治理和社会治理的治理潜能得到极大发挥。普法的法理思维，以良法善治的法治预期适应了现代化治理需要。

具体来讲，发挥新时代普法思维新动能，需要加速法律思维、法治思维到法理思维的转型升级，将普法不仅定位为司法行政工作，更要发挥其法治政府推进法治建设的法治沟通潜力，在此基础上实现其新时代政法理念普及的法理思维价值。法理思维启迪着普法主体和普法对象，在制度规定和运行现状的基础上理性思考国家治理、政府治理和社会治理的法治发展问题，从而实现新时代全民普法的全面法治建设价值。

第二，普法评估新动能：指导标准—绩效指标—法治督察。

根据普法文件和普法工作实际情况，普法评估存在多种形式。从普法理论角度讲，普法评估大致经历了指导标准、绩效指标和法治督察等多个阶段，展现了普法评估由政策指导、理论设计到法治跟进的发展历程。[①] 从实质上讲，这既是普法行为规制思路的逐步深化，也是我国法治体系建设不断完善在法治传播领域的集中体现。探究普法评估新动能，需要将政策指导、理论设计和法治跟进的优势进行整合，实现全面法治理念指导下多种普法评估新动能协调发展。

其一，兼顾政策指导和法治跟进的普法评估。历来我国普法纳入经济社会发展规划进行组织部署，其法治社会建设意义更为突出。近来以法治政府建设督察方式进行普法评估推进，彰显了新时代全民普法的法治政府建设价值。新时代现代化国家治理理念，为兼顾政府治理和社会治理提供了必要法治思路，拓展了新时代普法评估的法治思路。

其二，兼顾绩效评估和法治跟进的普法评估。新时代普法评估既需要明确治理思路，也需要有治理方式，绩效评估成为普法治理的重要法治路径。兼顾绩效评估和法治跟进，从理论层面讲，是政府公共管理理念与依法行政理念的有机结合，从而有效兼顾普法评估的现实可操作性和合理性。

---

① 莫桑梓：《普法教育绩效测评指标体系的构建》，《法制与社会发展》2018年第6期，第210页。

其三，兼顾政策指导和绩效评估的普法评估。新时代普法评估既需要有宏观指导，也需要有微观指引，新时代大数据、人工智能等技术条件促进了宏观指导和微观指引的有效整合。以技术理性支持法经济思路的合理性，既是普法评估贴近现实的客观需要，也是普法评估事项法治化规范化的重要支持。

第三，普法规划新动能：纳入经济社会发展规划—纳入法治政府建设规划。

根据普法实践情况，我国普法历来与国家经济社会发展规划保持同步化。近年来普法工作逐步纳入法治政府建设视野，在2020年法治政府基本建成规划下，新时代普法规划新动能在于发挥普法规划社会治理价值基础上的法治政府治理价值。结合新时代法治政府建设督察的现实要求，普法规划应当在以下方面激发普法新动能。

其一，以全民法治舆论力量形成自下而上的普法规划新路径。无论是经济社会发展规划还是法治政府建设规划，均采取自上而下的发展模式。融入其中的普法规划具有法社会视角的独特优势，应当成为引入自下而上完善路径的重要突破点。具体来讲，全民普法的法治舆论力量是促成自下而上普法规划路径的重要法治力量，新时代全民的政法地位为此种自下而上普法规划推进提供了必要政法保障。

其二，以全民法治传播形式增强普法规划的形式法治融入性。无论是指导标准、绩效指标还是法治督察，普法规划的落实需要全民有效法治支持。全民法治传播将普法规划的政治性、技术性和法治性融于一体，为国家经济社会发展规划、法治政府建设规划提供必要法治支持。从实质上讲，克服普法两张皮现象，应当从增强普法规划在国家经济社会和法治发展规划中的话语权入手，这是切实提高全民普法实效的基础保障。

其三，以全民法治沟通内容强化普法规划的实质法治引导性。新时代全民普法新动能在于强化普法的法治沟通特质，普法规划的新路径和融入性在很大程度上取决于法治沟通的实质法治引导效应。新时代法治政府督察推进方式是权力自制的新方式，其体现了新时代中国特色实质法治实现路径，全民法治沟通以直接的人民法治形式利于有效强化权力自制效果，从而发挥新时代全民普法的实质法治引导功能。

第五节 | 大数据思维下普法新动能研究

摘要：不同于传统普法的路径和方式，大数据思维对新时代普法内容、价值和功能产生了重大影响。普法内容方面，在大数据思维启发下，普法内容由传播法治思维逐步向传播良法善治思维拓展。普法价值方面，在大数据思维作用下，普法的法治启蒙价值得以深化。普法功能方面，借助大数据思维形式，法治体系的法治沟通维度呈现立体化发展。大数据思维下普法内容、价值和功能的整体提升，激发了新时代普法转型发展的新动能。

探究新时代普法新动能既需要关注政治维度、经济维度、文化维度的最新变化，也需要对技术变革引发的思维方式变化进行深入探究。在新时代制度建设与思想建设协同推进的过程中，为科学协调人与制度的关系，挖掘大数据思维的普法新动能对于中国特色法治体系建设具有重要法治意义。云计算、人工智能等以大数据为基础，大数据思维成为新时代技术思维的典型形式。以大数据思维激活良法善治思维的普法价值，以大数据思维丰富法治启蒙功能，以大数据思维深化法治传播现实根据，成为大数据思维下普法新动能重要内容。

一、普法内容：法治思维＋大数据思维＝良法善治思维

随着法律制度普及向法治体系普及转化升级，实质普法内容由法律思维逐步向法治思维转化。新时代宪法理念兼顾权力制约和权利保护两个方面。法治思维在"法无授权不可为"、"法定职责必须为"等权力制约领域具有突出法治意义，但是在"法无禁止皆可为"的法治发展与法治创新方面乏善可陈。致力于治理体系和治理能力现代化发展，与时俱进丰富新时代普法内容，需要实现法治思维到良法善治思维的转型升级，以法治思路提高普法的治理效果。

大数据思维对提高法治思维的治理效果具有有益启示。新时代发挥普法的治理作用，应当以大数据思维深化对法律事实、法治运用等的法治认识。在法治思维普及基础上，将权力约束的法治政府效益，转化为权利保护的法治社会运行效益，从而实现良法善治思维的有效传播，深化自上而下与自下而上治理内容的全面法治认识。

第一，大数据思维丰富了法治思维的认知维度，强化了良法善治的认知基础，扩大了普法内容的范围。

传统法律思维中法律事实认定具有切片化处理特点，法律关

系是指引法律事实认知范围的重要线索。法治思维在法律思维基础上，对于法治事实认定更加突出权力规制内容，有利于克服传统法律关系中存在的事实上不平等问题。但是个案法律事实认定的法治传播价值有限，以大数据思维激发普法新动能，需要将个案的法治价值进行拓展传播，大数据信息来源广泛、客观说服力强的特点，为普法内容变革提供了新契机。法治大数据通过展示法治各领域客观运行状况，为立法、执法、司法等提供了充分的客观事实支持，有利于缩小案件法律事实认定幅度与客观发展趋势之间的差异，通过普法融入立法、执法、司法的渠道，科学提高新时代法治传播的认同效果。

以大数据思维指引新时代普法发展，是在原有法治思维基础上，以大数据思维形式丰富了法治说理的客观基础。大数据收集、利用、分析等过程展示了法治政府探知客观真实法治社会情况的过程，大数据思维运用需要具备权力规制和权利保护等多重法治支持。以大数据思维开展普法，在权力规制和权利保护维度增添了普法新动能。一方面，大数据有效运用，需要对数据所有权、使用权、管理权等进行明确界定。提高法治政府大数据手段科学性，提出了数据控权的具体法治内容，丰富了法治思维下普法具体内容。另一方面，大数据内容广泛性、客观性，在传统自上而下视角之余有效丰富了自下而上维度，通过揭示真实法治社会运行状况，加速法治一体化建设进程。相应地，大数据思维下普法发展，将在国家法之外促进社会法内容普及，大数据技术与立法、执法、司法等有效融合，加速了国家法与社会法的有效融合，吸收善治因素的良法成为新时代普法的重要内容，在法治思维传播基础上促进了良法善治思维普及。

第二，大数据思维丰富了法治思维的行为维度，强化了良法善治的行为动力，加强了普法内容的深度。

法治大数据是社会大数据的重要组成部分，大数据思维将法治运行状况置于社会大背景下，通过展示法治行为的真实社会背景，有效揭示了法治行为的社会动因等内容。这有利于克服传统法治思维的形式思维缺陷，将实质法治思维有效融入法治运行。大数据以其客观性为实质法治发展提供了客观依据，避免缺乏客观依据主观解读实质法治的偏颇，更有利于以其客观性增强对抗权力不良干预的说理性，实现对人民法治立场的客观有利支撑。在平衡权力制约和权利保护的过程中，大数据思维通过增强行为可行性的科学方式，有力地强化了良法善治的行为动力。

大数据思维通过营造广大人民群众在场的舆论场景，以其实质法治内容有效加大了普法内容的深度，顺应了良法善治的实践理性要求，奠定了实质法治运用的社会基础。通过善治效果角度增强良法的说服力，展现良法善治的现实性和可行性，提高加大全民普法力度的法治效益。从法治理论角度讲，这是在传统行政法治传播内容之余，增加了社会法治传播内容。社会法治展现了不同于国家法治、政府法治运行规律的实质法治特征，促进以法治行为实现法治宣传教育目的，从行为动力角度提高现实法治吸引力和说服力。从法治行为主体的角度讲，大数据思维通过强化普法对象的主体性，避免传统普法单纯外部灌输弊端，强化了法治行为的心理机制建设，在提高法治行为的自觉性基础上增进普法实效。这是在增进法治传播认知基础上增加了法治传播认同的情感，在扩大法治普及范围基础上加大了法治普及的深度，促进普法内容多维度立体化发展。

通过丰富法治思维的行为维度和认知维度内容，大数据思维丰富了新时代法治传播的权力规制与权利保护内容，将社会治理维度合理纳入新时代普法内容。确切地讲，良法善治思维指导下的新时代普法，不再仅仅将社会视为普法对象，而是将法治社会现实情况和实践理性作为法治说理的重要依据，通过增强法治行为的现实性和可行性，提高新时代普法对象的主体存在感，从而发挥了良法善治思维的普法新动能优势。

二、普法价值：潜规则 + 大数据思维 = 法治启蒙加速版

大数据思维不仅对普法内容具有重要变革作用，对于革新普法价值同样具有重要意义。传统普法因形式化、运动化常被人诟病，开展普法的必要性受到质疑。固然普法在理论层面存在一些悖论，但潜规则大行其道才是法律规则的吸引力降低，从而导致产生普法无用观点的现实层面原因。潜规则盛行的前提是其具有一定范围的认同度，大数据思维下普法提供了公开展现潜规则的渠道，从而激发了公共利益视角的潜规则质疑潜力，在社会认同发生广泛转变的情况下，大数据思维具有加速法治启蒙价值实现的作用。

具体来讲，潜规则与法律规则的重要区别在于是否能够公开，是否经得起正当性的检验，是否经得起公义阳光的晾晒。[①] 大数据运用提供了公开潜规则的重要技术渠道，这既为有针对性整治

---

① 邓少岭：《“潜规则”的法理分析和法治应对》，《上海法治报》2017 年 8 月 2 日，第 B05 版。

潜规则提供了有利契机，也为提高立法、执法、司法等法治运行质量提供了客观视角。通过剖析潜规则盛行的社会原因，以法治思路破解呈现的突出社会问题，为切实提高立法质量、执法收益和司法公信力提供了有力帮助。深言之，大数据思维下普法发展，是深入破解制约普法实效问题的科学普法。通过强化立法、执法、司法等多领域法治实践问题意识，切实提高了立法、执法、司法等全法治领域普法效果，发挥了大数据思维的加速法治启蒙价值。

第一，以大数据思维阐释政治潜规则内容，发挥新时代公仆形象的法治启蒙价值。

在已有认识基础上，大数据能够为权大还是法大的争论提供客观支持。通过展示权力相关关系，能够理性刻画新时代公仆的真实形象，为强化党内法治提供了重要突破口。党内法规普及是新时代法治普及的重要内容。不同于国家法律的公开特征，党内法规的公开程度有限，这在一定程度上制约了权力外部监督机制运行，为政治潜规则留下空间。

大数据思维为营造风清气正的政治生态提供了必要思维支持。政治规则以采取自上而下的治理方式见长，这与法治思维的因果关系推理特点具有内在契合性。但政治思维以大局意识、战略眼光为突出特点，单纯因果关系思维略显单薄，大数据思维的相关关系模式能够弥补这方面缺陷。大数据思维将政治人置于相互联系的背景下，促使在相关关系中解读政治生态的法治诉求，形成塑造新时代公仆形象的法治思路，为发挥新时代公仆形象的法治启蒙作用提供认同基础。大数据思维下普法新动能在于，将相关关系的法治诉求转换为因果关系的法治传播模式，从而实现传统因果关系和现代相关关系中的权力制约理念的必要整合。因果关系和相关关系的权力制约理念叠加，促进政治生态中权力制约理念呈现立体化发展，从而实现以法治普及路径树立新时代公仆形象的法治目的，有效激发新时代公仆形象的法治启蒙价值。

第二，以大数据思维阐释经济潜规则内容，发挥新时代企业家精神的法治启蒙价值。

在经济领域集中表现为以个体利益、群体利益侵蚀公共利益的潜规则，其多与公权力存在千丝万缕的联系。大数据思维将经济竞争原则和非竞争形式的结果直接展示，以多种经济效益视角揭示经济竞争原则的法治价值。将大数据思维的权力约束价值运用于经济领域，明确了根治经济潜规则的法治途径是政商关系法治化。

“亲”“清”政商关系是政商关系法治化的生动表述，既可以避免无政府主义的“远”，又可以避免钱权交易的不适当“密”。权力运行法治化是营造“亲”“清”政商关系的前提，现代权利保护意识和规则意识是营造“亲”“清”政商关系的本质要求。与新时代公仆形象相对应，现代权利保护意识和规则意识需要培育新时代企业家精神。

不同于注重个体经济利益的商人，企业家更具有与时俱进的担当作为意识，权利保护的规则意识等是企业家精神的重要内容。适应新时代高质量发展要求，创新成为企业家精神的核心内容。实现经济可持续的创新发展，应当在经济发展眼前利益和长远利益，个体利益和全局利益等之间进行必要平衡，法治成为平衡多种利益的重要时代诉求。倡导干事创业的时代氛围，既需要干部积极担当作为，也需要培育社会的企业家精神，归根结底，创新的来源和基础在于市场和社会。经济领域大数据思维下普法新动能在于，以法治方式传播企业家的法治创新精神，发挥新时代法治启蒙的创新发展潜力。

第三，以大数据思维阐释多种新动能内容，发挥新时代文化自信的法治启蒙价值。

大数据思维应对政治潜规则和经济潜规则发展需要，在权力规制和权利保护方面呈现了明显的法治思维和法治方式特征。在新时代全面依法治国的大环境下，法治思维和法治方式是激发法治文化新动能的关键内容。致力于治理体系和治理能力现代化发展，良法善治思维对新时代法治思维和法治方式实现了有效提升，公仆形象和企业家精神作为良法善治思维的具体表现，生动诠释了权力制约和权利保护的新时代法治手段和法治目的的关系，从而以全面法治观丰富了新时代法治新动能的重要内容。

大数据思维下新时代普法新动能，是以法治传播途径展现新时代法治新动能的重要形式。相比于法制宣传，新时代法治宣传更加强调法治实践的重要性。法治文化是有效推动法治实践的可持续力量。强化中国特色社会主义法治理念传播，从根本上讲需要确立中国特色法治文化自信。大数据思维下普法新动能关键在于发挥法治文化自信的法治启蒙价值。确立法治文化自信，既需要汲取新时代中国特色社会主义法治实践经验，也需要对当下全面从严治党和全面依法治国的法治状态有全面把握。大数据思维将权力规制和权利保护内容通过数据形式有效联系，指明了我国高质量法治发展的法治文化需求。大数据思维下普法新动能以确立法治文化自信为着力点，促进法治文化需求和法治文化供给有效对接，从而为新时代法治启蒙提供必要法治途径。

三、普法功能：法治体系 + 大数据思维 = 法治沟通立体化

大数据思维在变革普法内容基础上，通过公开潜规则内容从权力制约、权利保护等多角度深化了法治启蒙的普法价值，其自上而下的制度普及功能尤为突出。大数据思维以相关联系见长，大数据思维指引下的普法发展，应当在自上而下的制度普及功能之余，拓展横向的法治沟通交流机制，这是新时代普法新动能的重要方面。深言之，致力于治理体系和治理能力现代化目标，应当加强法治国家、法治政府和法治社会的互动交流，新时代加大全民普法力度契合了多元法治沟通机制发展需要，为发挥大数据思维下普法新动能提供了时代契机。

第一，法治国家和法治社会之间的法治沟通——意识形态的法治解读。

法治体系包括立法、执法、司法等各个方面，以大数据思维连接法治体系各组成部分。在丰富普法内容、深化普法价值方面，大数据思维以其广泛联系和客观展现特点，致力于在法治体系内促进普法科学发展。为确保制度有效运行，激发大数据思维的普法功能，不应当仅着眼法治体系内部，法治体系外部关系也应成为大数据思维发挥作用的重要领域。

强化大数据思维下普法功能，应当以中国特色法治理念为指导，在法治体系内外部关系协调中，突出意识形态的法治解读。具体来讲，大数据思维指导下普法应当进一步发挥意识形态社会

黏合功能，[①] 将法治运行的真实情况以客观数据形式进行展现，提高中国特色法治的合理层面解读，从而深化法治国家形式构建的社会认同基础，为新时代实质法治推进提供必要法治社会基础。

根据人民法治观要求，新时代政法理念解读应当在传统政治说教之余，采纳必要的自下而上合理化诠释方式。大数据思维下普法新动能在于，通过发挥大数据思维的合作共识实质作用，为自下而上合理化解读提供合作意识支持，从而激活以数据为支撑的法治社会信任潜能，增进法治体系内外的黏合度，激发法治国家和法治社会互动交流，深化新时代普法的意识形态建设功能。也就是说，新时代意识形态传递和表达，不再适宜采取命令强制的形式，客观说理互动交流的形式更为可取。归根结底，意识形态是思想建设问题，提高人的积极性和能动性是思想建设的重要目的。随着法治普及向法治沟通转型，制度建设中的人的主体性不断强化，适应了新时代意识形态工作的客观需求。

第二，法治国家和法治政府之间的法治沟通——权力配置的法治解读。

新时代普法的法治沟通维度不仅限于法治社会层面，在法治国家和法治政府层面法治沟通同样十分重要。这既是我国行政组织法不完善的客观需要，也是新时代党政机构改革深入推进的迫切要求。不同于西方多权制衡的权力配置形式，我国实行人民代表大会制。在党政机构合并的情况下，人民法治观成为合理协调权力配置的重要法治依据。新时代党政机构改革以推进党和国家

---

① 吕明：《在普法与守法之间——基于意识形态“社会黏合”功能的意义探究》，《南京农业大学学报》2012 年第 3 期，第 118 页。

机构职能优化协同高效为着力点，这为法治国家和法治政府的法治沟通提出了指导原则。

党政权力协调高效运作的前提是其职责权限分工明确，法治沟通是实现新时代党政统筹关系的重要法治化途径。尤其针对议事协调机制存在的突出法治问题进行及时的法治沟通非常必要。由于行政协助制度缺失，重大事项治理多采取议事协调机构的形式。议事协调机制在多行政主体事务处理方面，发挥了法治协调沟通的重要作用。新时代党政机构改革强调协同高效的法治要求，应当借鉴议事协调机构多年运作经验，完善相关法治沟通体制机制设计。

具体来讲，适应新时代党政机构改革需要，增进法治国家和法治政府的法治沟通，应当在行政主体、行政行为和行政责任方面对党政关系进行明确，继而从法治传播角度强化党内法治和行政法治的关系。大数据思维的关联关系能够为党内法治传播和行政法治传播提供科学解读，促进新时代权力配置更加科学合理。从实质上讲，大数据思维支持的关联关系根源于普遍联系的哲学视角，马克思主义唯物辩证观点集中表达了协同法治的哲学内涵。大数据思维下普法新动能在于激发新时代协调法治的治理潜能，以法治传播形式促进法治一体化建设。

第三，法治政府和法治社会之间的法治沟通——权利保护的法治解读。

目前法治政府和法治社会的法治沟通多限于“谁执法谁普法”的单维度法治沟通层面，大数据思维的互联互通精神实质为单维度法治沟通升级到多维度法治沟通提供了技术思维支持。从法治沟通效果讲，不同于单维度法治沟通的推脱责任式说理模式，多维度法治沟通呈现权利全方位保护特征。这既是全面从严治党条件下加强权力约束的必然反应，也是全面依法治国条件下，普法发展全面法治化的集中体现。归根结底，普法的权利保护全方位趋势，是新时代普法全面法治沟通特点的重要体现。

实现权利保护的全方位解读，关键在于提高普法在法治体系中的地位。传统意义上的普法，从属于立法、执法和司法等法治实践，处于法治体系的副产品地位。与此相适应，法治政府与法治社会的法治沟通相对弱化，法治社会意义上的权利保护没有引起注意。致力于提高新时代政府治理现代化水平，首先应当克服政府治理封闭效应，以大数据思维的互联互通精神提高法治社会的法治话语权，新时代法治普及向法治沟通转型成为必然选择。

具体来讲，大数据思维下提高普法在法治体系中的地位，应当承认法治普及向法治沟通转型的法治价值，在此基础上，从社会治理促进政府治理高度进行普法定位。大数据思维下普法新动能在于克服普法在传统立法—执法—司法—普法线性关系中的不利地位，以法治沟通促进立法、执法、司法的科学发展，充分发挥普法新时代法治体系沟通价值。这既是普法的法治沟通转型需要，也是法治体系中法治沟通立体化发展的重要契机。

大数据思维下普法新动能体现在普法内容、普法价值和普法功能等多方面。以大数据思维实现由法治思维普及向良法善治思维普及拓展，以大数据思维发挥普法在政治、经济和文化领域法治启蒙价值，以大数据思维促进法治体系下一体化建设中立体化法治沟通，成为展现新时代大数据思维法治传播价值的重要内容，促进新时代普法在大数据思维指引下进行必要转型发展。

第六节 激发新时代法治传播新动能的新认识

摘要：以新动能视角科学审视新时代法治传播发展问题，在法治传播相似概念比较中，深化对新时代法治传播新动能的科学认识。从法治传播到法治沟通，突出法治传播在政治效能扩散方面的法治沟通潜能。从法治传播到法治普及，强化法治传播在经济高质量发展中的法治普及价值。从法治沟通到全民普法，提升全民普法的新时代法治文化自信的文化培育功能。

在中国特色普法开展三十余年之际，在已有的法治传播、法治沟通、法治普及等的科学认识基础上，应当结合新时代中国特色政治、经济和文化发展需要，深入探究激发新时代法治传播新动能的重要问题。致力于发挥新时代政治效能扩散优势、实现新时代高质量经济发展的预期目的、促进新时代全民普法的文化培育作用，应当深化对法治传播相关概念的法治认识，发挥新时代法治沟通、法治普及和全民普法的法治传播新动能价值。

一、从新时代政法效益高效扩散入手，发挥新时代法治传播的沟通潜能

激发新时代法治传播新动能，首先应当科学研判新时代法治价值走向。新时代法治建设较以往更加突出公权力规制价值，监察体制改革从惩戒贪腐的消极规制角度，党政机构改革从提高协同效能的积极规制角度，促进以新时代法治方式强化公权力整体

规制效果，突出了新时代改革的积极法治创建功能，明确了新时代良法善治的法治价值走向。

激发新时代法治传播新动能，还需要对新时代法治传播形式有更加清晰的认识。多种媒体融合情况下，各种法治传播形式整合效果成为提高法治传播实效的重要保障。传统传播形式和现代传播方式、政治化传播途径和专业化传播路径，在传播法治价值方面各具优势。致力于服务新时代法治建设目的，应当以传播新时代政法理念作为新时代法治传播形式整合的重要价值指引。

确切地讲，兼顾新时代法治发展和传播形式的现实情况，激发新时代法治传播新动能，应当发挥新时代法治传播的沟通潜能，以加强公权力监督为突破口，通过法治传播促进新时代政法效益实现高效扩散，实现单向法治传播向多向法治互动有效过渡。

（一）法治传播与法治沟通：形式法治与实质法治

发挥新时代法治传播的沟通潜能，重要前提是明确新时代法治传播与法治沟通的重要法治区别。与法治传播的法治信息、理念单向传递不同，法治沟通具有传递与反馈兼具的重要沟通特质。哈贝马斯认为规范具有事实性的强制和合法的有效性，才能使人愿意遵守，合法性的程度取决于规范有效性主张的商谈的可兑现性。法治传播在传递事实性的强制基础上，需要通过法治沟通的商谈形式丰富新时代合法的有效性，从而激发法治反馈的新时代法治沟通潜能。

不同于法治传播的法治信息内容特征，法治沟通的价值在于增进法治认同。传递事实性的强制信息的法治传播，接近于传统法制宣传教育内容。注重法治反馈的合法有效性的法治沟通，接近于现代法治宣传教育内容。随着法制宣传教育向法治宣传教育转型，法治传播应当适时采纳法治沟通的实质法治理念，拓展传统形式法治的法治维度。其中新时代政法理念成为新时代实质法治核心内容，需要通过法治沟通形式进行有效强化。

激发新时代法治传播新动能，应当注重挖掘法治沟通的实质法治价值，突出传播公权力规制的政治效益、法治效益和社会效益。从根本上讲，新时代法治传播不再仅仅是法制信息的传递形式，而是国家政治体制改革的配套法治传播与沟通途径。新时代治理体系和治理能力现代化以法治化为基本形式，形式法治意义上的法制传播已然不能满足新时代政治体制改革的现实需要。适应新时代治理需要的政法理念，成为新时代实质法治的重要内容。具体来讲，传播新时代监察体制改革、党政机构改革呈现的公权力双重规制理念，成为新时代法治传播实质化重要内容。在党政主导推动政治体制、经济体制改革的情况下，传播公权力规制的政治效益具有提纲挈领的法治作用，为丰富公权力规制的法治效益和社会效益提供了重要指引。从实质上讲，这是在法治传播形式法治基础上，法治沟通将政治发展、社会需要等融入法治运行视野中，在以法治方式沟通政治发展与社会现实的过程中，发挥了实质法治的多重法治建设作用，实现法治国家、法治政府和法治社会一体化建设需要的全方位法治沟通功能。

（二）从法治传播到法治沟通的实现条件

从法治传播向法治沟通转型，既是法制信息传播向法治理念传播转型，也是法治传播程序化发展的重要体现，其中多种法治主体的法治互动和实践性的法治运用，成为切实增强法治吸引力和法治说服力的重要保障。

第一，法治主体的法治互动。鉴于中国特色的党政主导的法治宣传教育模式，法治传播自上而下的传播路径较为明显。为避免法治传播行政化、运动化的不良倾向，应当丰富法治传播路径。多元化法治传播路径，促进了多种法治主体的法治沟通。在宏观层面，法治主体的法治互动是现代化治理的必然选择。在全面依法治国的条件下，现代化多元治理需要法治化多种行为方式，法治主体的法治互动成为其参与治理的重要法治方式。克服法治传播由外而内的弊端，基于沟通需求增强法治由内而外的吸引力，应当促进新时代治理自下而上与自上而下方式的有效整合。在微观层面，法治主体的法治互动是增强法治主体性的必然要求。法治传播中的法治主体多被视为被动的信息接受客体，其法治主体的能动性被忽视。由法治传播向法治沟通转型升级，多元法治主体不仅仅是法治信息的接受者，也是法治信息的提供者和传播者，多元法治主体能动性凸显。以信息化为基础的法治能动为发挥法治主体性提供了重要来源保障。

第二，法治实践的法治运用。将法治互动基础上的法治吸引力转化为法治说服力，需要将法治互动融入法治实践运用。从法治传播向法治沟通转型升级，法治互动范围不仅限于法治信息层面，也包括法治适用原理和法治精神等内容。基于法治实践的法治运用，促使法治沟通形式发生重要变化。具体来讲，结合法治实践运用需要，法治沟通不仅限于法治传播者和法治受众之间，法治实践的多方参与者之间也存在着多种法治沟通需求，从而加速法律职业共同体内部与外部的有效沟通交流。这是适应现代化多元治理的法治反应，呈现线性法治传播向立体化法治交流转变。在法治传播融入法治实践过程中，随着法治互动深入发展，法治主体意识得以有效增强，促进法律职业共同体以专业化内容增强法治主体意识的现实基础。在法治主体的法治互动和法治实践的法治运用双重作用下，新时代政法实践以政治话语丰富了法治互动的现代法治语境，以政法形势发展提供了理解法治运用的具体法治实践支持，促进以有效法治传播提高主观法治吸引力和客观法治说服力。

（三）法治传播扩散政治效益的沟通路径

结合法治传播向法治沟通转型的客观情况，发挥新时代法治传播的沟通潜能，应当选取政治效益扩散为突破口。顺应法治主体的法治互动、法治实践的法治运用需要，扩散政治效益的沟通路径应当突出以下方面。

第一，挖掘新时代监察体制改革成效的法治沟通价值。

新时代监察体制改革彰显了惩戒贪腐的中国特色法治运用特点，其以突出的公权力规制问题为突破口，通过提高公众法治信服感实现培育法治信仰目的。一方面，通过国家治理方式变革，提高了新时代法治方式的社会公信力。新时代法治传播不再单纯采取法治说教形式，而是以身体力行的行为引导方式增进社会的法治信仰。新时代监察体制改革展现了公权力自我规制的法治模式，契合了中国传统文化中德法融合的法治运行特点，为提高相关主体的法治参与度提供了法治文化支持。另一方面，监察体制改革突破了传统行政法治关系限制，以法社会学视角启发相关主体进行法治思考，实现以法理思维增进新时代法治互动。原有行政法治关系中，由于具体权力行使者不具有行政主体资格，导致传统行政法治的实质公权力规制效果存在一定缺陷。不同于传统行政法治的法律关系模式，监察体制改革对公权力行使者的指向性更为明显。随着公权力规制效果逐步呈现，行政法治的形式法治缺陷逐步被法社会学的实质法治优势克服。新时代政治体制改革践行的实质法治路径，在传统法治思维之余促进了法理思维普及，更新了多种法治主体的法治互动思维。

第二，挖掘新时代党政机构改革成效的法治沟通价值。

新时代党政机构改革采取协同高效的发展路径，在行政程序法治缺乏顶层设计的情况下，协同高效的法治路径尽管可以通过机构改革取得一定成效，但是在缺乏行政组织法保障的情况下，仍然需要借助议事协调机制的方式推进协同高效的法治效果。不同于传统法治沟通形式，议事协调机制的法治沟通主体是相关党政机构，在法治个体价值之余，议事协调机制的法治沟通内容更加丰富，公共法治价值成为法治沟通重要内容。传统法治传播成效多取决于传播内容的主体相关性，相对而言，公共利益保护的法治意识传播较为疏忽。新时代党政机构改革成效的法治沟通价值，在于丰富了公共法治意识传播内容，以法治方式提升新时代政治效益。另外，不同于传统法治运行的事后特征，新时代党政机构改革提示了事前事中法治规制价值。尤其在行政程序法不健全的情况下，摆脱传统司法审查模式限制，适应机构改革发展需要，加大行政程序事中规制价值的必要性凸显。法治沟通呈现的主动法治意识，能够适应新时代党政机构改革的政治形势发展需要，促进以法治理性引导机构改革，从而激发法治传播的行政程序法治发展建设价值。

二、从新时代高质量发展的社会基础入手，发挥新时代法治传播的普及潜能

新时代法治传播不仅具有政治效益扩散功能，还具有实现新时代高质量发展的法治价值。这既是全面依法治国条件下法治传播多重法治功能的体现，也是法治传播过程和法治传播结果兼顾的社会化法治传播客观要求。具体来讲，不同于传统注重速度的发展模式，高质量发展提示了法治传播与法治普及的法治特征及其区别。

（一）法治传播与法治普及：程序法治与结果法治

以新时代政治体制改革的法治成果有效助推新时代经济发展，需要在自上而下法治传播模式之余，适时探究新时代高质量发展的自下而上法治普及结果，从而借助法治国家、法治政府和法治社会一体化建设有效增进新时代高质量发展的法治社会基础。以法治传播途径将政治体制改革成果转化为经济高质量发展成效，应当注重将法治传播的程序法治效果与法治普及的结果法治效果有效整合。法治传播展现了适应法治行为发展规律的法治理念扩散过程，法治普及则更为倾向于注重法治理念扩散结果。与新时代法治建设过程相适应，法治传播的行政程序法治价值更为突出，法治普及的行政结果法治价值更为明显。

法治传播与法治普及在法治层面的区别价值，集中体现在法治视角方面。由于中国特色法治传播采取党政主导模式，其具有独特的权力扩散效应。与之不同，法治普及更加侧重于权利保护

意识提高，突出其法治社会培育效果。实现法治传播和法治普及效果的有效整合，提供了科学审视权力监督和权利保护的全面法治视角。适应全面依法治国的法治传播应当是全面化法治传播，此处全面不仅是数量层面的大而全，而应当是法治理念认知方面的全面深入。在法治传播存在形式化、运动化等问题的情况下，深化对全面法治理念的科学认识正当其时。

法治传播与法治普及在传播层面的区别价值，集中体现在传播路径方面。中国特色法治传播路径呈现独特的党政主导色彩，党政思想教育工作方式方法等成为法治传播路径的重要特点。与之不同，法治普及实效决定了法治普及更加适宜采用社会化传播路径。由于国家法治建设布局、政府法治建设发展的根基在于适应经济社会发展需要，法社会学成为新时代法治传播的重要理论支持。实现法治传播和法治普及效果的有效整合，为发挥党政主导传播模式的权威优势、激发社会化传播模式的内在传播要求，提供了重要的理论与实践优势叠加的契机。

法治传播与法治普及在法治、传播层面的重要区别，从视角、路径方面提供了科学审视权力与权利、国家法学和社会法学的重要内容，归根结底，法治传播的国家权力程序法治要求与法治普及的社会权利结果法治要求，是适应新时代法治三位一体建设的全面法治观的双重内在要求，为实现新时代全面法治价值提供了新解读。

（二）从法治传播到法治普及的实现条件

从法治传播到法治普及展现了程序法治兼顾结果法治的发展过程，促进实现党政法治和社会法治的有效融合，是在法治传播基础上实现法治普及的重要法治条件。行政法治成为有效连接法治传播和法治普及的重要法治活动。结合新时代经济体制改革的法治要求，适时发挥新时代政治体制改革的法治潜能，应当从法治思维和法治参与两个层面进行有效推进。

第一，从法治思维传播向法理思维传播转化，是实现法治普及的必要思维支持。实现有效法治普及效果，在注重法治传播形式之余，应当积极探究法治普及实质内容。适应从法制宣传向法治宣传转化，以法治理性推动法治实践成为新时代法治普及的重要内容。法治思维虽然强调政治、治理主体的重要性，试图运用法律化解社会矛盾，但往往忽视逻辑思维规则的运用，以致很多决断不符合法理。[①]这导致在法治理念传播方面，法治思维存在一定缺陷。实现新时代法治理念有效传播，应当促进法理思维有效普及，为科学引导法治方法运用提供积极思维支持。从法治传播向法治普及发展，是在法治思维的形式法治价值基础上，发挥法理思维的良法善治实质法治价值。传统行政法治侧重于权力规制，党政机构改革条件下新时代行政法治变革采纳整体协同法治观点，在“谁执法谁普法”的形式化法治传播基础上，需要兼容法治普及对象的实质法治需要，法理思维以其法治逻辑理性丰富了新时代行政法治变革内容。

第二，以党内法治提高行政合理化，通过行政法治变革机遇有效激活新时代法治参与。在行政主体—行政行为—行政责任的传统行政法治规制模式中，党政机构改革对行政主体理论形成了

---

① 陈金钊：《法理思维及其与逻辑的关联》，《法制与社会发展》2019年第3期，第5页。

重大冲击，新时代行政组织法缺陷呈现放大趋势。党内法治具有弥补行政组织法缺陷的重要法治潜能，通过激发公职人员法治能动性，以法治方式促进行政裁量合理化发展。党内法治突破行政法治形式化缺陷，以理顺行政关系为突破口，通过行政合理推进行政实质法治发展，理顺行政关系是实现行政合理的关键。由于我国行政监督多局限于行政合法层面，行政合理更多依赖行政相对人的自主监督。行政合理层面的法治理性以行政相对人的法治参与为基本条件，党内法治与行政法治有效结合为激活新时代公民法治参与提供了重要契机。法治传播为增强公民法治参与意识提供了重要法治素养保障途径。在法治传播融入法治实践过程中，法治沟通的治理作用通过法治普及效果得以保障。在法治实践中，法治普及促进法治以融入生活、融入习惯的生动法治方式，提高法治理性的现实应用性，实现以实践理性增进法治逻辑理性的法治传播目的。

（三）激发法治普及新动能，完善高质量发展的社会基础。

实现新时代高质量发展目标，既应当注重发挥新时代政治体制改革的法治潜能，也需要完善经济高质量发展的社会基础。在法治沟通提高法治主体意识基础上，需要关注法治普及的法治社会培养作用。不同于法治沟通的政治效益扩散形式，法治普及的社会效益增值作用更为突出。归根结底，高质量发展是国家综合国力的重要内容，以高质量发展整体视角审视发展新动能，应当着力挖掘新动能的创新动力来源。法治传播作为联系法治国家、法治政府和法治社会的重要法治活动，在新时代政治、经济体制改革自上而下推动情况下，法治普及新动能的关键在于激发其法治社会创新功能。

第一，法治普及的重构化法治思维，为新时代高质量发展提供必要创新思维支持。结合上文，提高法治普及实效，需要由法治思维传播向法理思维传播转型。法理思维以其内在法治逻辑性，有力地增强了法治普及的说理性，为发挥法治普及新动能提供了实质法治支持。从法治思维普及向法理思维普及，既是法治普及内容的重要变革，也是法治普及思维的重大重构。关注到法治社会培养发展需要的法治普及，法治普及者不再仅仅是法治传播产品的提供者，法治普及受众不再仅仅是法治传播产品的简单接收者。深言之，法治普及不仅仅是法治建设后端的传播行为，而应当成为新时代法治变革的内在动力机制。法理思维的普及引导社会公众进行必要法治思考，为现有改革发展提供有效法治思路，进而重构法治政府和法治社会的互动关系。社会创新是高质量发展的基本来源，法治社会与法治政府关乎互动关系重构，为新时代高质量发展提供必要创新思维支持。

第二，法治普及的立体化法治方式，为新时代高质量发展提供必要创新行为支持。兼顾法治传播效果的法治普及形式更为多样化，话语传播、行为传播等法治普及方式呈现融合的状态。尤其随着“谁执法谁普法”普法责任制推广，普法成为执法程序的重要组成部分，普法法治化成为法治传播形式变革的重要原因。适应高质量发展需要，切实提高执法效能，法治传播的单维度方式难以为继，立体化法治普及形式成为高质量发展的重要创新行为支持。在新时代党政机构改革的情况下，执法中普法说理内容有了新的扩充，为立体化法治普及提供了普法内容支持。适应新时代行政法治变革需要，党内法治与行政法治兼容成为必然趋势。

在行政合法之余丰富行政合理说理内容，成为提高法治普及质量的重要方面。在合法层面说理基础上增强合理层面说理，在原有普法程序基础上提高了普法互动性，促进法治普及呈现多元立体化互动形式，为高质量发展营造了说理明辨的法治氛围，激发社会进行必要法治创新行为。

三、从新时代文化自信的制度创新要求入手，发挥新时代法治传播的全民潜能

新时代政法效益传播、实现高质量发展需求，离不开必要文化自信支持。实现治理体系和治理能力现代化的关键是制度建设质量及制度执行力问题。文化是制度产生、发展和运行的内在基础支持，新时代制度创新需要必要文化创新作为基础给养。全面依法治国条件下进行制度创新，需要补足中国特色法治文化自信的短板，有效激发全民法治建设热情。具体来讲，应在法治传播之余，探究全民普法的法治特征和实现条件等问题。

（一）法治传播与全民普法：被动法治与主动法治

全民普法是法治沟通、法治普及有效开展的必然结果。不同于政治运动形式的全民普法，法治化路径的全民普法，不仅关注法治传播形式和外在效果，更关注法治传播实质和内在效益。归根结底，全面依法治国条件下的全民普法，不应仅仅是政治意义上的全民普法，而应当以必要法治认知和法治意识为基础，以政法理念增进全民普法认识不无裨益。

法治传播与全民普法的区别主要体现在行为方式的主动与被动方面。对于普法对象来讲，法治传播为被动式法治教育，全民

普法为主动式法治教育。法治教育是不同于法律教育和法学教育的一种教育形式。法律教育的职业教育色彩、法学教育的学历教育色彩，决定了这两种教育形式为小众化教育。法治教育作为大众化教育，不能限于课堂灌输的由外而内式传播，而应当进行由内而外的主动式传播形式突破。从实质上讲，这是能动司法对新时代普法发展的重要启示。能动司法是从社会治理创新角度进行的司法社会功能拓展，力图克服纠纷解决孤立化、单维度等弊端。能动司法本质在于通过提高司法的政治定位，激发司法裁判功能的多方面治理潜能。发挥能动司法治理潜能，需要能动司法向社会多领域进行有效拓展，法治传播成为拓展的重要形式。法治传播的受众被动化特征不利于能动司法潜能发挥，适应能动司法发展需要，全民普法的主动式、自主化法治教育形式成为重要法治传播形式。

法治传播与全民普法的被动与主动区别，不是从传播受众角度进行的简单划分，而是以法治沟通视角审视新时代整体法治建设的重要内容。能动司法与全民普法相结合，促进从法律适用者、法律适用对象等多角度进行积极的法治构建和发展。适应全面依法治国需要的法治普及，应当致力于提高全面法治积极性。全面法治积极性以全面法治认同为基础，全民普法作为全面法治认同的表现形式具有重要法治价值。进一步讲，全民普法呈现的法治建设积极性，不仅仅限于法治实践层面，更具有丰富的政治意义。在治理体系和治理能力现代化过程中，全民普法的主动法治价值在于彰显全民对现代化国家治理、政府治理和社会治理的广泛认同，从而以法治方式展现了新时代治理的群众基础。

（二）从法治传播到全民普法的实现条件

从法治传播到全民普法，实现由形式化、被动化法治传播向实质化、主动化法治传播转型，既需要汲取法治沟通的法治主体意识支持，也需要盘活法治普及的法治参与潜能。实现新时代全面法治目标，法治意识和法治参与行为离不开必要的法治环境支持。在新时代整体协同运行中，激发新时代政治效能和经济高质量发展的叠加新动能优势，需要同步激发文化动能优势。法治文化作为现代化治理文化的集中体现，是新时代重要文化新动能因素，是从法治传播向全民普法发展的重要文化条件。

新时代法治文化以法理思维和法治方式相结合的形式，促进由法治传播向全民普法转型。在大数据时代有效传播新时代政治经济体制的变革精神，应当将互联网思维引入法治文化传播。一方面，为适应政治经济体制改革的重大变革需要，适宜以法治重构思路审视新时代法治发展，增强法治文化的适应性。比如，新时代党政机构改革后，行政法治原理面临重大重构的机遇与挑战。“党政协作式行政法治模式的构建与创新，既是我国‘制度自信’的学理展现，又是我国行政体制改革的客观要求。”[①] 推进新时代党政协作模式运作，既需要制度体制不断发展完善，也需要法治文化不断创新发展。鉴于党政协作模式，对行政法治理论产生重大变革影响，实现新时代重大变革效果真正落地，需要相应的法治文化变革与创新。法治文化创新发展首先体现在法理思维培育方

---

① 蒋银华：《党政合设、合署背景下的行政法治变革与完善》，《行政法学研究》2019 年第 3 期，第 85 页。

面，法理思维注重法治内在逻辑的说理性，促进以法治理性引发重构，法治重构思路成为新时代法理思维的重要特点。在全民由普法受众转化为普法主体过程中，法理思维的重构思路发生实质作用。

另一方面，干事创业的新时代发展诉求，促使法理思维应当与法治方式实现有效对接，通过提高法治可操作性丰富新时代全民普法的法治底蕴。新时代法治文化的惩戒与激励因素更为鲜明，为全民普法提供了必要的运行机制支持。在强化法治政府权力规制之余，高质量发展需要激发法治社会的创新热情，其中包括创新的权利能力和行为能力两个方面。权力清单和“法无禁止皆可为”等为创新权利能力实现提供了必要制度空间，发挥创新制度的时代治理价值，需要同步提升创新行为能力。响应干事创业的新时代发展需求，应当将良法善治的法治预期付诸实施。“在缺乏法治启蒙的背景下，需要改造政治社会学意义上的法治方式；塑造教义学法学意义上的法治方式。”[①] 全民普法正是以社会化路径解读教义学意义上法治方式的重要形式，通过新时代法治社会创新发展丰富新时代法治方式内容，实现以法治现实可操作性增强法治底蕴的全民普法法治目标。

（三）激发法治传播培育文化自信的内在优势

以法治传播形式培养新时代文化自信，具有理论和实践相结合的客观优势。同时，制度创新的内在需求、法治传播的全民潜

---

① 陈金钊、杨铜铜：《“法治方式”的定位及塑造》，《北京联合大学学报》2017 年第 2 期，第 85 页。

能成为法治传播培养文化自信的重要内在优势。

第一，致力于增强文化自信的法治传播，以深刻的法治文化内容迎合了制度创新的内在需求。中国法治具有其自身特点，党政协同模式下党内法治展现了法治中国的独特法治优势。不同于传统法律关系视角下片段化、孤立式矛盾解决方式，党政协同更加强调法律过程整体化、矛盾处理彻底化等问题。在借鉴西方形式法治基础上，将法治中国的实质法治内容有效融入法治建设，成为新时代制度创新的关键点。通过直面现实问题的有效制度创新，突破形式法治的桎梏，展现了实质法治的独特优势，不断增强制度创新的吸引力，丰富制度文化的现实基础。制度创新视角下的法治传播，不仅是法治传播融入司法实践的事后法治内容，更是法治传播融入立法、政策制定过程的事中、事前法治内容。随着制度创新不断推进，对法治意识要求逐步提高，法治传播的文化培育作用逐步深化。新时代中国特色法治实践及其取得的成效，促使法治文化自信不断增强，为新时代制度创新提供了坚实文化支持。

第二，新时代法治传播的全民范围，以整合多元法治主体的现代法治形式充实了文化自信的群众基础。从全民守法到全民普法，法治传播的全民化程度不断提高。全面依法治国情况下，全民的法治主体地位尤其重要。结合我国法治传播的党政主导形式，兼顾法治国家、法治政府和法治社会的多方面发展需要，法治传播成为联系全民的政治意义和法治意义的重要形式。以全民的政治认同助推法治认同，在法治运行中，实现多种法治主体协作整合，体现了新时代政法发展思路。政法文化通过全民法治行为得以确认和推广，文化自信的法治根基在多种传播形式中得以深化。

与以往的政治意义上的文化自信不同，建立在法治实践基础上的法治文化自信，兼顾了群体本位和个人本位，是以全面法治思路科学诠释新时代群众基础含义。

第四章

激发新时代法治传播新动能关键问题研究

第一节 ┃ 新时代普法工作中党团组织作用研究

摘要：党的十九大报告提出了新时代加大全民普法力度的要求，由于我国采取党政主导的普法模式，为有效增强新时代普法实效，应当对新时代普法工作中党团组织的作用进行深入研究。十九届三中全会进行机构改革后，党对国家机构等的领导力进一步增强，以党团组织为突破口推进新时代普法工作的现实意义更为突出。

结合新时代党团组织的组织建设和职能发挥情况，应从价值指引、新时代普法特有内容、新时代普法新路径等角度，探究党团组织在新时代普法工作中的重要作用。发挥我国党政主导的普法模式特有优势，应以新时代党团普法价值指引、党团组织建设、党团制度建设等视角，深化新时代全民普法发展的法治基础，促进新时代普法特有法治内容和普法新路径的有效整合，从理论和实践两个层面准确定位新时代普法工作中党团组织作用，深入推进新时代全民普法科学发展。

为更好地发挥新时代党团组织的科学作用，应从“法治中国”建设高度以行政法治视角关注新时代普法的突出现实问题。以新时代法治体系整体协调性的发展特点为突破口，发挥党团组织的引领作用，分析社会主义核心价值的普法价值定位问题。以新时代公权力制约的发展趋势为切入点，发挥新时代党团组织组织建设作用，分析党内法治的新时代普法内容强化问题。以程序法治思路，发挥新时代党团组织制度建设保障作用，保障社会主义核心价值观和党内法治有效融入新时代普法，切实增强新时代全民普法力度。

一、新时代普法工作中党团组织的价值指引作用

随着中国特色法治体系不断发展完善，新时代普法的价值指引问题值得关注。一方面，与传统法律体系不同，法治体系的内容更为丰富。与新时代法治体系发展相适应的法治传播需要更为深刻的价值指引。另一方面，与传统法律传播方式不同，现代法治传播的方式更为多样化。为提高多元化法治传播效益，应当强化新时代普法工作的价值指引作用。

从我国普法工作发展角度讲，适应“法治中国”建设的现实需要，应当由形式普法向实质普法转化。中国特色社会主义法治建设以党的领导为本质特征。我国普法工作开展三十余年，历来以公务人员和青少年为重点宣教对象。随着党内法规纳入普法范围，为实现新时代普法工作在重点领域突破，探究新时代党团组织在普法工作中的法治作用十分必要。其中，社会主义核心价值观的法治建设作用，是新时代党团组织加强普法教育的重要切入点。社会主义核心价值观融入法治建设的过程，与普法融入立法、执法和司法等法治建设过程具有一定的契合性，通过发挥社会主义核心价值观价值指引作用，以普法的长期基础性法治作用增强新时代法治建设的法治基础。从服务法治实践角度讲，通过发挥

社会主义核心价值观价值指引作用，可以从党团组织建设视角明确新媒体时代多种普法形式的根本着力点。以“法治中国”的现实视角更新普法的法治思维和法治方式，克服普法形式化、运动化弊端，提高新时代普法的社会效益。

（一）多年全民普法的实践反思

我国现代普法工作已经开展了三十余年。与前六个五年普法规划相比，第七个五年普法规划将党内法规纳入普法范围。这既是法律传播向法治传播转型的重要普法内容变化，也是法治传播方式变化的重要契机。促进新时代法治传播科学发展，应当从价值层面深化对普法工作的法治认识。这既是应对多年来普法形式化、运动化的法治出路，也是适应新时代加强党的领导客观法治需要。

多年以来我国全民普法呈现政治化运作，这是新时代普法转型需要审慎对待的问题。源于与计划经济相适应的法制运作模式，我国现代普法初级阶段呈现法制副产品状态。随着计划经济向市场经济转化，我国普法模式呈现政治化向法治化转型的特征，具体表现为更为注重法律规定及其运用的普及。过于注重法律规定的宣传教育，在一定程度上将普法等同于制度宣传。2014 年法制宣传日被确定为宪法宣传日，宪法宣教的法治价值被凸显。十八届四中全会之后，适应中国特色法治体系发展需要，普法的范围不应当仅限于传统的法律范围内容。其中，中国特色社会主义法治实践应当成为新时代普法的重要内容，顺应国家监察体制改革发展需要，党内法治成为新时代普法的重要内容。深言之，随着新时代普法外延逐步扩大，新时代普法的内涵应当逐步深化。社会主义核心价值观为深化新时代普法内涵提供了重要价值标准。从实质上讲，以社会主义核心价值观审视新时代普法，是将普法置于中国特色社会主义建设的宏大社会背景下。党的领导是中国特色社会主义建设的关键，明确社会主义核心价值观对新时代普法的价值要求，应当突出新时代法治建设中党团组织的价值引领作用。随着普法融入立法、执法和司法等法治实践中，新时代党的领导以法治传播形式得以有效强化。

（二）新时代普法工作中党团组织的理论定位

明确新时代普法的法治内涵，应当从“法治中国”建设的理论高度进行阐释。法治中国是现代中国法治建设的系统工程，涉及党内法治、行政法治、社会法治等多层面要求。随着新时代国家党政机构改革推进，党对法治中国建设的领导作用呈现全面强化趋势。新时代法治建设中，普法呈现全面融入法治实践的特点。适应新时代党团组织发展趋势和新时代普法工作发展需要，应当探究党团组织在新时代普法工作中的定位。

结合新时代社会主义核心价值观全面融入法治建设的现实需要，应对公务人员和青少年等重点普法对象的新时代普法需求，新时代党团组织是推进核心价值观融入法治建设的关键法治传播力量，是进一步丰富新时代普法法治内涵的重要法治传播主体。

第一，党团组织是以法治思路传播社会主义核心价值观的关键传播主体。《关于进一步把社会主义核心价值观融入法治建设的指导意见》、《社会主义核心价值观融入法治建设立法修法规划》等文件为社会主义核心价值观融入法治建设提供了科学指引，促进党团组织发挥关键传播主体作用。党团组织具有引领社会发展的科学先导作用，能够立足国家和社会发展现实需要，利于突出社会主义核心价值观的法治传播价值和功能，丰富社会主义核心价值观融入法治建设各环节的理论和现实基础。

第二，党团组织是以法治方式传播社会主义核心价值观的关键传播主体。党团组织推动社会主义核心价值观融入科学立法、严格执法、公正司法、全民守法各环节，充分发挥社会主义核心价值观的治理功能，强化依法治国和以德治国相结合的现代法治方式的现实应用性。从宏观上讲，这为各领域法治建设提供了重要价值指引，突出了法治建设各领域的法治传播作用。党政领导的中国特色法治传播呈现融入立法、执法、司法等法治活动的发展趋势，党团组织以传播社会主义核心价值观的法治方式契合了普法发展规律。

第三，党团组织是以自身行为传播中国特色法治价值的关键传播主体。不同于法制含义，社会主义核心价值观主张弘扬法治价值。公认的观点是，法治包括良法善治和一体遵行两层含义。党团组织既推动良法善治发展，也以自觉自律的形式有效促进法治一体遵行。言传不如身教，法治传播的最佳状态就是法治传播者的带头守法。党团组织规定以严于国家法律的内容要求，对党团员提出了具体行为要求。党团员以国家工作人员和青少年为主，国家工作人员和青少年历来是我国普法的重点对象。所以，党团组织通过切实约束自身成员行为，可以有效发挥中国特色法治价值的关键传播主体功能。

（三）新时代普法工作中党团组织的普法价值指引作用

党的十九大报告对新时代“法治中国”建设提出了具体实践

要求，其中以提高国家法治体系建设的整体协调性为重要切入点。一方面，通过合宪性审查提高国家治理制度体系整体协调性。另一方面，通过监督公权力提高国家治理运作体系整体协调性。新时代普法工作既要注重制度普及，也要关注法治实践普及。新时代普法工作中党团组织的普法价值引领作用，需要通过以上两个方面的整体推进，促进形式普法向实质普法转化。党的十九大报告提出了新时代加大全民普法力度的要求，社会主义核心价值观成为党团组织加大对全民普法价值指引的重要着力点。具体来讲，立足提高国家法治体系建设整体协调性，包含社会主义核心价值观传播的新时代全民普法具有丰富实践机理。

一方面，通过明确社会主义核心价值观的法治实施路径，深化对宪法宣传的认识，为提高国家法律制度体系整体协调性提供价值指引。根据《全国人民代表大会常务委员会关于全国人民代表大会宪法和法律委员会职责问题的决定》，宪法和法律委员会在继续承担统一审议法律草案工作的基础上，增加推动宪法实施、开展宪法解释、推进合宪性审查、加强宪法监督、配合宪法宣传等工作职责。从法治宣传相关机构设置角度讲，宪法宣传被提到了一个新的高度。根据上文决定，宪法宣传与宪法实施存在密切关系。由于宪法处于国家法律体系的顶端，致力于提高国家法律制度体系整体协调性，应当是宪法实施的重要任务。宪法宣传通过将社会主义核心价值观纳入法治实施视野，为国家法律制度体系整体协调发展提供了必要的价值指引。社会主义核心价值观的法治价值和其他价值有效平衡，为新时代国家治理背景下推进法治中国建设提供了更为开阔的视野。

另一方面，通过明确社会主义核心价值观的法治监督路径深化对公权力监督的认识，为提高国家法治运行体系的整体协调性提供现实基础。新时代法治建设中，社会主义核心价值观不仅具有制度建设意义，更具有法治运作的潜在功能。强化公权力监督是新时代法治建设的重要内容。随着国家监察体制改革深入推进，在国家监察制度不断完善的情况下，增强公权力监督的难点逐渐转化为相关法治机制运行协调性问题，比如国家监察机关与权力机关、审判机关、检察机关等的沟通对接机制等。根据相关法律规定，廉政法治教育是我国监察机关重要职责内容，其呈现法治教育和道德教育相结合的特征。社会主义核心价值观作为依法治国和以德治国相结合的价值体现，应当成为新时代廉政教育的重要内容。从普法转型发展角度讲，这是制度宣传向治理宣传转化的重要环节，即从权力约束和权利保护的法治平衡发展角度综合发挥普法的国家治理潜能，增强新时代法治普及的现实应用性。

二、新时代普法工作中党团组织的普法强化作用

在新时代普法工作中，为有效发挥党团组织的价值指引作用，应当有针对性地强化党团组织的普法作用。顺应新时代法治发展需要，党内法规宣教成为有效发挥党团组织普法强化作用的重要内容。具体来讲，党内法规宣教对象包括党员和非党员两部分，分别体现了不同的法治作用。对于党员进行党内法规宣教，主要侧重于发挥法治政府建设功能。对于非党员进行党内法规宣教，主要侧重于发挥法治社会协调发展作用。从党内法规与国家法律衔接和协调角度讲，立足增强党内法规执行力，有利于从党内法治视角审视党内民主、党务公开等问题，从而与国家监察体制改革相得益彰，深化刚柔并济的新时代法治运行特点。

从新时代普法工作开展角度讲，通过强化党内法规宣教，为增强新时代普法实效提供了新视角。传统上普法的效果，在一定程度上是国家法律惩戒模式在法治传播领域的延续。不同于国家法律，党内法规属于不具有国家强制力的软法范畴。立足党内法规软法特征，应当健全党内法规宣传激励机制，这既是党内法规宣教效果的客观保障，也可以弥补传统国家法惩戒普法模式的弊端，从而多角度完善党内法规宣教评估标准和方式。

具体来讲，发挥党团组织的普法强化作用，应当顺应国家监察体制改革的法治趋势，探究与公权力刚性制约相适应的柔性法治传播内容。党团组织应当充分利用党内民主、党务公开等党内法治契机，挖掘党内法规宣教的柔性优势，在公务人员和青少年两个普法重点人群中增强新时代全民普法的针对性。

（一）完善新时代普法特有内容

根据党的十九大报告，全面强化公权力监督是新时代重要法治特点。监察体制改革是新时代加强公权力监督的重要法治实践。随着由法制宣传到法治宣传的转型升级，注重对法治体系和法治实践的普及成为重要法治传播特征。以党内法规的法治运用为主要特征的监察体制改革，成为新时代普法特有形式。监察体制改革体现的法治内容应当成为新时代普法的特有内容。

第一，与注重法治实践普及相适应，新时代普法应当强化必要的法治理论普及。从法治发展趋势角度讲，我国监察体制改革具有一定的创新意义。法治实践创新需要以必要的法治理论为指导。我国监察体制改革推进的过程中，法学理论界保持持续关注，从机构设置、权力运用等方面进行了深入分析。针对监察体制改革中突出问题开展广泛研讨的过程，在一定程度上发挥了舆情热点引导法治传播的作用。尤其在国家监察相关制度缺失的情况下，基本的法治理论成为监察法治传播的重要内容。从法治实践发展角度讲，这既是推动相关制度逐步完善的过程，也是丰富重大法治实践法治启蒙基础的过程。从法治普及角度讲，强化必要的法治理论普及，既是对过去法治实践的总结和反思，也是对未来法治实践的理性展望。从普法定位角度讲，法治传播不仅仅是法律制度建设的副产品，也是国家整体法治规划中的重要部分。

第二，与注重公权力监督实效相适应，新时代普法应当注重推动制度发展完善。在国家监察基础法律规定制定之后，新时代公权力监督的法治效果，在一定程度上取决于国家监察机关在内外两个维度的协调配合。内在维度方面，党内法规和国家法律在法律适用中的衔接和协调问题值得关注。外在维度方面，国家监察机关与审判机关、检察机关等的协调配合同样值得关注。解决以上问题，需要完善我国法治适用的相关制度和机制，其中制度发展完善是基础。由于涉及公权力规制问题，不应当仅在权力制约权力的角度探究问题，而应当从权利制约权力更为宽阔的视角透析问题。法治普及成为连接权利监督制约权力的重要法治途径。法治普及既能够通过提高法治监督意识的方式增强公权力监督实效，也可以通过促进相关制度完善丰富公权力监督的制度基础，更为重要的是，作为一种法治沟通形式，法治普及的主体间性提供了制度完善的对话渠道。

第三，适应法治理论和制度发展需要，新时代普法应当注重对党内法规法治传播问题解读。与法律要求相比，党内法规的要求更为严格，呈现出在合法性基础上增强合理性的趋势，这是在行为规制基础上加强了相关道德层面要求。从法治理论角度讲，需要从依法治国和以德治国相结合的角度对党内法规进行理性解读。这与新时代廉政法治教育体现的法治教育和道德教育相结合的特征相吻合。深言之，党内法规应当成为新时代廉政教育的重要内容，党内法规宣教应当是新时代廉政教育的重要形式。另外，在党内法规实际运用中，基于法治体系整体协调性考虑，存在党内法规与国家法律不一致、不兼容等问题。党的十九大报告提出了新时代加强合宪性审查的法治要求。党内法规和国家法律的衔接与协调问题，应当成为合宪性审查的重要内容。宪法和法律委员会在推进合宪性审查的同时配合宪法宣传工作开展，将宪法宣教置于法治体系协调视野之下，这在一定程度上促进了党内法规和国家法律协调审查的制度完善，从而增强党内法规在法治体系中的法治理性。

（二）新时代党内法规宣教的转折点

适应国家监察体制改革需要，新时代党内法规宣教呈现政治性向法治性转化的发展态势。新时代经济社会发展，提出了党团组织新时代组织建设的新要求，党内民主和党务公开成为强化新时代公权力监督的重要途径。

第一，适应新时代乡村振兴战略需要，党内法规宣教有利于增强新时代基层民主发展动力，通过强化党内监督途径提高党员民主意识。“三农”问题历来是我党工作的重中之重。新时代乡村振兴离不开基层党建工作的不断发展完善。尤其在乡镇基层依法行政面临压力型体制困境的情况下，乡村基层党建工作对于破解乡镇治理难题具有重要作用。基层民主是基层党建的重要内容。

党内法规宣教成为增强基层民主发展动力的重要渠道。具体来讲，随着党内法规宣教的政治性向法治性转换，党内法规宣教传递的法治精神不断浓厚，通过为基层民主发展提供具体途径有力地增强了基层民主发展动力。从党内法治角度讲，增强基层民主发展动力主要表现为党员主体意识增强。这既是党建过程科学化民主化的重要保障，也是以法治方式运用党内监督途径的关键。通过党内法规宣教将基层民主和党内监督进行有效结合，可以适当弥补乡镇压力型体制的运行弊端，为新时代乡村振兴提供良好体制机制保障。

第二，适应大数据等现代科学技术发展，通过法治传播有效整合党务公开和政务公开等渠道，通过强化群众监督途径提高社会法治意识。大数据、云计算和人工智能等现代科学技术为信息公开提供了更为便利的条件。顺应党政机构合并改革需要，党务公开和政务公开信息公开方式应当进行适度整合。这既是便利行政相对人知情权行使，也是适应全面依法治国需要的信息公开全面化发展体现。法治传播成为党务公开和政务公开实现整合的法治途径。通过法治传播的现代法治方式，促进公权力运营的进一步透明化，从而为强化群众监督意识创造必要条件。从新时代普法角度讲，这是将抽象的社会法治意识培育具体化的过程，通过常态化多角度的信息公开形式，在具体公权力行使环节中逐步提高行政相对人的法治意识。从普法转型角度讲，这是运动化普法向常态化普法转型的重要切入点。与党内民主和党内监督的自治模式相得益彰，党务公开和群众监督成为开启他治模式的重要形式。

综上，深化党内民主、党务公开的公权力监督作用，兼顾党内监督和群众监督等多种监督途径，新时代党内法规宣教成为新时代加大全民普法力度的现实着力点。

（三）党团组织的全民普法宣教路径

以法治思维和法治方式遵循国家党政机构改革的发展要求，需要强化新时代党团组织的普法作用。新时代党内法规宣教，合理兼顾党内法规的纪律效应和溢出效应，从党员和团员的社会身份入手，同步增强党员主体意识、培育社会监督意识。

第一，从党员和团员的社会身份入手，寻找权力制约的切入点，有效增进党内法规的全民普法效果。传统意义上的法治传播对普法对象采取条块化简单处理，比如根据普法对象身份划分为公职人员、农民等。党内法规宣教在完善普法内容的同时，对更新普法对象划分方式提出了新的启示，即在工作身份之余兼采社会身份的分类，其中社会身份以普法对象的信仰为重要参考标准。这既有利于打破普法对象条块化分割的弊端，也为从思想认识角度强化法治意识提供了便利条件。一方面，党员和团员的组织身份，是重点普法对象的社会身份再现。国家工作人员和青少年历来是我国普法的重点对象，这两部分人群与党员和团员身份具有极大的重合性。新时代对重点普法对象开展法治宣教，党员和团员的组织身份为党内法规宣教提供了必要的外部条件，借助组织政治教育的权威性，党内法规的现代法治理念能够实现有效传播。另一方面，党员和团员的组织身份，是普法对象多重社会身份的整合。普法对象在不同阶段不同法律关系中，其社会身份是不同的，其在法律层面的权利义务内容也不同。与法律相比，党内法规的要求更为严格。党内法规为协调相关社会身份的法律冲突，在法治理念和行为规范角度提供了客观标准。

第二，从党员和团员的社会身份入手，寻找社会激励的切入点，有效增进党内法规的全民普法效果。国家法律惩戒模式是法律宣教的效力来源，党内法规不同于国家法律，其不具有国家强制力。为有效增强党内法规执行力和约束力，更新党内法规宣教模式成为重要途径。党员和团员的组织身份，是其社会身份的组织化提升，为进行社会激励法治普及提供了身份支持。党团组织作为中国社会先进力量的代表，其模范带头作用的内核是自治，这是自我约束自我提升内在要求的具体表现。相应地，党团组织对社会的引导作用，在一定程度上是发挥党团组织自身约束的道德外化作用。党内法规宣教实质上是在社会范围内将法治理念和德治理念相结合，充分发挥依法治国和以德治国两种方式的治理优势。现代科学技术为发挥党内法规宣教激励作用提供了有利条件，从实质上讲，这是克服法律问题政治化解决的重要技术化渠道。互联网众包模式成为引入党内法规宣教技术化的重要方式，成为党内法规宣教引入社会激励模式的重要载体。互联网众包模式通过激发相关参与者的积极性，实现有效增强主体意识的法治作用。更为重要的是，通过凸显新时代全民普法的人民主体性，增强了党内法规的全民普法效果。

三、新时代普法工作中党团组织的普法保障作用

在新时代普法工作中，发挥党团组织的普法强化作用，离不开党团组织的普法保障作用。普法保障作用是党团组织发挥普法强化作用的重要外部制度条件。强化新时代党团组织制度建设，成为党团组织普法保障作用的重要切入点。结合普法法治化发展趋势，应当探究党团组织在“谁执法谁普法”普法责任制中的定

位。从理论层面讲，需要克服传统行政法学研究的缺陷，借鉴以吏为师的有益文化传统，以全面法治思维和现代行政法治方式，深化对新时代行政自制能力的认识。从实践层面讲，顺应新时代党政机构合并趋势，应当探究党团组织落实普法责任制的科学方式，从依法执政和依法行政等多角度切实加大新时代全民普法力度。具体来讲，应当响应新时代社会主义法治文化建设要求，借鉴以吏为师的优秀传统文化有益经验，发挥新时代党团组织制度建设作用，增强"谁执法谁普法"的程序法治化，促进新时代全民普法的常态化发展。

（一）增强新时代普法法治实践性

随着普法融入立法、执法等环节，普法的法治实践性逐步增强。为实现常态化法治宣传效果，增强全民普法的时效性，应当以程序法治思路推进新时代普法法治化建设。具体来讲，应当将建设社会主义法治文化、培育社会主义法治理念，融入党团组织具体行为指导中，通过丰富"谁执法谁普法"主体内涵，形成以新时代法治实践为基础的常态化全民普法。

第一，加强对公职人员的法治教育，立足现实工作需要，提高党内法规的实践应用性。在兼顾系统内普法和社会普法的情况下，"谁执法谁普法"不应当仅限于社会普法范围。尤其在党政机构合并的情况下，与社会普法相适应的系统内普法同样值得关注。兼容法治实践和现实工作双重需求，系统内普法和社会普法应当实现一体化。以普法一体化为视角，应当对"谁执法谁普法"普法责任制进行拓展解释，其中通过拓展执法外延来深化执法内涵具有重要现实意义。具体来讲，不仅将执法视为行政程序问题，更是将执法视为一个行政过程。换言之，与执法相关的具有法治沟通需求的公权力主体，都应当在普法责任制中具有明确界定。从普法责任制发展角度讲，这是以行政监管现实发展需要来诠释执法中普法问题，而不仅仅是切片化地对待执法中法治沟通问题。从实质上讲，这促使执法中普法的内容更为全面，而不仅仅是执法文书字面上内容。从党内法规宣教角度讲，促使相关主体结合工作需要明确面向社会的法治沟通内容，将党内法规的严格要求切实落实到工作实际中。

第二，加强对青少年的法治教育，结合社会热点问题舆情发展，提高党内法规社会认知度。共青团是党的助手和后备军，在党内法规宣教方面具有一定的现实作用。共青团宣教对象为青少年，青少年对社会的认知度相对较低，社会舆情热点成为向其开展法治教育的有利契机。从深化法治实践意义角度讲，为了提高对青少年法治教育的实效，"谁执法谁普法"普法责任制不仅需要关注普法主体问题，也需要关注普法对象问题。具体来讲，执法中普法的法治传播对象不应当仅限于该法律关系主体，同时应当包括必要的社会主体，广大青少年属于其中重要普法对象。通过执法主体权力约束的真实例证，向广大青少年展示了新时代公权力监督的法治精神。配合新时代廉政教育的广泛开展，党内法规约束公权力的现代法治方式得以广泛传播。共青团应当在青少年普法和青少年廉政教育方面进行必要协调，从而事半功倍地提高党内法规社会知晓度。

（二）新时代普法的理论保障

适应"谁执法谁普法"的全民普法新路径，需要深入推进新时代党团组织制度建设。完善“谁执法谁普法”普法责任制相关规定，推进新时代普法的法治化进程，需要以必要的行政法治理论作为保障。

第一，合理运用互联网思维和大数据方式，促进网状、立体化、动态的部门行政法发展。新时代普法需要大数据等技术条件作为支持，更需要将大数据思维融入行政法理论，为党政主导的法治宣传教育科学发展提供理论助力。适应新时代党政机构改革需要，应当结合大数据思维的特点适时转换部门行政法研究视角，从以行政主体、行政行为为研究重点，转换为以行政公务作为行政法研究的重要内容。这既可以破除各行政领域的专业壁垒、增进横向对话交流，促进有关行政公务得到更好的解决，又可以促进各行政领域协力推进行政法总论发展，提高行政法总论内容的科学性与实践性。随着行政公务节点理论积淀的纵向不断增长，其存在立体化发展的现实需要，这是行政法分论与总论的理想对接方式。以大数据思维推进部门行政法发展，在实现跨行业、跨领域沟通基础上，更为重要的是，将大数据的预测功能与行政实践的前瞻性相结合，从根本上构建扎根行政管理实践的动态部门行政法。鉴于法治宣传教育多领域化、理论支撑匮乏、预测性小的特点，大数据对开展法治宣传教育具有重要启示作用，对部门行政法的发展同样产生深远影响。由分散化到网状化，由平面化到立体化，由静态到动态，大数据思维推动部门行政法实现了跨越式发展，为法治宣传教育科学发展提供了必要理论支持。

第二，兼顾行政他制和行政自制的现实需要，为新时代普法提供必要制度保障。与世界上普法具有代表性国家不同，我国由行政权主导法治宣传教育活动。现实中，司法行政机关几乎都采取议事协调机构形式进行普法活动的协调运作。截至目前，针对议事协调机构，尤其是地方议事协调机构的法律规定较少。由于议事协调机构不属于传统行政法中行政主体的范畴，以司法审查为核心的行政法学研究缺少对议事协调机构的关注。如果说议事协调机构主要为应对行政协助制度缺失而产生的现实要求，那么普法责任制则是在普法领域中针对议事协调机构进行必要制度化构建。尽管可以对议事协调机构从行政组织法、行政程序法等层面进行必要规制，但核心问题是明确议事协调机构内部成员单位的职责分工。“谁执法谁普法”的普法责任制则是将议事协调机构内部分工与执法职能进行必要匹配，借助已有执法职能体系进行普法工作机制的发展完善。参考大陆法系、英美法系行政主体制度的特点，为更好地对议事协调机构的普法责任制进行分析论证，应当将议事协调机构纳入行政主体范围。这将突破行政主体分散式责任承担问题，在法律、法规、规章等形式化授权之外，适应行政体制改革趋势，应对行政监管实践需要，以实质行政法治视角探究行政法治问题。在普法领域，普法责任制成为行政主体立体化发展的内部分权支撑。

（三）新时代普法的全面完善

新时代我国党政主导的普法的全面发展，需要立足全面依法治国现实，以体系化法治思维，融合有效党团组织建设的多层面作用。发挥新时代普法全面完善作用，集中体现在增强价值指引和提高法治运作程度方面。

第一，致力于新时代普法的全面完善，党团组织应当充分发挥社会主义核心价值观的价值指导作用，汲取以吏为师的优秀传统文化有益内容，从而增强对新时代普法的价值指引。党的领导是我国法治建设的本质特征。党团组织在新时代普法中处于关键地位。由于新时代普法涉及立法、执法、司法、守法等多层面内容，在普法中强化党的领导作用，应当主要体现在价值指引方面。社会主义核心价值观总揽国家、社会和个人等多层面的科学价值，能够为新时代普法提供价值支持。尤其在社会主义核心价值观融入法治实践的情况下，从普法视角推进社会主义核心价值观传播的法治意义更为突出。另外，结合前文所述，党内法规作为新时代普法重要内容，提出了较法律更为严格的要求，党内法规宣教具有一定道德自律的内容。与此相适应，推进新时代普法科学发展，党团组织需要汲取我国传统德治的有益成分，吸收以吏为师优秀传统文化精髓。这是以融汇古今的价值力量促进新时代普法全面发展。

第二，致力于新时代普法的全面完善，党团组织应当通过强化程序法治方式，全面挖掘党内法规宣教的法治作用，综合提高新时代普法的法治运作程度。新时代普法以法治体系和法治实践为蓝本，其中党内法治是立足中国现实强化法治的关键，与其相适应，党内法规宣教也是强化权力约束、权利保护等法治理念的关键法治普及方式。在新时代普法全面完善视角下，党内法规宣教不仅具有传递新时代党内法治理念的重要法治价值，也是普法进一步融入国家法治建设的重要体现，从而促使新时代普法综合提高法治化运作程度。适应国家监察体制改革、深化党政机构改革等实践需要，党内法规宣教应当向党内法治宣教转化，由局部惩戒式宣教向全程监控式宣教转化。其中程序法治化是党内法治传播的重要法治形式。随着党内法治向常态化全程监控式宣教模式转化，党内法治理念、制度等需要在程序法治形式中得以落实。

这既是新时代普法责任制发展的方向，也是程序法治价值拓展的重要体现。

第二节 ┃ 新时代领导干部法治思维研究

摘要：深入学习《2018–2022 年全国干部教育培训规划》有关内容，对新时代领导干部法治思维进行多角度分析研究。结合法治中国建设现实需要，适应新时代党政机构改革变化，立足新时代中国特色法治长远发展，从法治逻辑、法治文化和法治发展角度对领导干部法治思维的理论基础、运行机理、实践内容进行理论阐释。

《2018–2022 年全国干部教育培训规划》对新时代干部教育提出了总体要求，其中法治思维属于党的基本理论教育重要内容。准确把握新时代干部教育法治培训总体要求，充分理解法治思维与战略思维、创新思维、辩证思维、底线思维等的重要区别，应当对新时代领导干部法治思维进行深入研究。法治逻辑、法治文化、法治发展等视角，为新时代领导干部法治思维提供了重要的理论和现实维度，其以贯通法治国家、法治政府和法治社会的一体建设形式，丰富了新时代领导干部法治培训的重要内容。

一、法治逻辑视角下新时代领导干部法治思维

作为新时代领导干部法治培训的重要内容，应当从干部教育培

训全局出发，科学解读新时代领导干部法治思维。干部教育培训是新时代中国特色社会主义事业的重要人才培育方式，需要秉承新时代不断提高党的执政能力和领导水平的科学目的。全面从严治党和全面依法治国条件下，推动新时代干部教育培训科学发展，应当以新时代法治中国运行逻辑诠释领导干部法治思维发展规律。

（一）法治中国建设的法治逻辑

作为全面从严治党和全面依法治国的重要目标导向，法治中国建设以其主权和治权的双重法治深意，[①]体现了历史、道义与实践的逻辑统一，[②]实现了从严治党和依法治国的多层面法治化兼容。法治中国建设在法治视角和法治方式等方面呈现全面化法治逻辑。

一是法治中国建设以法治过程视角，全面把握新时代法治建设中出现的突出问题。

传统法治建设以行为规制为重要目标，对于非法律行为主体的具体行为人、违法行为的相关行为等疏于规制，使得法律规制效果存在治标不治本等约束力度有限问题。新时代监察体制改革将监察机构由法律监督行为提升为政治行为，彰显了新时代法治建设突出的问题意识，关注到权力的具体行使者严格规制问题，克服了传统行为规制“只见行为不见行为者”的缺陷，关注到违法行为发生的体制机制问题，克服了传统法律规制“就事论事”

---

① 范进学：《“法治中国”：世界意义与理论逻辑》，《法学》2018 年第 3 期，第 3 页。

② 王旭：《“法治中国”命题的理论逻辑及其展开》，《中国法学》2016 年第 1 期，第 87 页。

简单化处置弊端。总体上讲，破解法治建设的突出问题，法治中国建设采取了法治过程的全面视角，弥补了传统法律关系片段化视角的重大弊端。具体来讲，这在法治过程中引入了实际的法治行为者视角，打破传统法律关系主体尤其是行政主体概念的桎梏，拉近法治运行过程和现实权力运行规律的距离，为切实有效推进新时代权力规制提供了科学的法治保障。

二是法治中国建设以法治全局视野，全面把握新时代法治建设中的基础性问题。

传统法治建设中法律体系呈现类似产品生产线的立法—行政—司法线性运行模式，权力法治的色彩浓厚。新时代法治建设中，与法治政府建设相适应的法治社会建设重要性凸显，需要在权力规制之余拓展权利保护视野。从实质上讲，这是以法治运作全局视野，在权力行使者之余关注到权力运用对象问题。关注到权力运用对象的法治可接受性，[①] 是以法治思路科学审视法治建设中的多方主体性，以双向的法治沟通克服单向法治传播的局限性。法治体系下融入立法、执法、司法等活动的法治沟通交流成为拓展全局法治视野的重要突破点。“法制宣传教育”向“法治宣传教育”转型，以及党内法规纳入普法内容，成为这一科学趋势的重要法治表现。作为依法治国的长期基础性工程，新时代普法是传播社会主义核心价值观的重要形式，发挥着重要的社会法治启蒙作用。融入立法、执法、司法等法治实践的普法活动，以全面发展路径将法治社会的视角纳入权力法治运行过程中，充分展现了

---

① 吕玉赞、焦宝乾：《“法律逻辑”的本土化探究》，《济南大学学报》2018年第6期，第13页。

适应法治中国建设需要的全局法治视野。

三是法治中国建设以法治整体协调方式，全面把握新时代法治建设的关键问题。

新时代法治体系建设中，合宪性审查和规范性文件规制成为格外关注问题。作为协调法律体系和党内法规体系的关键环节，合宪性审查是提高法治体系整体质量的顶层制度保障。规范性文件规制是推进法治政府最后一公里建设的重要问题，作为法治政府和法治社会接驳的关键环节，规范性文件规制是提高法治体系整体运行质量的基础保障。合宪性审查和规范性文件规制，兼顾了顶层制度保障和基础保障两个关键环节，体现了以法治整体协调方式增进法律体系的整体协调性，从而为全面推进法治中国建设提供高质量的制度体系。更为重要的是，新时代党政机构合并后，合宪性审查和规范性文件规制的法治整体协调方式，为党内法规体系建设的政治逻辑与法治逻辑融合提供了科学参照，① 以法治思路促进党内法规和国家法律的衔接和协调。在法律体系整体协调性基础上，丰富了新时代法治体系整体协调的法治思路，彰显了新时代法治中国建设的全面法治逻辑。

（二）以兼顾法治逻辑促进领导干部法治思维全面化

法治中国建设蕴含的全面法治逻辑，促使以全面法治思路探究新时代组织建设等重要问题，其中全面提高领导干部法治思维成为关键。与新时代全面法治建设需要相适应，新时代领导干部

① 刘茂林：《宪法体制视角下的党内法规体系化》，《中共中央党校学报》2018 年第 4 期，第 73 页。

法治思维呈现明显的兼顾法治逻辑特征。

一是主体层面的兼顾法治逻辑。从合法性与合理性双重角度，兼顾法定责任主体和实际责任主体，强化新时代领导干部权力规制的法治思维。

在以往权力规制法律化基础上，新时代党内法治将权力规制法治化向前推进了一大步。以法治现实视角透视权力运行过程，拓展了权力规制的主体范围，将公权力具体行使者纳入法治范围。与此相适应，权力规制方式也在合法性规制之余，增加了合理性规制的法治要求。从实质上讲，这是针对领导干部行使权力的具体情况，以党内法治思路将官德的道德内容引入法治范围，通过党内法规适用将权力规制由合法性标准提高到合理性高度，在公权力规制领域实现依法和以德相结合的权力规制的善治目的。从新时代法治中国发展趋势角度讲，这有助于传统的权力修辞向法律话语转化，[①] 为国家治理体系和治理能力现代化提供重要法治话语体系保障。从领导干部法治思维角度讲，这是吸收新时代法治中国建设特有模式的有益经验，兼顾法律他制和权力自制的双重法治优势，通过新时代法治思维全面强化新时代领导干部权力规制的法治思维。

二是行为层面的兼顾法治逻辑。从形式法治和实质法治双重角度，兼顾权力规制和权利保护，深化新时代领导干部的过程法治思维。

以往权力法律规制中，往往以法律关系作为片段化处理的外

---

① 陈金钊：《权力修辞向法律话语的转变——展开法治思维与实施法治方式的前提》，《法律科学》2013 年第 5 期，第 43 页。

在依托，将规制聚焦于权力行使一方，法律规制很难实现法律效果和社会效果统一。克服以往法律关系片段化处理的弊端，从行为过程视角全面审视法律关系双方主体，不仅要实现权力规制的形式法治目的，更要实现权利保护的实质法治目的。从实质上讲，这是通过兼顾行为过程和行为结果，实现行为法治的全面善治目的。也就是说，与传统程序法治思维不同，过程法治思维更为关注权力相对方的权利保护问题。以过程法治克服传统程序法治思维弊端，需要以权利保护为标准对行为过程的其他因素进行衡量。科学权衡的动态化过程，既是权力规制的过程，也是权利保护的过程，与法治沟通的双向性具有内在契合性。作为权力行使者，领导干部与权力运用对象之间的法治沟通，是践行“谁执法谁普法”普法责任制的过程，即以责任制形式促进权力规制和权利保护的同步化，体现了程序法治和实质法治兼顾的过程法治思维。

三是效果层面的兼顾法治逻辑。从法治体系顶端和底端双重角度，兼顾法律效果和社会效果，深化新时代领导干部的体系法治思维。

与以往宪法非司法化路径不同，合宪性审查为新时代宪法实施提供了必要前提。与以往规范性文件失范不同，规范性文件合法性审查机制为新时代法治落地运行提供了必要支持。合宪性审查与规范性文件审查从法治体系宏观和微观两个层面，体现了新时代法治建设的动态化发展要求，展现了新时代制度运行的兼顾法治逻辑。延续上文过程法治思维的特征，制度层面的兼顾法治逻辑实际上是结果法治思维的客观表现。作为结果法治的两个重要方面，法律效果和社会效果阐释了法治传播的客观效果和主观效果，实现两种效果兼顾的重要保障是提高法治说理性。新时代领导干部的体系化法治思维，引导立足法治体系整体的法治传播，以制度的整体协调性增强说理的可接受性。合宪性审查和规范性文件审核，致力于将法治协调性贯穿制度体系始终，在宏观和微观、主观和客观等多个层面为强化新时代领导干部体系化法治思维提供制度保障。

（三）以实践法治逻辑促进领导干部法治思维本土化

新时代法治中国建设的全面法治逻辑，既需要兼顾法治逻辑的法治理性，也需要实践逻辑的现实机理。全面法治逻辑付诸实践的过程，是法治原理与现实法治需求对接的过程，是权力主体与权利主体多元互动的过程，是一定法治环境下法治思维本土化的过程。科学实现领导干部法治思维本土化，是以法治思维应对权力规制和权利保护中的突出现实问题，以现实可操作性为兼顾法治逻辑提供科学把握“度”的理性角度。

一是将权力规制的法治思维运用于法治实践，应当以宽视角的开放法治理性诠释权力规制的程度，实现权力规制的合理性。

适应全面从严治党和全面依法治国的法治要求，权力规制需要以新时代法治思维运用为支撑。缺乏国家法律强制力保障的党内法规，在刚性制约之余丰富了柔性制约的法治思路。刚柔并济的科学规制方式，要求兼采法治、政治、经济、文化等多元规制方式，科学拓展权力规制的法治思维维度，立足发展全局理性对待权力规制问题。具体来讲，不同于传统封闭法治思路，这是从法治思维与战略思维、创新思维、辩证思维、底线思维科学协调的开放法治角度审慎对待权力规制程度。政府主导推动改革建设的发展模式，决定了新时代权力规制不是单纯为了限制权力，而且应当立足全面推动现代化建设的权力规制，开放法治下宽视角的法治思维拓展了权力规制的合理维度。这是兼顾法治逻辑在法治中国建设现实层面的运用，中国特色社会主义建设中权力运行规律是新时代权力规制合理性的重要依据，是新时代领导干部实践法治思维本土化的现实基础。

二是将过程法治思维运用于法治实践，应当以新时代政法理念权衡权力规制和权利保护问题，实现过程法治的法治目的。

相较于封闭法治思路的片段化法治思维，与新时代开放法治思维相适应的是过程法治思维。从根本上讲，这是从调整一个环节的法律关系转化为理顺整个过程的法律关系，促使从立法目的角度合理协调权力规制和权利保护问题。从法治体系建设的角度讲，过程法治思维需要将立法、执法、司法、守法等视为有机整体，而不是各自封闭运行的孤立系统。适应新时代法治体系科学发展需要，真正发挥法治体系的整体法治功能，应当从提高过程法治思维的法治实践效益入手，充分发挥党对政法工作的领导作用。进一步讲，党领导下的政法工作应当以相应的政法理念作为支撑，新时代政法理念成为科学合理协调立法、执法、司法、守法等问题的重要依归。新时代政法理念在传统法治理念之余，要求领导干部从政治高度科学审视权力规制和权利保护的法治命题，从人民法治高度准确定位法治问题，实现以法治实践逻辑促进法治思维本土化。法治思维本土化的过程，既是法治过程中公权力和私权利的有效平衡过程，也是由形式法治目的向实质法治目的深层次转化的过程。

三是将体系法治思维运用于法治实践，应当以可接受的法治理念协调法律效果和社会效果问题，实现体系法治的治理效果。

与开放法治理性和过程法治目的相适应，具体法治实践的法治思维应当注重多方主体的互动参与，这是既以开放法治视角聚集法治智慧、增进法治交流，也是提高过程法治法治效益的重要保障。从法治效果角度讲，这是以科学法治实践方式科学对待法律效果和社会效果的关系，既不是法律效果对社会效果的妥协，也不是社会效果对法律效果的失语。其中在法律效果和社会效果之余引入政治效果考量，[①] 是实现新时代法治体系效果的重要途径。这既与党对新时代法治建设领导的法治实践需要相契合，也是法治体系下新时代政法思维的重要治理效果体现。以政治效果作为法律效果和社会效果兼顾的重要权衡标准，能够科学把握法律效果和社会效果的法治运用尺度，从而实现法治国家、法治政府和法治社会兼顾的可接受性法治理念。实践法治逻辑下法律效果、社会效果、政治效果的良性互动，促进领导干部法治思维在国家、政府和社会等层面实现有效本土化，这是新时代从法治体系发展角度实现体系法治治理效果的重要体现。

综上，法治中国建设以其特有的法治中国路径，通过兼顾法治逻辑和实践法治逻辑，将法治中国建设由单一、孤立、静止状态的视角转变为多层次、体系化、发展中的视角。通过开放法治传递的实质法治思维、通过过程法治传递的人民法治思维、通过发展法治传递的治理法治思维，将新时代领导干部法治思维提高到法治中国建设的更高境界。

---

① 邱水平：《论执法实践中坚持法律效果、社会效果与政治效果的统一》，《法学杂志》2016 年第 10 期，第 65 页。

二、法治文化视角下新时代领导干部法治思维

践行法治中国建设的应然法治逻辑，离不开必要的实然法治文化作为重要保障。法治文化建设既包括制度性文化建设也包括观念性文化建设，[①] 领导干部法治思维培育既需要关注国家的制度建设要求，也需要提高领导干部自身的法治素养。新时代机构改革条件下的法治政府建设，为领导干部法治思维培育提供了重要法治实践平台。新一轮机构改革以法治思维在党的领导下机构改革全覆盖的形式，[②] 将依宪执政和组织编制法治化问题提到了新的高度。解决新时代组织编制法治化等问题，既需要推进制度建设，也需要更新必要行政法治思维，其中行政法治思维变革是新时代法治文化视角下领导干部法治思维发展的共性内容。

（一）行政法治思维变革

从法治运行角度讲，法治文化通过外在的法治环境和内在的法治思维展现。新一轮机构改革中，党政机构合并对公权力主体产生了重要变革影响，对传统行政法治提出了公权力规制的新课题。应对外部法治环境的剧烈变化，需要从内在的法治文化入手进行深入分析，通过新时代政法文化因素、新时代行政法治文化因素、新时代领导干部法治定位因素等深刻认识新时代领导干部法治思维特征。

---

① 刘作翔：《法治文化的几个理论问题》，《法学论坛》2012 年第 1 期，第 5 页。

② 朱维究：《深化党和国家机构改革与推进法治中国建设》，《中国机构改革与管理》2018 年第 6 期，第 1 页。

一是新时代政法文化因素。

从国家建设长远大局出发，新时代党政机构合并具有充分的合理性，在法律制度滞后的情况下，新一轮机构改革的合理性需要从政法文化入手进行分析。新时代政法文化融合了政治文化和法治文化的重要因素，致力于实现政法生态的良性指引。其中，政治文化的本质是制度文化，制度文化的基础是法治文化，[①] 新时代政治文化和法治文化具有一定的同源性。新时代政治文化与法治文化的关系，成为法治思维培育的重要切入点。新时代领导干部法治思维培育，应当注意打通政治学习与法治学习的壁垒，将政治学习的收获积极运用于法治工作实践中，以法治文化深化对新时代政治文化的认知。一方面发挥政法文化对法治实践的引领作用，克服就事论事的狭隘法治观点，及时发现法治实践中领导干部法治思维和法治方式的新动态，发挥政治思想工作和法治教育的双重规制作用。另一方面发挥法治思维对政法文化的理性塑造作用，以法治原理诠释法治运行的客观规律，深刻认识突出法治问题的法理原因，促使新时代政治文化遵循客观法治建设规律。随着国家政治体制改革推进，新时代政法文化因素对行政法治思维变革的外部强化作用将日益明显。

二是新时代行政法治文化因素。

新一轮机构改革条件下，我国行政法治理论从行政主体到行政行为等均面临着重大变革挑战，准确把握行政法治变革方向需要对行政法治文化进行分析。此次机构改革以协同高效为着力点，

---

① 周叶中：《以法治思维的培养为突破口推进党内政治文化建设》，《理论视野》2017 年第 5 期，第 18—19 页。

高效不等于不需要法治，高效不仅指机构之间的协助效率提高，更应当从减少公共资源消耗、减轻公众负担角度进行全面考量。换言之，不同于单纯的行政管理，新时代行政法治更应当注重从行政主体、行政相对人、公众等多方面进行理性规制。以社会主义核心价值观为指导，行政主体、行政相对人和公众的多方理性价值均应当得以体现。与党政主导的机构改革相适应，新时代行政法治发展应当强化民主行政法治文化发展方向。[①]民主行政法治文化从依宪执政的高度审视行政领域中的民主与法治状态，将依宪治国的民主法治理念向行政法治领域传导，实现国家、社会等层面的社会主义核心价值观有效融入行政法治建设。尤其在我国现行宪法进行了第五次重大修订后，健全社会主义法治成为公权力规制的重要时代命题，新时代行政法治文化需要从多角度进行必要更新。

三是领导干部法治定位因素。

传统行政法治理论中，领导干部多是内部行政法律关系主体，很少成为外部行政法律关系主体。这源于机关责任的认定机制，易导致权力具体行使失范。党内法治在一定程度上强化了领导干部的主体责任，为提高领导干部法治意识提供了主体保障。同时，法治实践发展需要进一步强化领导干部的法治主体地位。随着领导干部体系法治思维发展，其不仅是立法、执法、司法等法治实践的权力行使者，也是新时代法治精神的阐释者和传播者。不同于刚性权力行为中领导干部主体缺位，在诸如法治传播等柔性权

① 莫于川：《行政法治文化革新与加快法治政府建设》，《南都学坛》2017年第5期，第58页。

力行为中，应当确认领导干部的法治供体地位。这是以全面法治视角科学对待领导干部的法治定位，既有利于明确领导干部的法治作用，也有利于以法治方式提高领导干部工作积极性。比如在“谁执法谁普法”普法工作中，广义执法范围界定使得领导干部成为内外部法治沟通的重要环节，在普法融入执法过程中，领导干部在实现自我教育的基础上发挥了社会教育功能，成为沟通系统内普法和社会普法的重要环节。以柔性法治途径确认领导干部的法治主体地位，为新时代领导干部法治思维科学发展提供了主体支持。

（二）以人民法治立场诠释新时代领导干部法治思维

新时代领导干部行政法治思维需要面对政法文化、民主行政法治文化等因素的现实影响，现实因素综合反映了人民法治地位增强。人民法治主体地位对法的目的性和有效性具有重要价值，[①] 提高新时代领导干部法治思维水平，亟需明确专业素质的人民法治立场问题。

一是以人民法治立场诠释新时代领导干部法治思维，是对优秀人民政法传统的继承发扬。

与新时代政法文化相适应，应当对传统政法思维进行分析研究。人民政法传统与现代法治并不具有天然的逻辑自洽性，发扬和创新人民政法传统需要遵循法治思维和司法规律。[②] 人民法治立场

---

① 胡玉鸿：《人民主体地位与法治国家建设》，《学习论坛》2015 年第 1 期，第 72 页。

② 安秀伟：《人民政法传统的历史生成与法治转型》，《河南社会科学》2016 年第 2 期，第 70 页。

指导下的领导干部法治思维，发挥着对人民政法合理精神内核的吸收借鉴作用。挖掘司法民主和司法为民的新时代法治价值，应以具有中国特色的优秀法治传统充实人民法治的文化基础。以人民法治立场诠释新时代领导干部法治思维，是新时代法治建设中以法治思维和法治方式理性诠释人民政法传统，增强吸收借鉴人民政法传统的法治话语，促进新时代法治环境优化培育。换言之，这是以法治思维审视人民主体地位的法治文化底蕴，克服传统政治思维、行政思维的弊端，从而增强新时代人民法治立场的法理基础和法治吸引力。从文化自信的角度讲，这是尊重优秀人民政法传统经验，深化人民法治文化的认同基础。从实质上讲，这是将新时代领导干部法治思维置于时间维度下，以历史维度增强法治思维的广泛认同，夯实新时代法治文化的实践基础。

二是以人民法治立场诠释新时代领导干部法治思维，是对权力相对人权利的更高层次尊重。

传统上行政法治领域，与行政主体相比，行政相对人处于相对弱势地位。以人民法治立场诠释新时代领导干部法治思维，是将传统意义上的行政相对人等权力行使相对人的法律地位提高到政治地位进行深刻认识，有利于增进权力行使者和权力行使对象的法治沟通效果。因为在现代市场经济条件下，主体之间的理性商谈或协商是法治文化认同的有效机制，[①] 有效协商或商谈的前提条件是双方地位尽可能相近。新时代加大全民普法力度，是培育社会主义法治文化的重要基础性工程。随着法治普及融入立法、

① 龚廷泰：《法治文化的认同：概念、意义、机理与路径》，《法制与社会发展》2014 年第 4 期，第 40 页。

执法、司法等法治实践中，法治普及效果与普及主体和普及对象的地位具有重要内在联系。以人民法治立场诠释新时代领导干部法治思维，通过提高权力相对人法治地位，有效确保了法治沟通的客观效果。通过以人民法治立场对待法律过程中的权力相对人，法律关系中的权力行使者和权力相对人的对话性质有所改变，权力行使者和权力行使对象的法治沟通不仅仅是从法律规范角度协商法律适用问题，也是以新时代政法思维诠释立法目的的过程，从而促使法治沟通发挥实质作用。

三是以人民法治立场诠释新时代领导干部法治思维，是新时代法治体系思维的必然结果。

以人民法治立场诠释新时代领导干部法治思维，促使从政治高度审视权力相对人，增加了权力相对人参与权力运行过程的机会。权力相对人介入权力过程需要相关的保障机制，相应地需要权力相对人权利呈现体系化发展。[①] 归根结底，以人民为中心是新时代法治体系的指导理念。[②] 新时代政法思维指导下，法治体系思维必然与人民法治立场紧密联系。尤其在党内法规纳入法治体系后，人民政治立场通过法治形式转化为人民法治立场。新时代法治建设中，领导干部的人民法治立场尤其重要，其是克服法治形式主义的有力武器。人民法治立场促使新时代领导干部排除个人、部门等的私利，以公正立场对待公共利益，从而更好约束自身行

---

① 关保英:《行政相对人介入行政行为的法治保障》,《法学》2018 年第 12 期，第 40 页。

② 张文显:《以人民为中心：法治体系的指导理念》,《北京日报》2018 年 4 月 23 日，第 16 版。

为和保护权力相对人权益。相较于传统法律体系，法治运行的科学性、协调性成为法治体系的重要特征，人民法治立场是法治体系运行的根本保障。从具体操作层面讲，立足法治体系的法治思维，是一种具有全局观念的科学思维，这既有利于克服以偏概全的一叶障目式法律适用，也是对立法目的更为全面深刻的解读。顺应新时代政法思维、人民法治思维科学发展趋势，体系法治思维优势日益明显，归根结底，体系法治思维的宏观性与政法思维、人民法治思维的宽视角相契合。

（三）以实质法治目的诠释新时代领导干部法治思维

遵循法治中国的法治逻辑，在新时代法治政府建设中，领导干部行政法治的思维发生重要变革，其中人民法治是诠释这种变革的重要根据。为更好地应对新一轮机构改革的现实法治需要，应将人民法治的科学立场与实质法治的科学目的相结合，明确实现新时代国家治理体系和治理能力的法治路径，进而确定新时代领导干部法治思维的治理目的。

一是新时代实质法治的确定性内涵，明确了新时代领导干部法治思维运用的法治目标。

对于形式法治与实质法治存在一些争论，其中实质法治迎合非法律需求的特点，成为实质法治偏离法治目的的重要风险。[①]新时代国家治理体系和治理能力现代化为实质法治指明了适用方向，在一定程度上明确了实质法治的新时代内涵，促使与其相适应的

① 陈金钊：《实质法治思维路径的风险及其矫正》，《清华法学》2012年第4期，第79页。

法治思维具有科学目标指引。尤其在重大复杂问题处理上，致力于治理现代化的实质法治目的具有重要作用。比如针对同案不同判的情况，尽管我国最高司法机关为统一裁判进行了诸多制度设计，但各地治理实际仍存在现实差异。在法治统一的语境下，结合各地实际情况开展法治实践，需要将治理效果作为重要靶向，这是在坚持形式法治基础上增进实质法治的典型例子。这要求新时代领导干部既要具有法律和专业知识，更要将讲政治的大局意识有效转化为现实治理效果，从而在形式法治和实质法治兼备的条件下妥善处理法治问题。更为重要的是，通过治理将非法律因素引入法治视野，以治理客观效果增强法治说理的可接受度，对法治政府和法治社会提供切实有效的法治沟通渠道，从而以法治实践路径有效诠释实质法治内涵，为法治建设提供可复制的权力规制和权利保护模式，避免非法治因素的不良影响。

二是新时代法治体系下的实质法治，明确了新时代领导干部法治思维运用的具体内容。

不同于形式法治的微观视角，实质法治的实现与过程法治、体系法治等宏观视角相关。在新时代法治体系内践行实质要求，需要透过具体法律规范明确其法理深意，需要对法律规范之间的协调性予以必要关注。这与合宪性审查和规范性文件审核制度呈现的法治价值具有内在的一致性。合宪性审查等举措是在我国社会主义法律体系建成后进一步提高立法质量的重要法治方式，标志着我国法治国家建设向实质法治国的进一步推进。[①] 与法治体

---

① 李树忠：《迈向“实质法治”——历史进程中的十八届四中全会〈决定〉》，《当代法学》2015 年第 1 期，第 12 页。

系下实质法治发展相适应，领导干部法治思维应当在传统数量形式维度基础上向新时代质量实质维度转变。换言之，在传统形式法治思维基础上，新时代领导干部实质法治思维应当更加注重制度依据的合理性。在权力行使者与权力相对者的法治沟通中，制度规定不应成为权力运用者推脱责任的借口，而应当成为增进信任的制度基石。相应地，法治角色发生微妙变化，即领导干部将由法治思维的被动应用者转变为法治思维的主动践行者。强化规范性文件审核成为这一法治转变的重要制度保障。通过推进规范性文件法治化规范化进程，将新时代法治体系呈现的法治精神有效地向具体法治实践传导，从而实现领导干部工作内容法治化。

三是新时代法治实践中的实质法治，明确了新时代领导干部法治思维运用的典型方式。

将实质法治引入法治实践，实质上是增进法治价值认同的过程，因为以人的尊严为核心的法律价值构成了法治的实质价值。[①]实质法治实现的过程，就是多种法律价值在以人为本的治理宗旨指引下进行理性排序的过程。权力运用相对人视角下的多重法律价值理顺以纠纷解决客观效果的形式生动呈现。换言之，在法治实践中，应当将纠纷彻底解决作为新时代领导干部法治思维运用的典型方式。在法治实践中，权力相对人固然有多种解决纠纷渠道可以采用，但是采用多种渠道解决纠纷，不可避免地导致解决纠纷成本增加，权力相对人对法治的信任程度不免受到减损。各

---

① 李桂林：《实质法治：法治的必然选择》，《法学》2018 年第 7 期，第 79 页。

种制度措施如果能够发挥实质性纠纷预防和化解作用，伴随着纠纷解决成本降低的将是当事人对法治信任的增加。信任是法治沟通的基础，实质性化解纠纷促使当事人法治认同形成良性循环。具体来讲，实现实质性纠纷解决，新时代领导干部应当注重把握“以事实为依据、以法律为准绳”的法治规律，将纠纷的相关事实查清楚，避免选择性调查事实情况的出现，从纠纷现象深入挖掘纠纷发生的内在原因，从纠纷发生的根本原因入手彻底解决纠纷，从而实质性增进当事人的法治信任。

三、法治发展视角下新时代领导干部法治思维

（一）新时代法治发展特征

法治逻辑和法治文化的新时代转型，突出展现了新时代法治变革发展特征。作为贯彻习近平新时代中国特色社会主义思想的法治建设过程，新时代法治发展应当是进一步展现中华民族法治文化自信的过程，改革开放四十年的法治发展经验是当代中国法治文化自信的重要源泉。也就是说，遵循中国特色社会主义法治思想指导，新时代法治发展应当坚持实践性法治发展观。[①]明确新时代领导干部法治思维的具体内容，应当从新时代法治发展思路分析入手。

一是新时代法治体系的协调发展思路。

合宪性审查、规范性文件审核成为新时代法治体系建设的重

① 武树臣、武建敏：《中国的法治发展：改革开放四十年的回顾与展望》，《山东大学学报》2018 年第 4 期，第 26 页。

要议题。从法治体系建设角度讲，这是力图通过增进规范的内部协调性增进新时代法治体系的科学性。立法行为虽然处于法治体系建设的源头，但仅是法治体系建设的一个环节，真正意义上以内部协调性增进法治体系的科学性，应当立足协调立法、行政、司法在法治体系中的科学关系。也就是说，新时代法治发展应当克服立法中心主义弊端，以体系化思维对待立法、行政、司法等法治建设活动。不同于原来法治建设十六字方针的有法可依、有法必依、执法必严、违法必究的要求，新十六字方针提出了科学立法、严格执法、公正司法、全民守法的法治要求，将权力科学行使作为新时代法治建设的重要落脚点。立法、行政、司法等权力全面科学行使，迫切需要关注立法、行政与司法之间的协调互动关系。权力规制的体系化思维，将权力规制视为法治体系建设的重要系统化工程。新时代政法思维为此系统化法治工程提供了重要现实支撑，其以人民法治统筹立法质量、执法状态、司法结果等，彰显了新时代法治发展的协调发展思路。

二是新时代法治实践的兼容发展思路。

从世界法治发展角度讲，兼容国家主义和个人主义是法治建设的一般规律，由于各国历史文化、现实情况等的不同，兼容途径和方式各异。法治中国建设是法治建设一般规律和中国法治特色有机结合的综合呈现。我国在学理上接受的法治价值主要为自由主义，但法治实践的内在取向却是偏重于国家主义。[①] 如何实现国家主义和个人主义的兼容，是中国法治实践实现平稳发展的关

---

① 杨建军：《中国法治发展：一般性与特殊性之兼容》，《比较法研究》2017年第4期，第155页。

键。新时代法治实践的兼容发展，既涉及价值认同的深层次问题，也关系到兼容方式的具体操作问题。在价值认同方面，社会主义核心价值观以国家、社会和个人多层面价值兼容的科学形式被广泛认同。社会主义核心价值观融入法治实践，为新时代法治实践的兼容发展提供了重要价值保障。在兼容方式层面，法制宣传教育向法治宣传教育转型，为多方法治主体的沟通交流提供了重要法治途径，通过法治沟通促进国家利益、个人利益等多元利益实现有效兼容。更为重要的是，普法属于社会主义核心价值观大众化传播的重要形式，鉴于普法融入立法、执法、司法等法治活动的发展趋势，普法的法治沟通作用呈现由形式化兼容向实质化兼容发展的态势。

三是新时代法治问题解决的多样化发展思路。

新时代党政机构改革具有多层面重要作用，其中以机构改革的形式解决了原来掣肘立法、行政、司法等的重要体制机制问题。新时代机构改革既具有革除弊制的重大功能，也为新时代法治问题解决提供了多样化发展思路，换言之，政治、经济、文化等多种发展路径都可以成为破解法治问题的有效途径。归根结底，实践性法治发展观是一种开放法治观，马克思主义实践观要求实事求是地多角度审慎对待法治发展问题。在新时代条件下，破解法治问题的多样化发展思路更加具有现实意义。一方面，持续改革推进的发展态势为多样化发展思路提供了现实可能性。应对全面深化改革需要，国家、政府、社会等各行业各领域都面临着重要变革契机，原有法治难题通过多方面多途径变革得以克服的可能性增大。另一方面，新技术发展为破解新时代法治问题提供了多样化方式。大数据、云计算和人工智能通过科学把握法治发展态势、提供人类法治应对能力，能够精准聚焦新时代突出法治问题，并为有效解决问题提供多样化帮助，从而提高解决新时代法治问题的现实法治能力。

鉴于新时代法治动态发展情况，适应新时代协调、兼容和多样化的法治发展思路，应当从改革法治、未来法治角度对新时代领导干部法治思维进行深入分析。

（二）以改革法治诠释新时代领导干部法治思维

新时代法治发展中，党政机构改革成为法治领域的重要话题，伴随着党政机构改革的提出和推进过程，改革法治问题逐渐引起广泛关注。领导干部身处党政机构改革大潮中，适应改革发展变化的现实需要，应当以改革法治角度深化对法治思维的科学认识。大体上讲，在改革目的、方式和问题等方面，涉及诸多法治规制需要，应当完善法治宗旨思维、法治统筹思维和法治完善思维，相应地需要强化法治为民意识、法治功能意识和法治潜力意识。

一是改革目的—法治宗旨思维—法治为民意识

新时代党政机构改革以党政机构协同高效为着力点，致力于提高国家治理体系和治理能力现代化。法治作为治理体系和治理能力的重要内容和要求，深化改革成效需要同步强化法治思维，从局部的法治思维到整体全面的法治思维，其中法治宗旨思维是贯穿的重要线索。新时代机构改革涉及改革与法治的关系问题。改革与法治的辩证关系应当从政法发展角度进行分析，法治宗旨思维体现的以人民为中心的政治理念，是破解新时代改革和法治关系的重要突破口，法治为民意识成为其中实质内容。发挥法治对新时代机构改革的引领、推动和保障作用，[①] 以法治方式推进党政机构改革，首先需要强化法治宗旨思维，法治为民意识成为完善改革相关法治建设的重要指引。比如，适应改革需要的法律的立、改、废等立法活动，由于牵涉到改革成果固化问题，利益相关方博弈不可避免，法治为民应当成为权衡相关方利益的根本标准。相关方在利益博弈中对法治为民意识的认同，不是高风亮节的道义行为，也不是迫于权力的服从行为，而是对法治中国逻辑下法治宗旨的认同，法治宗旨思维成为法治为民意识的内在灵魂。为将改革进行到底，领导干部在工作中应当积极运用法治宗旨思维，以法治为民意识为指导，从更高的政治定位和更深刻的法治角度提高工作效益。

二是改革方式—法治统筹思维—法治功能意识

新一轮机构改革内容涉及党政军群等多方面多领域，与此相适应，改革采用多方统筹的方式具有一定的必然性。与改革方式相匹配的法治思维应当是法治统筹思维，这是新时代法治开放式发展、体系化发展的重要表现。机构改革统筹既有小范围的相关合并领域的整合重组问题，也有机构编制的全面统筹问题。遵循法治为民的科学指引，整合重组中的统筹主要涉及行政主体变更和行政程序调整等外部行政法问题，机构编制的统筹主要涉及机构规模、人员数量等内部行政法问题。传统行政法治偏重于外部行政法治方面，对内部行政法治问题关注较少，很多内部行政法治问题被认为是行政管理问题而被排除。从深层次讲，这是对法

---

① 马怀德：《运用法治方式推进党和国家机构改革》，《中国党政干部论坛》2018 年第 5 期，第 19 页。

治功能的认识偏狭导致的。换言之，法治功能不仅表现在权利与权力的直面对峙中，在权力运行的全过程均存在法律规制的必要。随着改革深入推进，内部行政法治相较外部行政法治的重要性日益凸显。因为外部行政行为的法治化以内部行政行为的法治化为重要支撑。适应新时代全面依法治国需要，结合改革统筹方式的现实情况，应当深化法治功能意识，拓展行政法治适用范围。

三是改革问题—法治完善思维—法治潜力意识

2015年我国行政诉讼制度进行了重大修订，行政复议制度也在酝酿进行修改完善，此次党政机构合并又为新时代公权力监督制约机制发展提出了新的课题，比如如何以诉讼途径实现对党的机构的行为进行监督成为改革后关注的重要法治问题。作为法治宗旨思维和法治统筹思维的延续，新时代改革发展新问题需要必要的法治完善思维。法治完善思维贯穿立法、执法、司法等法治活动中，促进法治体系和法治实践实现整体动态发展。改革作为新时代中国发展的重要路径，应当以马克思主义发展观为指导，对改革中出现的新问题进行诠释和解决。根据马克思主义发展观，发展的目的是人的自由全面发展。[①] 换言之，在国家主导推动的改革发展中，实现法治体系、法治实践等多层面有效法治完善，应当兼采国家主义和个人主义发展趋向，这是实现整体协调发展的重要导向。从法治完善思维的具体实现角度讲，兼采国家主义和个人主义的发展模式，是以整体视角进一步彰显发展潜力的过程。新时代实现全面依法治国，需要国家、社会、个人等多层面的协

---

① 刘宗涛:《马克思主义发展观的基本观点探析》,《科学社会主义》2018年第4期，第28页。

同努力，以法治完善思维兼容国家主义和个人主义，需要发挥国家、社会和个人的综合法治潜力意识。

（三）以未来法治诠释新时代领导干部法治思维

改革法治是新时代现实法治视角的重要关键词，法治发展需要现实法治和未来法治双重视角，尤其在新时代新技术不断带来新变化的情况下，存在诸多值得探究的未来法治问题。特别在相关制度滞后的情况下，适应未来法治发展需要不断更新新时代领导干部法治思维。尽管关于未来法治没有形成系统化、科学化的理论和方略，但是未来社会的“智能社会”、“共享社会”、“风险社会”特征已经形成共识，[①]这为从未来法治角度探究新时代领导干部法治思维提供了重要理论根据。

一是智能社会—法治前瞻思维—法治加速意识

以往法治建设中，法治发展呈现滞后于法治建设需要的特点，这既有改革背景下法治迅速发展的客观原因，也有法治总结既有运行规律偏稳定预期的主观原因。人工智能作为新一次技术革命的伟大变革，不同于以往人去适应机器，而是机器主动来学习适应人类，[②]这必将引起未来社会发展模式的重大变化，应对未来社会发展模式变化，应当采取更为积极主动的法治行为，其中法治前瞻思维和法治加速意识是其中重要内容。着眼于更好地预测和

---

① 张文显：《“未来法治”当为长远发展谋》，《新华日报》2018年12月4日，第15版。

② 李彦宏：《“人工智能”正在酝酿一场堪比历次技术革命的大变革》，《中国经济周刊》2017年第15期，第86页。

引导未来智能社会发展，法治发展应当为技术进步预留空间，在法治现实基础上结合人工智能发展规划进行必要的前瞻法治活动，避免法治滞后甚至于限制技术进步的情况出现。具体来讲，未来法治工作应当在原有提质的基础上进行必要的增速。新时代法治体系下的实质法治增速，应当是立法、执法、司法等协调一致的共同提速。从实质上讲，这是面向未来的全面法治提速。实现全面实质提速，应当注重现实性与前瞻性的对接，减少提速需求与法治预期之间的差距。作为未来法治工作的实践者，新时代领导干部应当采取积极主动的法治态度，以法治思路促进工作开展，科学运用法治前瞻思维，在具体工作中践行法治加速意识。

二是共享社会—法治担当思维—法治服务意识

伴随着新时代技术进步，社会发展呈现明显的共享特征，共享过程的治理责任需要相应的法治担当。新时代社会治理体制中，党委领导、政府负责、社会协同、公众参与、法治保障的治理效果需要匹配相应的职能定位。从传统上的政府主导向政府负责转变，与政府职能认识转变相适应的是施政理念的重大进步。[①] 共享社会需要遵循共建共治共享的现代治理理念，其中既包括对相关治理主体的尊重，也包括自身承担起共享社会建设的责任担当。从依法行政到法治政府建设，从强调客观依据到明确责任政府建设路径，政府负责的社会期望逐渐提高。这既是新时代对公共服务要求不断提升的客观反映，也是法治中国视角下法治国家、法治政府和法治社会一体建设的必然要求。适应新时代共享社会建

① 王渊：《以法治推动形成共建共治共享社会治理格局——访华东政法大学校长叶青》，《人民检察》2017 年第 21 期，第 46—47 页。

设需要，领导干部应当通过强化法治服务意识，不断深化新时代法治担当思维，社会治理过程中，发挥社会协调和公众参与的科学作用，营造必要的法治发展环境，成为共享社会建设的重要法治创新支持者和重要法治行动者。这既是新时代公共服务发展的新内容，也是管制型政府向服务型政府转型的重要体现。

三是风险社会—法治综控思维—法治防控意识

处于社会转型期，我国社会风险呈现风险源头复杂、风险类型多样的特点。[①] 为有效应对各种风险因素，克服单纯依靠一种方式进行治理的不良效果，应当采取必要的综合治理思路。从风险防范、处置等角度讲，应当采取法治思维指导下的综合风险控制思路。由于传统风险、现代风险、人为风险、自然风险等广泛存在，风险的法治综控思维集中表现为强化社会各界的风险防控意识，在此基础上，增进社会范围内风险发现、防控的沟通意识，形成以全社会力量应对风险的良好风气。为了增加风险沟通的有效性，应当以法治防控意识作为风险沟通的意识基础。这既是新时代全面依法治国情况下理性防控风险的必然选择，也是新时代法治沟通融入社会治理的重要内容。与风险综合治理相适应，领导干部应当在权力行使过程中关注社会风险评估，减少行政决策等行为的社会影响误判。适应新时代法治体系发展需要，领导干部应当树立体系化风险防控意识，将风险防控意识融入工作重要环节，以新时代法治综控思维贯穿各重要环节的风险防控意识落实。

---

① 苏志强:《风险治理的法治回应》，http://news.cssn.cn/zx/bwyc/201712/t20171227_3795660.shtml，2017 年 12 月 27 日。

遵循法治中国建设的法治逻辑，新时代领导干部法治思维呈现全面化和本土化发展特征。顺应新时代党政机构改革等的法治文化变革，新时代领导干部法治思维应当强化人民法治立场和实质法治目的。适应新时代改革法治发展规律和未来社会发展特征，应当按照实践性法治发展观要求，以协调、兼容和多样化的法治发展思路多维度丰富新时代领导干部法治思维的具体内容。归根结底，法治中国建设的法治逻辑、新时代机构改革的法治文化变革、新时代法治发展的重要内容，是新时代领导干部法治思维的重要理论基础和迫切实践要求。

第三节 | 营造优质营商环境的法治传播新动能研究

摘要：结合新时代法治政府建设需要，打造优质营商环境应当从法治传播理念、法治传播内容和法治传播方式多方面进行综合推进。传播法治创新理念，为变革传统政商关系提供了治理新高度和法治新视角。承认多方法治主体性、传播能动性的良法善治思维，成为营造优质营商环境的法治传播新内容。理性回应时代高质量发展诉求，强化营造优质营商环境的法治路径，应当通过增强法治主体参与度、促进法治政府建设等方面着力改善新时代政商关系。

全面依法治国的新时代背景下，法治化营商环境成为促进新时代高质量发展，加速新旧动能转换的重要内容。以法治思路营造优质营商环境，应当从立法、执法、司法等多环节加强法治化营商环境培育力度，其中必要法治传播维度不容忽视。尤其是构建新时代“亲”“清”政商关系的过程中，法治沟通或法治传播的方式路径等值得深入探究。

一、营造优质营商环境的法治传播新理念

优质营商环境应当是发展硬件设施和人文、制度等软实力均衡配置、公权力得到有效制约、私权利得到有效保护的法治化发展环境。以法治方式营造优质营商环境，应当结合放管服改革、行政立法、执法规范化、推进政府信息公开等营造营商环境法治要求，对行政法治理念进行必要法治传播，同时对权利保护内容进行精准化法治传播。也就是说，营造优质营商环境的法治传播路径应当具有多元互补特征。与此相适应，助力营造优质营商环境的法治传播理念应当呈现系统化发展特征。具体表现为，为增强与高质量经济发展的同步性，有效传播高质量法治发展需要，应当在现有法治传播理念之余丰富创新法治理念，为新时代制度创新发展提供必要社会基础。

传播法治创新理念，为变革传统政商关系提供了治理新高度和法治新视角。传统政商关系对“亲”、“清”的尺度缺乏必要法治因素，出现了“不亲”、“不清”等不良政商关系问题。传统政商关系的失度表现，根源于将政商关系置于私人交往层面，缺乏必要公共精神引导。契合法治创新理念的政商关系，实现以法治思维增强公共精神、以法治方式避免公权私用，既需要零容忍惩戒贪腐，也需要以法治方式搭建政商正式对话渠道。监察体制改革以反腐败斗争压倒性胜利的形式生动地诠释了制约权力的新时

代法治理念，为避免公权私用提供了外部环境支持。在此基础上，以法治方式理顺政商关系，应当从权利与权力互动的维度上明确权力制约的法治目的，为避免公权私用提供内在认同支持。也就是说，营造优质营商环境的法治传播，既需要发挥廉政法治教育的社会治理潜能，也需要激发权力与权利法治互动的高质量法治发展新动能。由于缺乏必要治理理念是传统不良政商关系的症结所在，传播创新法治理念是强化新时代治理理念的重要形式。

以新时代治理视角重新审视政商关系，首先，需要拓展法治视野。适应新时代公共法治、全面法治发展特点，新时代创新法治应当以开放的法治视野，将法治置于新时代经济社会发展大背景下进行全面考量，避免将法治窄化为封闭制度体系形式。其次，应当以法治方式促使政商关系由私人交往形式向公共建设方向转型。作为新时代公共话语权的有力支持，法治传播成为重塑新时代政商沟通方式的重要形式。通过兼顾公共利益和私人利益等全面法治诉求，打造优质营商环境，需要将公权力制约、私权利保护、公共利益保护等多重法治价值引入多方法治沟通交流中。从实质上讲，这促使在法律普及上升为法治普及之后，将法治体系普及深化为新时代法治一体化建设普及，新时代经济社会发展成为一体化普及的实质法治根据。换言之，在新时代法治一体化推进中，法治普及以培育新时代法治文化的形式，为制度创新提供了必要的法治文化支持。这有利于减少制度创新的文化阻力，也促使制度创新更加贴近经济社会发展现实。

二、营造优质营商环境的法治传播新内容

契合监察体制改革呈现的权力制约价值，法治思维成为廉政

法治教育的重要内容。将权力制约的规制价值转化为新时代发展增值功能，是新时代高质量法治建设的关键环节。融合惩戒法治和激励法治双重特色的新时代法治传播内容，兼顾了权力和权利等多个法治面向，促进打造立体化法治营商环境。打造立体化优质营商环境中，适应多法治主体角度的多种法治运行规律，需要由法治思维向良法善治思维转变。承认多方法治主体性、能动性的良法善治思维，成为营造优质营商环境的法治传播新内容。

第一，传播良法善治思维扩大了优质营商环境的主体范围。不同于法律普及传递的法律职业共同体法律思维，法治思维传播突出了领导干部法治角色重要性。由于营造优质营商环境不仅是权力行政者一方的事情，还需要权利享有者权利意识、规则意识等同步提高。传播良法善治思维的价值在于，在法治思维维度基础上提高了权力相对人的法治主体地位，确保良法生产和善治落实具有必要社会基础。更为重要的是，良法善治具有促进新时代平等政商关系发展的法治潜力。传统行政法律关系中，行政相对人处于相对弱势地位。新时代人民法治观为提高行政相对人的法治主体地位提供了实质法治支持，良法善治思维是行政法律关系中践行人民法治观的重要思维形式。从实质上讲，传播良法善治思维是将人民法治理性融入新时代法律关系的重要法治渠道，为新时代法律关系变革提供实质法治思维支持。

第二，传播良法善治思维提高了营造优质营商环境的法治能力。不同于法律思维的规则本位，法治思维突出了权力规范运用的治理效果，但是在发展维度上存在一定欠缺。不同于“法无规定不可为”的权力制约要求，“法无禁止皆可为”的法治创新潜能契合了优质营商环境的内在要求。因为实现高质量发展，既需要规范化的公权力，也需要体现法治精神的必要自由空间，归根结底，经济社会高质量发展离不开创新法治支持，而健全的法治社会是创新法治的根本来源。传播良法善治思维，实质上是通过启发法治社会视角，将必要的法治批判和法治协调内容融入新时代治理体系和治理能力建设中，以法治启蒙的科学形式培育法治社会的参与意识和参与能力，为现代化治理体系和治理能力提供基本法治能力支持。相对于法律思维、法治思维的外部灌输特征，良法善治思维的法治能力培育路径呈现启发式特点。这与良法善治思维的理性传播特征具有内在契合性。良法善治思维的内在理性特征，促使新时代法治发展路径由自上而下拓展为全面兼容方式，为激发内在法治创新潜力提供理性支持。所以，传播良法善治思维实质上是提高了优质营商环境的法治创新能力。

三、营造优质营商环境的法治传播新方式

传统法治传播方式创新集中体现在丰富法治传播形式方面，比如利用多种新兴媒体进行法治传播。传播规律显示以外在形式增强吸引力的传播路径具有短时效传播效果特征，致力于营造干事创业氛围的法治传播，有效规避法治传播眼球效应的不良作用，应当发挥法治教育的长期基础性法治建设优势，从法治环境的宏观法治建设进行法治传播方式深度变革。理性回应时代高质量发展诉求，强化营造优质营商环境的法治路径，应当通过法治方式着力改善新时代政商关系。法治传播的主体间性为重塑新时代理性政商关系提供了理论支持，切实加大了从法治传播对象角度探究法治传播方式有效变革的现实力度。

第一，丰富新时代公众参与的法治发展内涵，以“言传不如

身教”的教育路径更新法治传播方式。新时代法治一体化建设中，法治发展以系统化法治创新为重要特点。不同于深化改革的法治国家和法治政府创新路径，营造优质营商环境也需要形成激励创新的法治社会氛围。简政放权、放管结合、优化服务为激活市场和社会创造力提供了外部环境，以“言传不如身教”的行政法治实践向市场和社会展示了新时代法治发展理念，契合了法治教育的实践性特征。在此基础上强化法治化营商环境建设，需要遵循法治教育的实践理性特征，增强重要市场主体和社会主体法治参与度。近期出台的《重大行政决策程序暂行条例》确认了公众参与的民主决策原则，促进以法治实践形式发挥新时代法治传播作用。公众参与路径为合理协调政商关系提供了制度保障。通过增强重大决策的在场感，既能够减少政务公开不畅的沟通壁垒，也利于促进事后规制向事前沟通治理转化，实现以法治过程的主体参与性切实支撑新时代法治传播实效。

第二，丰富新时代“谁执法谁普法”的普法方式，将法治政府建设作为营造优质营商环境的重要法治传播途径。近期开展的法治政府建设示范创建与责任落实督察，丰富了新时代法治政府建设形式，提供了践行新时代“谁执法谁普法”的新路径。这既契合了“言传不如身教”的法治教育路径，也为发展优质法治营商环境提供了重要法治标准。法治政府建设通过兼顾法治督察和示范创建的强制性和引导性，明确了多层次法治传播要求。其中，法治督察侧重于“谁执法谁普法”的形式责任要求，示范创建侧重于优化法治化营商环境的具体要求，彰显了优质营商环境的实质法治建设要求，促使新时代法治传播由形式法治向实质法治转型发展。也就是说，法治政府建设作为新时代法治传播的重要途径，其以刚柔并济的治理形式拓展了法治传播的实践路径、丰富了法治传播的实践内容。

第四节 新时代机构改革背景下法治传播路径研究

摘要：全面依法治国的条件下，通过法治思维和法治方式深化新时代机构改革效果，应当从国家治理、政府治理和社会治理的多维度探究新时代法治传播路径。在国家治理层面，通过挖掘权力自律者、改革推进者、改革参与者等法治角色特征，党内法治传播以兼顾形式法治和实质法治的形式可以有效深化新时代机构改革效果。在政府治理层面，以行政公务作为行政法治传播理论基础，以行政监督法治丰富行政法治传播的意识基础，从新时代行政主体和行政相对人等多角度深化机构改革效果。在社会治理层面，通过将国家和政府的治理经验向重大社会领域和重大社会建设问题传递，以法社会学视角深化新时代机构改革效果。

与我国历次机构改革类似，新时代党和国家机构深化改革仍然采取自上而下推进模式。不同于以往历次机构改革多限于国务院机构层面，本轮机构改革是一场统筹中央党政军群各类机构以及地方机构的系统性改革。[①]适应多层面系统化改革发展需要，应当以国家治理体系和治理能力现代化导向为重要突破点。2018年

---

① 张克:《本轮机构改革有何不一样》，中国社会科学网，2018年3月20日。

宪法修正案中将“健全社会主义法制”修改为“健全社会主义法治”，突出了法治途径和法治方式在国家治理体系和治理能力中的重要地位。深化新时代机构改革效果，应当适应由治理绩效向治理过程转变、由物质成效治理向精神气质成效治理转变，适时从治理维度进行动态化运行机制分析。法制传播向法治传播转型契合了新时代机构改革的治理维度分析视角。具体来讲，以法治思维和法治方式推进新时代机构改革，需要探究符合治理规律的法治传播路径，国家治理、政府治理和社会治理多层面的新时代法治传播问题值得关注。[①]

一、国家治理层面的新时代党内法治传播

不同于传统意义上的法律体系，中国特色社会主义法治体系是新时代法治建设和国家治理的重要依据，完善的党内法规体系成为中国特色社会主义法治体系建设的重要目标。形成科学的党内法规体系，应当以必要的党内法治实践为基础。党政机构改革成为新时代党内法治实践的重要形式。在全面依法治国的时代背景下，强化以国家法律与党内法规协调运作为基础的党内法治，成为新时代党政机构改革取得成效的关键。

党内法治是实现新时代国家治理的重要法治保障。与改革的推进进程相比，法律刚性约束具有一定的滞后性，党内法规的软法特征能够对此形成一定补偿，从而完善新时代国家治理的法治行为规范基础。与监察体制改革呈现的非常态惩戒模式党内法治

---

① 杨雪冬：《中国治理模式研究要实现五个转变》，《北京日报理论周刊》2018年7月20日。

不同，新时代党政机构改革体现了强化常态化激励模式党内法治的趋势，从而形成新时代国家治理的法治行为方式基础。更为重要的是，党政机构改革作为多层面国家和地方权力的重大协调配置行为，需要对协调过程进行必要权力约束。在原有的法治他律方式作用有限的情况下，党内法治提供了有效的自律方式，展现了新时代国家治理的法治运行机制特征。

故与他律的刚性制约不同，深化党内法治的国家治理功能需要强化外部舆论引导和内部宣传教育的作用，其实质为党内法治传播问题。为深化新时代党政机构改革效果，新时代党内法治传播应当汲取原有法治传播的良好经验，结合党政机构改革的法治发展需求，进行国家治理层面的必要法治沟通。鉴于法治沟通的双边或多边互动属性，应当注重将党内法治的政治因素有效转化为法治因素，在国家治理层面将人民本位的政治考量有效转化为公民本位的法治实践，促进自上而下的政治认同和自下而上的法治认同有效融合，充分发挥党内法治的多重国家治理作用。

第一，在党政机构改革中，以权力自律者的法治角色，理性平衡党的全面领导和人民中心地位，通过言传不如身教的法治传播形式展现新时代国家治理的法治理性。

他律一般通过权力或权利制衡的形式进行权力约束规制，其以刚性约束见长，但由于涉及多主体的多种形式的制约关系，他律的社会效率、社会成本等有时并不如人意。我国传统儒家文化以道德自律为重要特征，党内法规具有严于法律要求的道德规制功能，党内法治具有权力自律的传统文化和现实制度基础。此次党政机构改革涉及的党政机构众多，以法治途径推进党政机构改革，权力自律成为优化职能提高效能的重要法治保障。尤其在相关配套制度不完善的情况下，党内法治成为推进新时代党政机构改革的重要权力自我规制途径。从法治沟通运作角度来讲，党政机构改革采用了言传不如身教的法治沟通形式，展现了以人民为中心的新时代权力自律过程，为党的全面领导提供基本法治支持。以强化党的全面领导为特点的新时代国家治理，兼具他律和自律双重法治理性。深化新时代党政机构改革效果，应当协调党内法治自律和国家法治他律之间的关系，以法治思路阐释全面依法治国和加强党的全面领导的内在联系，其中人民的法治本位是两者联系的根本。故深化新时代党政机构改革效果，应当以法治视角科学审视党的全面领导和以人民为中心两者之间的关系。随着改革深入推进，需要以党与人民关系的政治视角深化新时代党与人民关系的法治诠释，从而发挥法治沟通培育新时代法治理性的重要作用。

第二，在党政机构改革中，兼顾改革推进者和改革参与者的双重身份，合理协调党和国家机构的改革进程，通过提高法治整体协调性增强新时代全面依法治国的法治传播效果，以全面视角丰富新时代国家治理的法治理性。

遵循习近平新时代中国特色社会主义思想指引，根据党的十九大报告和《深化党和国家机构改革方案》要求，新时代法治建设呈现全面化特征。为保障新时代国家法治建设整体协调推进，必要的法治沟通视角不可或缺。为发挥党组织的改革推进者和改革参与者的双重作用，党内法治成为新时代党政机构改革法治沟通的重要内容。这是确保在党政机构改革中落实党的领导的重要法治保障。换言之，党内法治的法治沟通方式加速了党的领导权由政治层面向治理层面推进，围绕新时代党内法治的核心要义凝聚重要党政机关的多种治理能力，突出了新时代党的全面领导对国家治理现代化的潜在法治功能。新时代法治传播以合宪性审查为重要内容，这是强化中国特色社会主义法治体系的整体协调性的重要法治要求。结合新时代法治发展需要，将中国特色社会主义法治体系的整体协调性付诸实践，契合了党政机构改革整体协调性的现实需要，从实质上讲这是与治理体系相适应的治理能力保障问题。不同于国家法律，党内法治作用于权力行使重点人群，成为贯通法治体系整体协调性和党政机构改革整体协调性的重要线索。通过发挥党内法治的整体协调作用，推动以全面视角审视新时代国家治理，既需要注重治理体系问题也需要关注治理能力问题。以法治思维和法治方式深化新时代机构改革效果，应当通过发挥党内法治的法治传播效果，综合提高国家治理体系和治理能力现代化。

第三，在党政机构改革中，兼顾形式法治和实质法治的双重需要，坚持人民为中心的立场，以问题意识提高新时代法治机制的现实效益，以新时代全面依法治国的法治传播实效夯实新时代国家治理的法治理性。

新时代党政机构改革通过强化党的领导，针对国家机构职权配置和效率效能的突出问题进行必要调整改革，为有效贯彻新时代全面依法治国战略提供必要现实基础。不同于国家法律运作特点，党内法治能够克服传统法律关系分析的片段化等弊端，以权力行使者的角度关注突出问题的彻底解决。针对突出问题的有效处置，党内法治较之国家法治更为严格，其体现了兼采形式法治的实质法治发展特征，从而以法治全面性为实现国家治理提供了根本法治保障。从国家治理角度，不同于国家法律以公民或自然人为特定法治视角，党内法治以人民的政治立场为特有视角。深化党政机构改革效果，应当强化其不同于传统机构改革的独特法治视角，克服公民或自然人的个体化视角弊端，以人民的全局视角关注法治运用中蕴含的国家治理问题。以国家治理中突出问题彻底解决为突破口，通过传递党内法治的实效强化党政机构改革效果。相应地，深化党政机构改革效果的法治传播，其全面视角不仅体现在传播过程中的全面化方面，如上文说的国家治理体系和治理能力的全面体现，更应当体现在传播效果的全面化方面。换言之，在原有党内法治传播基础上，应当注重将突出问题国家治理实际效果通过法治传播途径展示，这既是展现新时代法治机制的现实效益，也是以国家治理实际效果夯实新时代国家治理的法治理性。

二、政府治理层面的新时代行政法治传播

如果说党政机构改革为党内法治传播提供了实践平台，那么党政机构改革则为新时代行政法治传播提供了理论创新发展契机。传统行政法治研究以政府规制视角为主，围绕行政主体、行政行为、行政救济等展开理论体系，在一定程度上这是行政管理思路在行政法治理论发展上的延伸。党政机构改革提出了新时代推进国家治理体系和治理能力现代化的深刻变革需求。与此相适应，新时代行政法治发展应当致力于政府治理，加速由行政管理向行政治理转化。具体来讲，从行政主体角度讲，不应当单纯注重行政管理秩序，而应当以行政公务合法处理为中心；从行政相对人角度讲，应当逐步由行政法律关系中被动一方向主动一方转化。实现以上转变，应当从行政主体和行政相对人互动的角度入手，行政法治传播成为增强双方互动的重要途径，新时代政府治理成为重要沟通内容。

第一，以实现政府治理为目的，以行政公务作为行政主体变革基础，为行政法治沟通提供必要理论基础。

从新时代机构改革的发展趋势角度讲，原有以确定行政诉讼被告为目的的行政主体理论存在重要缺陷，优化职能配置、提高效率效能促使新时代行政主体理论以政府治理为目的进行必要变革。根据党政机构改革方案的相关内容，多领域相关政府职能呈现合并同类项的发展态势，展现了以提高行政效能为线索的改革思路。不同于局限于各部门内部职能简单调整，新时代政府机构改革体现了着眼于行政效能整体化提高，与此相适应，应当丰富新时代行政主体的理论基础。我国主流的行政主体理论以行政职权为基本支撑，机构合并导致行政职权产生聚合效应，行政公务成为厘清新时代聚合状行政职权的重要线索。深言之，行政公务既是新时代政府机构整合的重要外部标准，也应当成为新时代行政主体内部进行协调的重要切入点。适应机构大量合并的现实需要，各行政主体的内部沟通交流成为协调行政工作、提高行政效能的重要保障，行政公务应当是新时代行政法治沟通的重要关键词。

行政公务法治化契合了行政法治传播发展模式，适应了新时代行政执法体制改革需要。目前，行政法治传播由多主体承担，采取议事协调机构的法治普及模式。针对议事协调机构，尤其是地方议事协调机构的法律规定较少。由于议事协调机构不属于传统行政法中行政主体的范畴，以司法审查为核心的行政法学研究缺少对议事协调机构的关注。随着行政法治由司法审查模式向政府治理模式转化，议事协调机构法治化问题值得关注。尽管可以对议事协调机构从行政组织法、行政程序法等层面进行必要规制，但议事协调机构运作核心问题仍然是明确议事协调机构内部成员单位的职责分工，行政公务成为内部职责分工的重要标准。行政权与公民权是行政法的核心，[①]行政权力内部的合理配置是实现行政权与公民权良性运作的前提。这是以行政权现实运行的常态化为着眼点，补充司法权监督行政权的非常态化形式，从立足司法审查需要向服务公共行政进行必要转型，有利于从根本上提高行政主体的现实指导价值。行政公务法治化适应了行政权力内部配置法治化需要，为采用议事协调机制的行政法治普及模式提供了必要理论基础，有效推进议事协调机构内部成员关系的职权分工，为适应机构改革提供了更有法治权威的行政主体。另外，行政执法体制改革是此次深化机构改革的重要内容，更加凸显了行政公务法治化的行政法治传播价值。“谁执法谁普法”普法责任制以执法范围为标准确定了普法范围，囿于我国不健全的行政组织法导致的上下职责同构等问题，各层级执法与普法的关系没有明确规定。普法从实质来讲是以法律为内容的有效沟通。在与行政相对人的沟通中，合理确定执法中普法的合理维度，以普法效果推进执法体制科学设置。结合法治传播效果深入推进行政执法体制改革，行政法治传播成为关键。在行政法治传播中，议事协调机制的行政公务法治化价值成为彰显新时代政府治理目的的重要内容。

第二，以实现政府治理为目的，以加强行政法治监督意识为突破口，为行政法治沟通提供必要意识基础。

不同于政府管理的单边特征，政府治理呈现多元共治特征，共治效果既需要制度支持，也需要必要的法治意识基础。在制度建设滞后的情况下，行政法治监督意识培育尤显重要。从行政法

---

① 陈小文:《行政法的哲学基础》，北京大学出版社2009年版，第9页。

平衡论发展角度讲，摈弃仅以行政主体为研究对象的单线条发展模式，从行为主体、行为程序、行为责任等角度探究行政相对人理论，适应了司法审查模式向公共行政模式转化的客观要求。“公法领域的核心关系是权利权力关系，对于权力的最强有力的监督只能来自于权利及其主体，这就需要发挥权利和社会对于权力的监督和制约，而这必须以较为完善的权利理论、相对人理论、社会理论为基础。”①对行政相对人加大行政监督法治意识培育，从监督行政的角度提高行政行为法治化水平，在行政程序此消彼长的两造格局中实现行政相对人权利保护。从政府治理角度讲，这是拓宽行政法治传播维度、丰富行政法治传播内容的体现。

根据现行《行政处罚法》、《行政强制法》的规定，由行政主体承担对行政相对人的法治宣传教育责任，并在行政程序中以说明理由等形式进行普法。从行政相对人角度讲，与以权力制衡为特点的行政诉讼相比，在行政程序中，更为突出对行政相对人的法治教育特征，法治宣教的权力监督色彩相对较弱。从行政控权角度观之，控制行政权的重要规律在于保持行政监督制度与权力格局之间的动态平衡。②行政诉讼通过审判权、检察权、行政权、诉权等多元权力动态化运作，提高行政监督制度运行的效果。与此不同，在行政程序中，行政权力呈现一元化运作，监督行政权力的多元权力格局处于相对静态。在这种情况下，为提高行政程

---

① 柳砚涛：《行政相对人行为法治化问题研究》，《法学论坛》2008 年第 3 期，第 92 页。

② 成志刚、唐俊辉：《保持行政监督制度与权力格局的动态平衡——控制行政权的一条规律》，《中国行政管理》2008 年第 5 期，第 29 页。

序中行政监督制度运作效能，需要激活行政相对人的权力监督法治潜能，深化行政监督宣教成为重要突破口。在制度运行效能层面，行政监督法治传播契合了机构改革的目标。通过在诉讼程序之外拓展行政程序的行政法治传播维度、在行政法治教育之外深化行政法治监督传播内容，激活了行政程序中行政相对人的法治角色定位，为机构改革的政府治理目标的实现提供必要主体支持。弘扬行政相对人权利本位，有利于从新时代法治政府建设层面深度挖掘并有效发挥普法的法治启蒙作用。因为从实质层面讲，这是突破仅将行政相对人视为被动行政法治传播对象的固有思路，以行政法治思维将行政相对人视为动态化行政法治传播的参与者，以行政主体和行政相对人的良性互动提高行政法治宣教的社会效益，有效实现新时代机构改革的政府治理目的。

深言之，之所以认为行政监督法治传播具有深化机构改革效果的作用，在于行政监督法治传播通过变革行政法治传播模式，将动态化法治沟通引入行政机构改革进程中。因为历来普法实践将对公民普法和对公职人员普法分别进行，检查验收时进行分别考核。泾渭分明的普法实践做法，实际上将普法对象静态化处理，忽视了社会身份的多元化与动态化。从普法行为本身规制角度讲，将对行政工作人员的普法和对行政相对人的普法进行割裂处理，是以完成工作任务的政治化、行政化思路思考普法活动。随着“法制宣传”向“法治宣传”转化，以法治实践为基础的普法活动，在行政法治宣教领域，适宜以行政监督宣教为突破口，整合对行政相对人和行政主体的普法活动，有效统合多角度普法内容的法治内涵。从实质上讲，这是突破条块分割的行政思维，运用法治思路以动态化方式、整体化视角对待行政法治宣教活动，促进原有的相对单向的法治传播方式向互动的法治沟通方式转化。从政府治理角度讲，深化行政监督宣教的法治思路，推动行政相对人由静态、被动的行政法治信息接收者向动态、主动的行政监督主体转化，为行政相对人行使权利、参与政府治理提供内在动力支持。更为重要的是，通过行政相对人在行政程序中主动有效行使陈述权、抵抗权，行政程序的法律规制和纠纷预防作用得以充分发挥，在行政相对人和行政主体行政法治意识同步化的过程中营造了必要的行政自制外部环境，减轻通过司法程序解决纠纷的社会成本和舆论压力。这既有利于增强政府治理的现实社会效益，更在沟通治理方式的基础上深化了行政治理理念。因为行政治理理念蕴含了行政自制的内涵，行政自制是实现行政治理的必要内容。[①]

三、社会治理层面的新时代社会法治传播

新时代党政机构改革坚持以人民为中心，针对社会治理突出问题进行各层面机构调整，展现了全面改革思路下国家治理、政府治理与社会治理的协同推进。为深化新时代机构改革效果，应当探究与新时代国家治理、政府治理相适应的社会治理路径。由于社会治理直接牵涉的社会主体众多，舆论引导成为社会治理的重要方面，在社会治理层面深化新时代机构改革效果，应当注重相应的法治传播方式变革，其中以重大社会问题和重大社会领域的社会法治传播为重点。

第一，以法社会学视角阐释重大社会领域问题，以社会法治

① 崔卓兰、丁伟峰：《治理理念与行政自制》，《社会科学战线》2016 年第 3 期，第 214 页。

传播方式传递机构改革的国家治理和政府治理经验，提高社会治理社会化、法治化水平。

此次机构改革着眼于全面建成小康社会的多方面建设存在的社会突出问题进行机构设置等组织层面调整，党政机构改革成效需要通过必要的社会治理途径展现。以法治思路深化机构改革效果，从近期看亟需对相应的组织法进行修订，从长远看应当以法社会学视角将组织法变革延伸到行为法领域。推进此种多角度全方位变革，需要立法、执法、司法等多种法治路径，法治传播作为贯穿多种法治活动的重要线索同样不容忽视。在多种法治方式均发生变革的情况下，以法社会学视角传播有关治理经验更显得尤为重要。

其一，社会关系法治化路径。根据法社会学观点，国家法也是在追随社会的发展，在人类社会生活培育的事实里最终孕育出法律规定，或曰国家法以社会法为最终根源。理性人遵守法律，其实源于社会关系对其的强制。[①] 党政机构改革后，职能优化协同高效的运作方式，对重要社会治理问题解决提供了必要组织保障，在一定程度上促使相关社会关系发生良性变化，这为实现新时代良法善治做好了基础准备。全面依法治国与全面治理相辅相成，将国家治理和政府治理经验向社会治理领域传递，需要通过理顺党政关系、行政法律关系促使社会法律关系发生良性转变，实现由社会法律关系引导社会关系良性发展，从而为国家法律运行提供坚实的社会基础。从一定程度上讲，这种传递和引导过程就是法

① ［奥］尤根·埃利希：《法律社会学基本原理》，中国社会科学出版社 2009 年版，第 45 页。

治传播过程，针对社会治理突出问题则表现为社会法治传播过程。

其二，社会问题路径。党政机构改革坚持以人民为中心，新时代我国社会主要矛盾已经转化为人民日益增长的美好生活需要和不平衡不充分的发展之间的矛盾。发展不平衡不充分在重大社会领域表现为突出社会治理问题。以法治传播路径深化机构改革效果，同样应当转换视角，采纳处于突出社会问题中的公民视角，平衡应然和实然问题解决的多种理性方式，达成从社会现象入手、以解决社会问题为目标的法治沟通。换言之，深化机构改革效果的法治沟通不是形式化的沟通，而是立足于解决社会问题的实质化法治沟通，通过有效吸收多方社会主体参与实现社会治理的科学目标。从某种程度上讲，这是以社会化视角将真正影响社会生活的重大问题纳入法治沟通范围，以法治沟通的社会化思维深化机构改革效果，通过传播实质法治效果提高形式法治的吸引力。

其三，社会认同路径。随着社会治理推进，具有专业性内容的软法规范以日益多样的形式呈现。适应机构改革的社会法治传播，在一定程度上将国家政策、行业惯例等软法规范纳入法治沟通范围，软法以社会生活中“活法”的形式与现代社会关系的复杂多变性相适应。深化机构改革效果的法治沟通，需要透过多种软法形式，深化对软法现实运作机理的认识。从软法运作机理看，与硬法的程序化和国家强制力不同，软法依靠共同体成员的认同机制形成。新时代深化机构改革效果，需要平衡诸种社会主体利益。与新时代社会治理理念相适应的法治传播是多元参与性法治传播，公平正义是其核心的法治理念。多元参与为广泛社会认同提供了过程保障，公平正义的实质法治内容通过程序法治形式得以实现。此种法治功能尤其在社会治理面临时代变革时更为明显，进言之，弥补法治建设滞后的缺陷，应当关注软法的法治沟通作用和潜在规制功能。

第二，以系统化视角阐释新时代重大社会建设问题，以社会法治传播方式将国家治理和政府治理经验融入基层治理，提高社会治理社会化、法治化水平。

“三农”问题是我党历来重大社会建设问题，乡村振兴战略是新时代建设中国特色共建共治共享社会治理格局的重要内容。在农村社会治理中，加大农村普法力度成为响应新时代加大普法力度的必然要求。实现农村社会治理的法治传播，体现了行政自制和行政他制的有效结合。[①] 作为柔性法治的重要体现，农村法治沟通需要融合党内法治、服务行政等多种国家治理和政府治理理念，突出与法治、德治和自治相结合的农村治理体系内在的契合性。

其一，致力于农村社会治理，以党内法治作为农村法治沟通的重要内容。作为基层治理的重要形式，农村法治沟通需要与基层法治政府现实运行状态相契合。为更好地应对压力型体制下乡镇行政权力规制现状，应当在党内法规宣教的基础上，适时开展党内法治的宣教。具体来讲，就是应当根据执法普法的阶段化特征，有效开展党内法治普及。根据县乡执法体制特点，目前乡镇多以执行权为主。但是根据相关制度要求，执法前存在信息公示、内部审批等事项。由于执法前行政相对人的合法权益没有受到现实影响，行政执法前的法治监督应当以内部监督为主，为更好地实现乡镇行政权力监控效果，应当将乡镇党内法治作为沟通式监督的重要内容。具体来讲，执法前法治沟通应当结合执法公示制

---

① 崔卓兰:《行政自制理论的再探讨》,《当代法学》2014 年第 1 期，第 11 页。

度及内部权力运行状态进行普及，以行政执法相关行政合法和合理内容普及为突破口。通过将党内法治融入行政执法全过程，执法前党内法治普及的避免纠纷作用突出。从根本上讲，不同于行政法治的片段化法治处理方式，党内法治以法治现实主义视角，通过多方权力制衡审视整个行政执法过程。这契合了法治沟通兼顾事实的全面性、情理法的兼容性等特征。

鉴于党内法规软法特性，执法前的党内法治普及呈现行政自制的特征，以行政相对人监督为外在舆论约束。从实质上讲，将党内法治作为行政执法前沟通式监督的重要内容，是在发挥行政法治的社会启蒙作用过程中实现行政权力的自我约束。在缺乏法治传统的乡土中国，乡镇法治政府建设承担着更为突出的社会法治启蒙作用。因为实现农村社会的法治化，仅靠制度和说教是不行的，相比之下，让人们在现实的社会生活中发现法律切实运行地存在着，在具体的权力行使场景中培育人们对法治的信任情感是更为重要的。[①] 因为权利意识是权利行使和保护的根本，在与权力的现实接触中发现权利行使的必要性和可能性，才能更为有效地在权力与权利的对比语境下培育公民的法治理念。党内法治通过促进行政合法和行政合理的理性发展，将规制行政权力的行为向行政执法程序之前延伸，以行政法治实际行动向行政相对人展示现代行政法治理念，有效增进新时代农村治理体系的理性基础。[②] 深言

---

① 刘立明：《民间法与农村社会的法治启蒙》，《延边大学学报》2012 年第 1 期，第 110 页。

② 黄芹：《从“五四”启蒙到农村法治》，《理论观察》2015 年第 11 期，第 55 页。

之，通过执法前党内法治普及途径，以注重法治在国家和社会治理中的实际功能的形式，发挥法治再启蒙作用。这种再启蒙将理想主义法治观和现实主义法治观通过党内法治的作用有效联系起来。[①]

其二，致力于农村社会治理，以服务行政理念作为农村法治沟通的重要内容。

适应乡村振兴战略发展需要，在乡镇行政执法中应当兼顾行政程序法治与行政实质法治。根据行政执法事后公开相关要求，应当将服务行政理念作为执法后法治沟通的重要内容。

将执法后“双随机”抽查情况及查处结果向社会公布，是拓展执法中普法效果的重要形式，实现由行政相对人普法向社会普法转变。这是基于服务行政的人民立场进行的普法变革。通过将服务行政理念贯穿行政执法全过程，实现服务行政中“服务”含义的升华，从本质上拉近服务行政的法治含义与“为人民服务”的政治含义的法治实践距离。

从农村社会治理角度来看，现有的法治沟通主要限于法律规定内容简单告知的做法存在一定问题。[②]“服务行政”的本质特征是政府能够积极地对社会民众的需求做出反应，及时回复包括行政相对人在内的社会公众需要，这与沟通交流具有一定的契合性。同时，法治政府的透明廉洁、便民高效特征，要求服务行政理念指导下的沟通交流呈现及时回复的形式。所以，将服务行政理念

---

① 顾培东：《当代中国法治共识的形成及法治再启蒙》，《法学研究》2017 年第 1 期，第 3 页。

② 胡向东：《关于实行国家机关“谁执法谁普法”责任制的实践与思考》，《中国司法》2015 年第 11 期，第 32 页。

作为法治沟通的重要内容具有一定的逻辑自洽性，在行政程序缺乏顶层设计的情况下，其对行政执法程序完善的作用更为突出。

由于乡镇执法与农村社会直接打交道，执法后法治沟通的作用更为重要。毕竟基层法治实践的样态千差万别，即使具有一定的程序规定，在规定的一般化与应用的具体化之间仍然需要必要的法治沟通予以弥合。相比其他层级法治政府建设情况，乡镇法治政府建设任重道远，在乡镇行政执法后强化法治沟通的监督作用实属必要。从本质上讲，将服务行政理念作为乡镇执法后沟通的重要内容，是在法治政府制定建设缺位的情况下，以法治社会的力量弥补行政程序不足，以法治思维和法治方式注解新时代条件下的“为人民服务”的法治内涵，将服务行政置于公共行政的视野下，将“为人民服务”由政治话语及时转化为公共行政话语，①以沟通式监督的程序和实质合理性诠释公共行政视野下服务行政的法治内涵，从而有效实现农村社会治理目的。

第五节 乡村振兴中法治传播问题分析

——以乡镇行政执法路径问题为例

摘要： 适应自治、法治、德治相结合的乡村治理体系发展，以法治传播途径解决乡村振兴中突出法治问题，适宜选择乡镇行政

---

① 李明：《为人民服务行政价值观的回归与重塑》，《毛泽东思想研究》2014年第2期，第152页。

执法路径问题为例。以党内治理、服务行政和农村普法为切入点，从国家治理、政府治理和社会治理等多角度，破解乡镇行政执法路径完善问题。一方面，通过基层政治认同强化乡镇行政执法理性，发挥党内法治的行政权力规制作用，兼顾行政合法和行政合理问题。另一方面，通过基层服务行政增强乡镇行政执法人性化，深化服务行政的基层法治作用，兼顾行政程序法治和行政实质法治问题。最后，普法作为基层社会治理的重要形式，成为理性与人性化融入乡镇行政执法的重要渠道，通过普法沟通式监督方式，强化党内法治和服务行政理念，在权力制约和权利保障的动态平衡中拓宽乡镇行政执法路径。

新时代伊始，乡村振兴和党政机构改革成为重要法治热点问题，诠释了新时代社会治理和政府治理的发展趋势。在乡镇政府行政决策权有限、乡镇以行政执法为主的现实法制情况下，以新时代治理视角，从政府治理和社会治理多角度分析新时代乡镇执法路径具有重要现实意义和价值。按照打造共建共治共享的社会治理格局需要，兼顾国家治理和政府治理多方面要求，应当运用法治思路从党内治理、政府治理和社会治理多层面分析乡镇执法问题，其中党内法治、服务行政和农村普法成为从党内治理、政府治理和社会治理层面诠释乡镇执法路径完善的重要切入点。

一、党内法治视角下乡镇行政执法路径完善

根据我国现行组织法规定，乡镇政府与县级以上政府呈现权限法定内容同构化特征，基层政府行政权力设定多集中于县级层

面。由于乡镇政府处于压力型体制的末端，导致权力法定模式易于被权力行政模式取代。换言之，由于我国行政组织法相对滞后，乡镇依法行政开展受到多种因素现实影响。[①]新时代以法治思维克服县乡关系中压力型体制的弊端，应当根据全面从严治党和全面依法治国的新形势要求，通过强化党内法治，在行政合法和行政合理两个层面综合推进乡镇依法行政。这是新时代深入推进综合行政执法改革向基层延伸的重要法治途径，也是以法治思维健全完善新时代乡镇政府与县级执法部门协作机制的重要法治路径。

以党内法治的科学方式从行政合法和行政合理两个层面完善新时代乡镇执法路径，具有一定现实性。**一方面，这与乡镇权力运行格局相适应。**根据宪法规定，不同于县级以上“一府两院一委”的机构设置，乡镇层面的主要公权力运行主体是乡镇人大、乡镇党委和政府。结合乡镇公权力现状，以法治思维破除县乡关系的压力型体制障碍，新时代党内法治建设为优化乡镇权力运行格局提供了法治契机。[②]**另一方面，这与乡镇综合执法发展趋势相适宜。**强化乡镇政府在执法事项上的综合协调，在新时代行政法治变革的情况下，适应国家党政机构改革的发展趋势，党内法治成为妥善应对法治政府和法治社会接驳环节复杂情况的重要法治渠道。从深层次讲，这是以乡土社会的政治认同感为突破口，通过兼顾

---

① 易凤兰、姚锐敏：《和谐社会视角下乡镇政府行政法治化问题研究》，中国社会科学出版社2014年版，第214页。

② 王建芹、农云贵：《党规之治：法治政府建设的中国进路》，《广西社会科学》2017年第6期，第128页。

乡镇执法中合法、合理层面的全面行政法治问题，以全面化法治思路推进乡镇综合执法科学发展。

以党内法治的科学方式从行政合法和行政合理层面推进新时代乡镇执法，具有一定必要性。

第一，在行政合法层面，乡镇开展综合执法需要发挥党内法治的组织协调功能。乡镇综合执法深入推进需要科学理顺乡镇党政关系、提高乡镇干部法治素养和依法行政能力，党内法治以党员行为规范为有效着力点，为乡镇综合执法法治化发展提供重要组织保障。具体来讲，一方面，以党内法治视角探究乡镇综合执法问题，是通过加强横向党政权力协调与配合，助力破解纵向压力型体制的违法冲动。另一方面，以党内法治视角探究乡镇综合执法问题，是通过加强乡镇干部法治素养和依法行政能力的组织培养，助力破解纵向人事升迁的功利化内在违法需要。

第二，在行政合理层面，乡镇开展综合执法需要发挥党内法治的规范指引作用。乡镇综合执法深入推进需要落实行政执法责任制，行政自由裁量权合理规制是实行行政执法责任制的重要目的。不同于传统行政法治单纯以行政权力规制为着眼点，党内纪律从行政权力具体行使者的角度对行政自由裁量权进行合理诠释。这是打破传统的行政法律关系桎梏，以党内法治的行政规制作用进一步推动乡镇行政执法科学发展。这也是将乡镇行政执法置于开放的基层治理语境下，以党内法治增强乡镇行政执法对德治、法治与自治等乡村多种治理方式的有效回应。

以党内法治推进新时代乡镇行政执法科学发展，是以法治思维和法治方式实施农村振兴战略的客观要求，契合了法治中国建设模式，[①]在多角度具有深刻法治价值。

第一，在理论发展方面，发挥党内法治兼顾行政合法和行政合理作用，通过拓展现有行政法学的国家法研究视野，实现乡镇执法的法治建设目标。响应全面依法治国的新时代要求，以法治思维和法治方式挖掘新时代党建的现实法治价值，应突出党内法治的权威性法治建设作用。针对乡镇执法现实，破解传统行政规制中乡镇执法法律关系弊端，应切实发挥党内法治理性权威对新时代行政法治的引领作用。一方面，在制度设置方面，《关于加强乡镇政府服务能力建设的意见》以党政联合发文的形式，关注乡镇法治建设突出问题，适时弥补了行政组织法制疏漏。比如其中规定县级职能部门不得随意将工作任务转嫁给乡镇政府、省级政府要依法制定扩大乡镇政府服务管理权限的具体办法等。另一方面，在制度实施方面，党内法治展现了行政过程的全面化视角，关注乡镇执法问题的多角度问题，克服传统行政执法法律关系切片化处理的弊端。传统行政法治以行政主体的行政权力规制为核心问题，忽视以行政过程视角对行政执法关系进行全面审视，比如乡镇行政执法之前和执法之后等的法治问题没有引起应有的关注，易导致头痛医头脚痛医脚的片面化形式化问题。党内法治打破传统行政主体理论桎梏，关注到执法人员在行政过程中的法治作用，进而以行政过程视角，将乡镇行政执法之前和执法之后的全面问题纳入法治视野。综上，党内法治以一种开阔的现实的社会治理视角，从制度设置和制度实施等多层面，丰富了乡镇执法法治化

① 胡晓利：《法治政府和法治社会一体建设研究》，《理论月刊》2017年第4期，第98页。

的内容和维度，促进有效回应乡镇法治政府建设的突出问题，以法社会学视角加速新时代乡镇法治政府建设。归根结底，党内法规具有社会法的基本属性。[①]

第二，在现实治理方面，发挥党内法治兼顾行政合法和行政合理作用，是通过强化基层治理法治化的路径夯实法治中国建设的现实基础。基层治理法治化是“法治中国”建设的重要途径。[②]乡镇执法以动态化、常态化法治行为，将乡土中国纳入基层依法治理范围。党内规定较国家法律要求更为严格，践行党内法治体现了执政党自觉约束自身行为的现代法治理念。乡镇行政执法权规制不仅需要外部监督，也需要针对行政自由裁量权的自身规制。在乡镇行政执法中从严约束行政执法权，既是发挥从严治党的行政法治作用，也是通过权力规制行为发挥引导法治社会建设的模范作用。党内法治规制乡镇行政执法的过程，就是在基层法治建设中以党内法治兼顾国家法治和社会法治的过程。[③]与新时代乡村振兴相适应的法治社会建设中，党内法治兼容法治、德治与自治等多种治理理念，与法治、德治与自治等乡村治理体系特征具有内在契合性。乡镇执法的党内法治完善路径，实质上以特有的法治化方式整合并强化了乡村治理的多种方式。同时，党内法治通过提高行政法治的规范程度，发挥了政府的垂范先导作用，以乡

---

① 姜明安：《论中国共产党党内法规的性质与作用》，《北京大学学报》2012年第3期，第109页。

② 赵媛媛、黄迪民：《“法治中国”建设中的基层治理法治化》，《青海社会科学》2015年第4期，第88页。

③ 肖金明：《论党内法治体系的基本构成》，《中共中央党校学报》2016年第6期，第12页。

镇执法形式加速基层法治政府与法治社会的良性互动。乡镇执法的党内法治完善路径效果，展现了新时代软法与硬法兼顾的互信和谐的法治中国治理特点，[①] 体现了现代法治要求与乡土中国优秀文化刚柔并济发展的新时代乡镇政府建设路径特点。[②] 从基层治理角度讲，党内法治以其政治公信力为乡镇法治公信力提供了有益补充，为乡镇执法法治实践提供必要的社会信任基础，从而切实提高了乡镇执法效益。

二、服务行政视角下乡镇行政执法路径完善

新时代乡镇执法属于政府治理的重要内容，新时代政府治理以互动共建路径需要兼顾国家治理和社会治理的多重需要。在乡镇权限法定有限的情况下，服务行政适应了乡村社会治理的发展需求，成为政府治理路径的重要切入点。新时代基层社会治理呈现以社区组织为主体、社会自主管理为核心的自治管理模式，[③] 相应地，新时代乡镇执法不能仅从秩序行政角度切入，服务行政成为完善乡镇执法路径的重要途径。从本质上讲，这是克服传统压力型体制下封闭治理的弊端，从法治政府和法治社会互动的开放视角重新审视乡镇执法问题。

新时代服务行政视角下乡镇行政执法方式，应当适应自治、法治、德治的乡村治理体系特征进行必要变革。一方面，在主体

---

① 汪习根:《论法治中国的科学含义》,《中国法学》2014 年第 2 期，第 108 页。

② 周叶中:《关于“法治中国”内涵的思考》,《法制与社会发展》2013 年第 5 期，第 3 页。

③ 郭苏建:《中国国家治理现代化视角下的社会治理模式转型》,《学海》2016 年第 4 期，第 16 页。

方面，应当强化乡镇行政执法中行政相对人的主体性。与秩序行政的法律关系双方对立不同，服务行政实质上适应了社会治理多元化趋势，呈现国家与社会合作治理的法治方式。[①]基于合作理念，乡镇行政执法中行政相对人的相关权利保护问题，不是行政执法主体对执法相对人的关照，而是基于行政相对人主体性增强而形成的必然结果。另一方面，在行为方式方面，应当适当增加乡镇行政执法中柔性执法方式的运用。运用服务行政理念拓展乡镇执法的服务功能，不仅需要关注执法程序问题，还需要关注执法结果问题。在既定法制框架下，柔性执法方式是兼顾程序和结果的合理法治方式。这既与乡土中国的和谐法治文化存在内在契合性，也是兼顾行政程序法治和行政实质法治的现实选择。

第一，服务行政视角下乡镇行政执法路径的法治文化基础。

在国家机构改革背景下深化行政执法体制改革，职能优化协同高效是重要着力点，这是新时代服务行政以行政主体自身优化为起始点的体现。从法治文化角度讲，这是摒弃以行政权为本位的治理模式，从增进行政执法双方互信的角度进行的行政执法创新。传统行政法治“控权论”、“管理论”等，从法治文化角度讲，是延续了怀疑论基础上的法律关系双方对立的文化特质。针对秩序行政，以对峙为基调的控权论具有一定的现实意义。但是与秩序行政不同，服务行政在形式上不能依赖于强制性的行政行为，[②]

① 郭风英：《“国家—社会”视野中的社会治理体制创新研究》，《社会主义研究》2013 年第 6 期，第 70 页。

② 何晓洁：《非强制：“秩序行政”通往“服务行政”的行为模式选择》，《重庆行政》2010 年第 2 期，第 45 页。

在实质上不能固守着行政权本位的治理模式。源于传统中国优秀文化中和谐基因的服务行政，应当吸收借鉴传统文化中德治、自治等有益经验，夯实乡镇服务行政的法治文化基础，尤其在乡镇政府法定权限有限的情况下，与农村治理体系相适应的行政法治文化保障尤为重要。归根结底，文化是制度之母，乡镇法治政府建设只有从文化和制度等多方面实现与现代农村治理体系的有效对接，才能使服务行政有效克服政治推进模式的运动化、形式化的弊端。

与增进互信的行政执法文化相适应，提高乡镇行政执法效能应以行政法律关系的双方为着眼点，而不仅仅是行政主体单方推进模式。立足行政法律关系双方的科学视角，不仅在行政法律关系主体层面具有现实法治意义，在法律行为方式层面具有更为重要的法治意义。具体来讲，合作—激励行为模式可以克服秩序行政的监管—惩戒行为模式弊端，不同于传统秩序行政的处罚、强制等刚性方式，指导、协调、激励等柔性方式更加应当得到重视。换言之，在新时代行政法治视域下，不能将行政相对人仅仅视为被动的行政行为对象，应当将广泛的人民大众建设积极性有效导入行政法律关系中，以新时代行政法治方式为行政相对人发挥主动性创造性提供法治保障。深言之，在中国特色社会主义法治文化视域下的行政法治，不应当仅仅适应法治政府监管需要，也不应当单单顺从法治社会发展惯性，而应当从更为宏大的法治国家建设视角推进。全面依法治国根植于人民主体性的根本需要，这是增强多方互信的行政执法文化的重要原因。

第二，服务行政理念指导下乡镇行政执法程序完善。

在乡镇行政执法相关制度不健全不完善情况下，服务行政理念为乡镇行政执法程序完善提供了重要理念。为克服现有乡镇行政权限设置的不利状况，服务行政理念为乡镇行政提供了明确相关权力界限的重要立场。以“公民”公共利益为标准，有利于厘清现有县乡关系、乡镇党政关系。[①]具体来讲，在现有法律和政策框架内，以服务乡村振兴的新时代任务为指引，乡镇政府与县级执法部门的协作机制，需要以法治思维合理整合协调县乡相关行政职能。服务行政理念成为基层执法权责划分的重要解释指引，在权力法定的原则下，促进以服务行政理念动态诠释乡镇行政执法权现实运作。

在推进县乡等相关行政主体执法权划分基础上，服务行政理念对多种综合执法方式具有一定指导意义。目前县乡执法呈现县乡之间行政委托、行政协助等法治方式运用特点，[②]表现为在服务理念指导下多元化行政手段的综合运用。[③]为有效应对乡镇综合行政执法问题，需要将服务理念融入机构、编制、人员和财政等多方面，在与权力清单、责任清单的比较中，明确服务清单法治作用，明晰省级政府扩大乡镇政府权限的法治依据，以服务行政思维推进行政组织法的法治化进程，为县乡行政执法权协调运作提供必要的法治保障。

以服务行政理念指导乡镇行政执法程序完善，乡镇行政执法

---

① 崔运武、高建华：《服务行政：理念及其基本内涵》，《学术探索》2004年第8期，第18页。

② 梁春立：《现行法律框架下乡镇行政执法方式探索》，《机构与行政》2017年第7期，第39页。

③ 杨解君：《“双服务”理念下现代行政之变革——服务行政的解读和提升》，《行政法学研究》2004年第3期，第1页。

规制问题已经从行政行为层面拓展到行政过程层面。不仅在行政主体和行政相对人层面关注服务行政方式方法，而且关注到行政主体内部的权力配置法治化问题。更为重要的是，不仅关注行政执法过程本身，而且关注行政执法权设定的源头性问题。贯穿行政权力合埋配置、协调、行使的红线是服务行政理念，服务行政理念与行政执法权全过程的融合，充分契合了新时代全面依法行政的法治要求。深言之，行政程序法治已经由司法中心主义转移到行政全过程，[①] 服务行政以全程融入的方式开启了行政程序全面法治的新思路。

第三，服务行政理念指导下乡镇行政执法实质完善。

服务行政理念不仅有利于完善乡镇行政执法程序，而且对乡镇行政执法实现实质法治也不无裨益。如果说乡镇行政程序法治的前提是党政、县乡行政权力的合理配置和协调运作，那么乡镇行政实质法治的前提则是对农村自治、德治和法治范围的把握。与行政程序法治不同，行政实质法治更加注重乡镇行政执法效果。根据《关于加强乡镇政府服务能力建设的意见》要求，除法律确定的县级以上权限事项外，对直接面向人民群众、量大面广、由乡镇服务管理更方便有效的各类事项依法下放乡镇政府。这一下放权力的标准，实质上仍然是行政组织内部权限分工的标准。在新时代服务型乡镇政府建设中，为使人民权益切实得到有效保障，应当立足法治社会建设视角运用服务行政理念诠释乡镇执法问题。由于农村治理体系的自治、德治和法治等方式各异，乡镇服务行

① 郑春燕:《程序主义行政法治》,《法学研究》2012 年第 6 期，第 16 页。

政效果取决于乡镇法治在法治现实主义指导下良性运作的程度。①尤其在乡镇行政程序法治不健全的情况下，乡镇行政实质法治更加需要结合乡村法治社会建设情况，理性把握服务行政的运用幅度。

第一，尊重农村自治权利，以服务行政诠释乡镇行政执法内容，为农村自治提供必要法律服务。通过服务行政培育农村自治中的行政信任根基，在多方治理主体有效参与下实现行政实质法治的良法善治目的。因为实现实质法治需要信任作为必要保障，自治是通过主体间性获得信任的重要途径。②与秩序行政的强制性不同，服务行政的客观效果与行政主体社会公信力具有内在联系。通过农村自治为服务行政提供必要信任基础，是致力于实现良法善治的重要实质法治保障。

第二，厘清农村德治范围，以服务行政诠释乡镇行政执法内容，为农村德治提供必要法律助力。注重从农村德治中挖掘乡镇执法发生作用的道德支持，在行政主体和行政相对人多方自觉接受中实现行政实质法治的治理目的。基于熟人社会特征，德治在农村具有广泛的运用空间。与法治的自上而下运作不同，德治以世代相传的文化积累为必要保障。良性的农村德治方式，符合新时代社会主义核心价值观的客观要求，为服务行政开展提供了必要的道德舆论氛围和文化认同保障，促使相关主体以行为自觉的方式实现社会治理目的。

---

① 江必新:《严格依法办事：经由形式正义的实质法治观》,《法学研究》2013年第6期，第30页。

② 李佳:《实质法治与信任》,《暨南学报》2014年第4期，第69页。

第三，维护农村法治底线，以服务行政诠释乡镇行政执法内容，为乡村法治提供必要保障。注重从乡镇执法中发现农村法治运用的必要空间，在行政主体和行政相对人多方主体的理性协调中，理性运用服务行政理念实现行政法治价值。尤其在乡镇行政执法的重要环节，应当注重农村相关事务的法治应对，通过强化服务行政巩固农村法治底线。从实质上讲，不同于传统维稳的秩序行政思路，致力于促进新时代农村法治建设，乡村振兴为乡镇服务行政提供了时代注解。农村社会改革发展的时代主题对行政法治的现实要求，促使乡镇行政执法在国家法和民间法之间进行必要妥善应对。

三、农村普法视角下乡镇行政执法路径完善

为实现农村社会治理的目的，响应新时代加大普法力度的法治要求，在乡镇执法中应当贯彻“谁执法谁普法”普法责任制。“谁执法谁普法”普法责任制体现了行政自制和行政他制的有效结合，[①]成为新时代提高乡镇工作人员自身法治素养和依法行政能力的重要途径。与立法、执法、司法体现的刚性法治不同，普法体现了中国特色社会主义法治体系的柔性一面。我国普法采取党政主导模式，是严格意义上的司法行政行为。随着普法融入立法、执法、司法过程中，普法的柔性法治沟通功能凸显。与立法、执法、司法呈现的刚性的自上而下法治行为不同，普法体现了柔性的平等对话交流特征。与法治、德治和自治相结合的农村治理体系相契合性，应当借鉴国家治理和政府治理有益经验，全面发挥普法的

① 崔卓兰：《行政自制理论的再探讨》，《当代法学》2014 年第 1 期，第 11 页。

社会治理功能。

一方面，执法前普法，以党内法治作为乡镇行政执法沟通的重要内容，借鉴国家治理经验促进乡村社会治理发展。

根据县乡执法体制特点，目前乡镇多以执行权为主。但是根据相关制度要求，执法前存在信息公示、内部审批等事项。由于执法前行政相对人的合法权益没有受到现实影响，行政执法前的法治监督应当以内部监督为主，为更好地实现乡镇行政权力监控效果，应当将乡镇党内法治作为沟通式监督的重要内容。根据第七个五年普法规划，党内法规被首次纳入普法范围。适应法制宣传到法治宣传的转型，在国家监察体制改革的背景下，在加强基层法治政府建设过程中，应当在党内法规宣教的基础上适时开展党内法治的宣教。这既是对压力型体制下乡镇行政权力规制的现实反映，也是新时代全面加强公权力监督的必然要求。

具体来讲，执法前普法应当结合执法公示制度及内部权力运行状态进行普及，以行政执法普法应当以相关行政合法和合理内容普及为突破口。具体来讲，将贴近乡镇执法的相关规范性文件进行公示，从党内法治宣教入手，通过行政合法与行政合理的多方面考量，实现有效的党内法治监控效果。深言之，应当将党内法治融入行政执法全过程，执法前党内法治普及的避免纠纷作用突出，其中行政合法为党内法治宣教提出了法治范围要求，行政合理为党内法治宣教提出了法治强度要求。不同于行政法治的片段化法治处理方式，党内法治以法治现实主义视角，以多方权力制衡审视整个行政执法过程。从实质上讲，这是通过法治沟通兼顾情理法的治理特征，将国家治理经验引入社会治理中。

鉴于党内法规软法特性，执法前的党内法治普及呈现行政自制特征，以行政相对人监督为外在舆论约束。将党内法治作为行政执法前沟通式监督的重要内容，是在发挥行政法治的社会启蒙作用过程中实现行政权力的自我约束。在缺乏法治传统的乡土中国，乡镇法治政府建设承担着更为突出的社会法治启蒙作用。因为实现农村社会的法治化，仅靠制度和说教是不行的，相比之下，让人们在现实的社会生活中发现法律切实运行地存在着，在具体的权力行使场景中培育人们对法治的信任情感是更为重要的。[①]因为权利意识是权利行使和保护的根本，在与权力的现实接触中发现权利行使的必要性和可能性，才能更为有效地在权力与权利的对比语境下培育公民的法治理念。党内法治通过促进行政合法和行政合理的理性发展，将规制行政权力的行为向行政执法程序之前延伸，以行政法治实际行动向行政相对人展示现代行政法治理念，有效增进新时代农村治理体系的理性基础。[②]深言之，通过执法前党内法治普及途径，在党内法治的国家治理作用之余，丰富了党内法治的社会治理功能，发挥了现代法治再启蒙作用。这种再启蒙将理想主义法治观和现实主义法治观，通过党内法治的作用有效联系起来。[③]

与以前启蒙相比，法治再启蒙通过深化新时代行政法治作用，呈现加强公权力监督的启蒙强化版特征。行政合法和行政合理成为新时代法治再启蒙的重要关键词。根据党的十九大报告精神，

---

① 刘立明：《民间法与农村社会的法治启蒙》，《延边大学学报》2012 年第 1 期，第 110 页。

② 黄芹：《从“五四”启蒙到农村法治》，《理论观察》2015 年第 11 期，第 55 页。

③ 顾培东：《当代中国法治共识的形成及法治再启蒙》，《法学研究》2017 年第 1 期，第 3 页。

新时代公权力监督呈现全面从严态势，这与在行政合法基础上加强行政合理规制的路径具有内在契合性。鉴于党内法治严于国家法律的特征，行政合理是党内法治的根本着力点。行政合理要求同样情况同等对待、行政行为符合比例要求，这从行政相对人、行政行为手段和目的等多层面拓展了依法行政要求。作为基层法治政府和法治社会对接的权力形式，在行政合法的基础上增进行政合理性，需要结合县乡执法体制情况进行执法全程的合理规制，执法前党内法治普及具有现实必要性。这将执法全程的权力运行情况和相关权力行使者通过党内法治联系起来，从而在乡镇行政执法中实现行政合法与行政合理多角度立体化发展。从实质上讲，这是借鉴国家治理经验，以政治权威的形式对乡镇执法的体制机制问题进行解读，促进通过基层社会治理满足乡镇执法体制改革的多方面现实需求。

另一方面，执法后普法，以服务行政理念作为乡镇行政执法沟通的重要内容，借鉴政府治理经验推进社会治理发展。

借鉴政府治理经验，适应乡村振兴战略发展需要，在乡镇行政执法中应当兼顾行政程序法治与行政实质法治。实现乡镇执法的实质法治，应当打破行政程序中普法的桎梏，将法治普及向乡镇执法后进行延伸，从而实现行政执法程序和行政执法结果的有效兼容。根据行政执法事后公开相关要求，从法治沟通的内容角度讲，应当将服务行政理念作为执法后普法的重要内容。这是基于服务行政的人民立场进行的普法变革。执法后“双随机”抽查情况及查处结果向社会公布，是拓展执法中普法效果的重要形式，普法对象实现由行政相对人向社会公众拓展，通过诠释新时代服务行政理念，彰显了新时代普法的人民本位。通过开展执法后法治沟通，将服务行政理念贯穿行政执法全程，实现服务行政中“服务”含义的升华，从本质上拉近服务行政的法治含义与“为人民服务”的政治含义的法治实践距离。以服务行政理念丰富普法的法治沟通内容，将有效政府治理方式向乡村社会治理传导，激发法治政府和法治社会协调发展的法治潜能，促进治理理念有效融入新时代乡镇执法路径。

服务行政理念作为执法后普法的重要内容，具有政府治理和社会治理等多方面现实意义。现有的法治沟通主要限于法律规定等内容的简单告知，[①] 信息流呈现单向流动的形式。“服务行政”的本质特征是政府能够积极地对社会民众的需求做出反应，并采取有效的措施实现公众的需求和利益。[②] 及时回复包括行政相对人在内的社会公众需要，是服务行政理念的重要内容，这与沟通交流具有一定的契合性。同时，法治政府的透明廉洁、便民高效特征，要求服务行政理念指导下的沟通交流呈现及时回复的形式。所以，服务行政理念作为执法后普法的重要内容具有一定的逻辑自洽性，在行政程序缺乏顶层设计的情况下，其对行政执法程序完善的作用更为突出。

由于乡镇执法与农村社会直接打交道，执法后法治沟通的作用更为重要。毕竟基层法治实践的样态千差万别，即使具有一定的程序规定，在规定的一般化与应用的具体化之间仍然需要必要

① 胡向东：《关于实行国家机关“谁执法谁普法”责任制的实践与思考》，《中国司法》2015 年第 11 期，第 32 页。

② 王巍：《公众回应性：服务行政的核心特征——服务型政府回应机制的流程与制度设计》，《行政论坛》2004 年第 5 期，第 33 页。

的法治沟通予以弥合。相比其他层级法治政府建设情况，乡镇法治政府建设任重道远，在乡镇行政执法后强化法治沟通的监督作用实属必要。从本质上讲，将服务行政理念作为乡镇执法后法治沟通的重要内容，是在法治政府建设缺位的情况下，以法治社会的力量弥补行政程序不足。通过服务行政理念普及的方式，在社会治理中以沟通式监督促进服务行政发展，从而发挥政府治理的积极作用。

从乡镇法治政府发展趋势角度讲，通过执法后法治沟通促进服务行政发展，是以法治思维和法治方式注解新时代条件下政府治理对基层社会治理的法治启示。将服务行政置于公共行政的视野下，将“为人民服务”由政治话语及时转化为公共行政话语，[①]在此基础上，以沟通式监督的程序和实质合理性诠释公共行政视野下服务行政的法治内涵，克服传统行政法学司法审查路径的弊端。通过提高执法后沟通式监督的实际效用，增强乡镇行政程序法治和行政实质法治的关联性，通过夯实乡镇服务行政发展的根基，有效推进新时代乡村社会治理。

新时代乡村振兴涉及多层面法治沟通问题，乡镇执法成为透视诸多法治问题的重要切入点。适应新时代法治建设的全面化特征，应当以全面法治思路审视新时代乡村振兴重要法治问题。国家、政府、社会等多层面治理成为全面完善乡镇执法的重要法治路径，党内法治、服务行政和农村普法成为完善乡镇执法的重要法治视角。通过党内法治加强对乡镇执法权约束，在兼顾行政合

---

① 李明：《为人民服务行政价值观的回归与重塑》，《毛泽东思想研究》2014年第2期，第152页。

法和行政合理过程中，乡镇执法权的法治理性程度不断增强。通过服务行政加强对乡镇执法权激励，在兼顾行政程序法治和行政实质法治过程中，乡镇执法权的法治人性化程度不断提高。通过普法向执法前和执法后拓展，进一步强化了党内法治和服务行政理念，促使乡镇法治政府建设的理性维度和人性化维度有效整合，在乡镇行政权力约束和公民权利保护的动态平衡中，有效拓宽新时代乡镇行政执法路径。

图书在版编目 (CIP) 数据

新时代法治传播新动能研究 / 陈思明著 .—北京：中国法制出版社，2020.11

ISBN 978-7-5216-1471-8

Ⅰ.①新… Ⅱ.①陈… Ⅲ.①法治–传播学–研究–中国 Ⅳ.① G210

中国版本图书馆 CIP 数据核字（2020）第 236252 号

责任编辑：朱丹颖 王 彤　　　　封面设计：周黎明

新时代法治传播新动能研究

XINSHIDAI FAZHI CHUANBO XINDONGNENG YANJIU

著者 / 陈思明

经销 / 新华书店

印刷 / 北京京华虎彩印刷有限公司

开本 / 880 毫米 ×1230 毫米 32 开　　　　印张 / 9.5 字数 / 213 千

版次 / 2020 年 11 月第 1 版　　　　2020 年 11 月第 1 次印刷

中国法制出版社出版

书号 ISBN 978-7-5216-1471-8　　　　定价：35.00 元

北京西单横二条 2 号　　　　值班电话：010-66026508

邮政编码 100031　　　　传真：010-66031119

网址：http://www.zgfzs.com　　　　**编辑部电话：010-66080537**

市场营销部电话：010-66033393　　　　**邮购部电话：010-66033288**

（如有印装质量问题，请与本社印务部联系调换。电话：010-66032926）